舵手证券图书
www.zqbooks.com

知浪领航财富人生

舵手俱乐部 www.duoshou108.com

"舵手经典证券图书" 开篇序

20个世纪末，随着中国证券投资市场的兴起，我们怀揣梦想与激情，开创了"舵手证券图书"品牌，为中国投资者分享最有价值的投资思想与技术。

世界经济风云变幻，资本市场牛熊交替，我们始终秉承"一流作者创一流作品"方针，与约翰＆威立、培生教育、麦格-劳希尔、哈里曼、哈珀＆科林斯等世界著名出版机构合作，引进了一批畅销全球的金融投资著作，涵盖了股票、期货、外汇、基金等主要投资领域。

时光荏苒，初心不改，我们将一如既往地与您分享专业而丰富的投资类作品。我们以书交友，与天南海北的读者成为朋友，收获信任、支持。许许多多投资者成为我们的老师、知己，给予我们真诚的赞许、批评、建议。更有一些资深人士由此成为我们的编辑、翻译、评审，这一切我们感念于心。

我们希望与每位投资者走得更近，我们希望以"舵手投资学院"的方式，给每位读者一个反馈和深化学习的家园，一个交流探索的新平台。我们邀请作者进驻我们的投资交流论坛（www.duoshou108.com），为读者答疑解惑，交流切磋。在这里，您可以与华尔街投资大师亲密接触；在这里，您可以与全国最聪明投资者同台炫技；在这里，您可以体验全球最新投资技术课程；在这里，必将因为有您而伟大！

译者序

作为一名中国股票投资者，我相信你已经习惯了中国股市的牛熊更迭，你的资金也随之坐过几次过山车。我们常说，牛市中人人都是股神，在牛市中，我确信你的交易系统或者交易方法所选出的股票，都会上涨。其实即使你随机选择的股票，上涨的概率也会很大。但是当牛市结束，你的交易系统、交易方法绝大部分不再有效。最终你发现自己所谓的交易系统，不过是仅仅能跟踪大盘的走势而已。为什么？因为你的交易系统不是市场中性的。

所谓市场中性的交易系统，就是该交易系统不会受股市大趋势的影响，既可以在牛市中挣钱，也可以在下跌行情中获利。你可能会质疑，真的有这样的系统吗？当你看完本书后，你将不再怀疑。本书所展示的，就是这样的市场中性交易系统。这些系统的历时回撤数据显示，它们可以实现稳定的获利，核心是其获利能力并不依赖于股票市场的大势。

尽管我国股票市场做空机制目前还不够健全，但是本书的市场中性系统还是给我们极大的启发。首先，有效的交易系统其实可以很简单，作者卡尔博士所运用的交易系统，均由我们常见的一些技术指标和基本面指标构成。其次，系统的逻辑也很简单，你完全可以借助于常见的股票软件来尝试构建这些系统。再次，购买一只股票是一件神圣的事情，你需要对它有充分的了解，正如本书作者所说，购买一只股票就像婚姻，你总不能和一个你根本不熟悉的人结婚吧。最后，作者是一名虔诚的基督徒，通过阅读本书，你还可以感受到信仰的力量。

本书译者长期致力于证券市场的量化投资和交易系统开发，依据核心团队研发的 PTW 量化交易系统，目前作为投资顾问正在运作数只纯量化的全部投资于中国证券二级市场的阳光私募基金。此外，我们所在的上海弈量投资管理有限公司正在借助本书的方法论来构建适合于中国的市场中性股票交易系统。我们希望和志同道合者一起探索中国的量化交易，尤其是市场中性量化交易之路。

本书的翻译是集体智慧的结晶，辽宁大学罗春婵教授、沈阳理工大学的尹梦秋老师以及上海弈量投资管理公司的刘建国、周涛、赵晓琳、任培政、上官燕、周旋、沈伟等人，都参与了该书的翻译和审阅工作。在此，一并向他们表示衷心的感谢。

本书作者表达生动活泼，可以让你轻松愉悦地感受交易系统的乐趣。我们在翻译本书时，尽量复原作者的这种风格，但是限于语言之间的差别以及翻译水平，部分内容可能没有很好地表达出作者的意思，希望同行专家予以指正。

郑三江　许宁　赵学雷

2016 年 10 月

前　言

> 我讨厌训练的每一分钟，但我要说："不要放弃！现在吃点苦，剩下的日子会过得像冠军一样！"
>
> ——穆罕默德·阿里

股票交易有很多种方法。一些交易者完全依赖技术分析，每天晚上，他们筛选数百个价格图形，寻找技术指标和价格走势结合最优的股票。他们运行事先设计好的技术筛选软件，分离出那些回撤的、突破的、止跌反弹的和盘整的股票。他们查看列表中观测股的K线形态、移动平均线交叉和价格背离指标。他们滚动屏幕，上到周线下到小时线，以确保宏观图形和微观图形都不会妨碍他们的技术评估——而本书会教给你们一种更好的方法。

另外一些交易者完全依赖基本面分析，他们花费大量时间详细研究大量的公司具体财务数据，比较价格乘数与增长率指标，查看公司相对于行业和竞争对手标准的财务排名状况，研究处于动态增长的公司。他们阅读金融分析师和研究服务机构的报告，他们收听电话会议，与投资者关系人员交流，他们从新闻界获取宏观经济变化信息——商品价格变化、汇率变化、新的税收法律的变化等，那些变化可能会影响所跟踪公司的利润率，因而影响其净收益——而本书会教给你们一种更好的方法。

市场中性交易

  本书会教给你们构建必胜股票投资组合的七大策略方法，不必再完全依赖前述任一研究方法。我们的方法是将前述两种方法结合在一起。技术分析和基本面分长期以来被认为是两个独立的纪律准则，而我们发现，将它们整合到同一交易系统中时，它们的有效性相互得到补充。进一步讲，我们发现，使用这些交易系统的理想方法是，运用其双向定位的减少波动、提高收益的力量（也就是同时充当市场的多头和空头）。本书所教的交易系统包括两部分，以市场中立的方式来进行结构安排：它们同时使用技术分析和基本面分析，形成两版系统，多头版本和空头版本。这些系统也是完全自动化的，运用了预设的筛选服务程序，确保用起来比较容易。

  这些新系统为交易者提供下列潜在利益：

  你无须再花费大量时间筛选图表从而寻找最优股票；

  你无须再花费大量时间通读财务报告从而寻找最优公司；

  你无须再猜测未来市场走向从而想明白是做市场多头还是空头；

  你无须再需要想明白什么时候使用或去除对冲头寸。

  想象一下下面的镜头：一个周日的晚上你来到计算机前，想看一下次日该做什么样的交易。你登录技术筛选软件，打开目前使用的加密过滤器，用鼠标点击两三下，14只股票清单在从电脑屏幕上显示出来。这些股票满足系统多头的技术指标。再多点几下鼠标，你运行该系统下的空头屏幕，另外11只满足本系统空头技术指标的股票会显示出来。接下来的一步是打开网页浏览器进入两家网站，那里能提供基于基本面的研究。你通过一个网站上的预设网格操作剩余21只股票，然后在另一网站操作。很快你会看到11只剩余的多头股票，只有5只通过了第一个网站的检阅，这其中又只有3只通过了第二个网站的网格。9只空头股票中，只有4只通过了两个基础网格。现在你只剩7只备选股、3只多头和4只空头，通过了系统过滤器的全部范围限制。

  下一步操作要在周一的早上进行。在开盘前1小时左右，你登录交易账户平台。进入后，你发现7只股票中你已经有3只股票在交易系统网格中（2只多头和1只空头）。你已经拥有这3只股票，因为你上周已经运行了同样的选择程序，你已经下单的股票中有3只仍满足系统指标要求。现在你有了当日的交易计划：开盘前，你输入命令，将上周头寸中没能在本周选择程序中出现的部分进行平仓。在上周，它们是优秀的备选股。由于价格动能、估价，也许还有反向收益估计修正等变化，它们不再是理想股票。同时，对于上周通过备选的7只股票中那4只未建立头寸的股票，你也可以输入预开仓命令建立新头寸。

再下一步是确定头寸规模。检查当前账户余额。下一交易周的周末你会发现，包括未使用现金和开仓头寸一起，你投入这一特殊系统的余额一共少了28 000美元。但你一定笑了，因为仅仅几个月前你开始使用这一系统时只用了20 000美元。哦！本周周一开仓时开始，你共有7只头寸（4只新开，3只上周就有）。你也知道，当前市场条件表明多头与空头趋势五五分，所以你可供分配资金中的50%，包括利润，在3只多头头寸中（每只9333美元），50%的资金在4只空头头寸中（每只7000美元）。然后，你向交易平台输入3组不同命令，全部在开盘时执行：

"开盘市价"命令，将本周未能通过屏幕过滤的上周头寸中股票卖出（多头）或平仓（空头）；

"开盘市价"命令，将通过过滤的新股票买入（多头）或卖出（空头）；

"开盘市价"命令，调整上周开始持有的股票的仓位，从而分配资金控制多头和空头，需要卖掉或购买股票。

至此，使用其他系统或你正在用的系统，你需要按同样的顺序重复进行操作。你可能碰巧同时使用本书所教的系统中的4个交易系统，将资金平均分配到各系统，从而资金分配健康。如果你只用一个系统交易，你可以操作一周（或两周、一个月，取决于打算调整投资组合的频率）。本系统的屏选程序大约花费你15分钟。因为你同时操作4个交易系统，正常情况下完成周常规操作需要大约一个小时（也许会长些，像我一样，你需要读完标题和评论）。今晚你会睡得很舒服，因为你知道，你已经使用绝对最优可得信息，指定了最优可得股票，你用这种方式把资金投入到股票中，下周无论市场行情上涨、下跌还是横盘，最可能的结果都是你会盈利。没有比这更容易的简单交易方式了！

你绝对会毫不犹豫用这种方法进行交易，因为你知道，建立在有12年历史的测试和多年的实际资金尝试的基础上，你正在交易的这些系统（连同本书所教的其他系统），随着时间的推移拥有惊奇的利润潜力。它给你巨大的信心，让你相信，这套独特的系统贡献出每周1.72%的平均回报率，综合年回报率达144%。因为你操作了电子表格软件，你知道在该回报率下，你现在拥有的该系统中的28 000美元，在6年后会变成一笔可观的养老金，接近700 000美元（支付捐款和税收之后）。同时操作4个系统，每个系统潜在利润不同但都很可观，估算一下，5年后你就能实现第一个百万梦想！尽管经济很脆弱，但知道了你创造可观收入的能力几乎是有保障的，你就可以安度晚年。

我很熟悉这一常规，你能看到我每周的操作。尝试的那些年，每周的优厚利润，以及那些项目的回报率都属于我——现在，你手里有这本书，那些也一样可以成为你的！

超越你最疯狂的梦想，交易的成功就像一场白日梦。实现了梦想的人很容易被忽视，那只是少数幸运者。事实不是这样的，你也可以成为成功的交易者。那不是高难度的事，但也不意味着很简单。持续获利会使人几乎不再坚韧和有耐心。但在这本书里你有向导，我既是你的教练又是你的支持者（只是我不打算盛装为你摇旗呐喊）。有的人和我一样，没有金融背景，没有MBA学位，对做生意没有真实兴趣，却能"为生存而交易"——每个人都可以！让我们行动起来！

致　谢

能与麦格劳-希尔教育出版集团及其同仁们合作完成交易策略三部曲之三，我倍感荣幸。参与本项目的每个人都很棒。我特别想感谢联合出版商格伦玛丽，感谢林格谢丽尔、坎纳查鲁、麦考伊丽莎，以及其他在编辑、出版和销售过程中涉及的每一个人——你们如此完美、专业、友好和相当周到。

我还要感谢来自世界各地的众多读者们，感谢你们能抽出时间给我发电子邮件，对前两部书予以评论。能与来自中国、韩国、日本、马来西亚、泰国、新西兰以及世界许多其他地区的新的和有经验的交易者们联系，这是多么愉快的事情。交易真正成了全球现象！谢谢你们，新朋友们。你们的鼓励成就了现在这本书，你们的金玉良言使其成为一本好书。

我向我的妻子致以最高的敬意，在我忙于打字的许多个夜晚，是她在照顾着我们的孩子。谢谢你，亲爱的，你令人尊敬，真诚祝福你！这几个月里我完全专注于研究和写作，对此我向我的两个漂亮女儿娜塔莎和纳迪娅，以及我那帅气的儿子内森说声对不起。谢谢你们耐心地等我完成工作再让我陪你们一起玩。做你们的爸爸，我真骄傲！

目 录

第一篇　Alpha：初步考虑 ······················ 1

第 1 章　为什么要使市场变得中性 ················ 3

第 2 章　超越技术分析 ······················ 17

第 3 章　迈向混合分析 ······················ 29

第 4 章　交易者的新工具 ····················· 45

第二篇　中场休息：一件必要的事情 ················ 85

第 5 章　两类交易错误及其规避方法 ··············· 87

第 6 章　简要介绍我的日常交易 ················· 99

第三篇　Beta：基本面交易系统 ·················· 115

第 7 章　皮尔托斯基 F 评分系统 ················· 117

第 8 章　盈余预测修正系统 ···················· 131

第 9 章　欧尼尔的 CAN-SLIM 系统 ················ 147

第 10 章　卡尔混合系统 ····················· 169

第四篇　Gamma：基于技术分析的交易系统 …… 185
第 11 章　蓝天/蓝海系统 …… 187
第 12 章　上涨回调/下跌反弹系统 …… 199
第 13 章　均值回归系统 …… 215

结束语　永不，绝不放弃 …… 233

第一篇

Alpha：初步考虑

第1章 为什么要使市场变得中性

要用播种而不是收割的成果来衡量你每天的成效。

——罗伯特·路易斯·斯蒂文森

如果买入并持有投资是一辆S级的奔驰（开起来很棒，但是一旦发生故障就会花费昂贵），短期交易更像是一部宝马跑车（开起来很拉风，但是每日保养令人烦心），那么本书所述的交易方法就是类似于丰田汉兰达，它不是所有在售车型中最性感的那一款，但是拥有后你可以在晚上安心睡觉。我们的策略是无需牺牲效率和可靠性的结果导向型的。

我们的交易方法寻求的是看起来并不兼容的两个目标的有效结合：低波动性和高回报率。正常来说，追求低波动率的投资回报往往比较低（如年金和市政债券），相反，高回报率往往意味着如同乘坐疯狂的、令人反胃的沿着两条铁轨行驶的过山车一样的波动率（如管理期货）。另外，我们的交易方法则提供两方面最佳的选择。首先，当你应用此书中所教的方法，你将会大幅降低你的投资组合整体波动率，你会构建金融专家口中所述的"不相关"的投资组合，这意味着，在门外汉看来，按照我们提供的方法，你的交易头寸不必像市场其他股票那样经历过山车般的波动；同时意味着你的交易收益率曲线更像是从堪萨斯城到丹佛的开车路线而不是从丹佛到盐湖城的路线。当然，就像其他任何形式的交易一样，我们的交易策略是承担风险的，一段时间甚至是亏损的，但是只要遵循本书所提倡的基本原则，你会发现，你的损失不至于让你晚上睡不着觉，更不用说会威胁到交易职业生涯，一些暂时且不可避免的回调，恰好是新增资金的入场买入点。

我们的交易方法与另外的一个金融目标和专业的基金管理者奉为圣杯的东西是一致的：广受欢迎，同时又令人难以捉摸的所谓"双倍 α（double alpha）"。在金融术语中，α（alpha）指的是在交易或者投资过程中剔除相关基准指数预期收益率之后的正收益率。很多投资经理、投资顾问、共同基金或者对冲基金用只做多头策略来获取 α，这意味着当市场上行时他们寻求最大化 α，或者市场下行时最小化 α 损失；而双倍 α 策略，则是无论在市场上行或者下行，都寻求实现超越基准回报率的正收益率——我们将会看到，本书所教授的交易策略正是以此为目标的。

很多对冲基金通过牛市中关注多头头寸、熊市中关注空头头寸或者在牛熊转换过程中混用这两种交易策略。当基金经理知道什么时候是熊市，什么时候是牛市或者什么时候是二者之间的转换时，这些策略就会起到作用。但这就是问题，老练的选股专家并不总是能熟练进行市场诊断。

《投资者商业日报》的创始人，同时也是畅销书《笑傲股市》的作者威廉·欧尼尔写道："如果你对市场的整体走势判断错误，并且市场是下行的，你股票的四分之三将会随着市场平均值大幅下滑，你会遭受巨大损失。"我表示同意。因此，我在我第一本关于股市交易的书《以趋势交易为生》中，教会一套方法判断我们目前处于哪一类市场状态（强牛市或弱牛市，强熊市或弱熊市，震荡市），在关于此书的一次研讨会议中，我提出了一种更为复杂的体系来判断市场类型。但我们要注意的是，当市场已经有趋势，是很容易判断市场类型的，但当市场处于转换期间则不那么容易判断。转换的时期往往持续数周，甚至数月。正是这种迷惘的市场拉锯期使得长期靠抓住市场精确时机获得双倍 α 的人备受挫折（他们寻求市场的"顶部"和"底部"的精确时机），看来"追求顶部和底部交易，你会走向破产"这句古老格言所言不虚。

要是能找到在所有市场条件下都能赚钱的方法多好，要是能找到某些方法使市场走向中性化，将其从我们的方程中去掉，从而我们只关注如何选股，那该多好！这就是写作本书的原因。不管从技术面压力还是基本面压力，不管是牛市走向还是熊市走向，我们的方法都将使你的风险暴露中性化，在此基础之上，遵循我们的方法，你在所有的市场条件下交易都可以获得预期的正收益。这些是本书的前提。《市场中性交易》一书是一本关于无忧交易的书。不用担心过度的技术分析或者不确定的基本面，不用担心市场在顶部还是底部，不用担心增加还是减少对冲头寸，你甚至不用担心在使用本书交易方法时（至少一种）被贪婪的做市商强行平仓止损。本书所教的交易方法，能使任何使用者在所有市场条件下无压力的赚钱。

双倍 α 的潜力

股票的交易系统是一套股票交易者用来寻找并执行机会交易的逐步执行的方法。从可供选择的上千只股票中，股票交易系统寻找某些满足特定参数的股票，历史经验显示通过这些参数可以预测股票未来的价格走势。任何稳健的交易系统都会告知交易者什么时候应当进入交易或者怎样退出交易最有利可图。

在股票交易中，不同股票交易系统适配市场的方式有较大的差异性。有些交易系统让人感到迷惑，特别是对那些不熟悉金融数据分析的人来说。但是所有这些系统，都有两个非常简单的共同点，他们都寻求最大限度地减少非理性的、令人焦头烂额的交易。这些交易往往会使缺乏经验的交易者一败涂地。同时，他们也寻求长期战胜相关证券指数的投资回报。换句话说，他们希望追求更多的 α 和更少的金融风险。

股票交易系统可按照两种输入来源分类：参数型和方向型。以第一种为例，一种交易系统的筛选项可由技术参数或者基本面参数来构建。技术参数通过分析特定时期（从几分钟到几个月）的数据，衡量当前股价和过去价格的运动关系。首先，基于多种多样的以数学为基础的震荡指标，对价格图形进行量化处理。分析师进一步通过类似几何图形、日本蜡烛图和 OBV 图形找出一些技术参数。按照价格走势的不同形态，技术分析交易系统可以划分为不同类别：动量、反转、突破等。但因为专注于股价每日波动，他们都忽略了标的公司的基本面信息。

基于基本面参数的交易系统则关注于价格图形之外的标的公司内在信息。这些系统利用市盈率、现金流变化、盈利预测修正以及季度环比销售增长率等指标来判定公司盈利前景和价格运行轨迹。基本面交易系统分为三大类别：增长、价值或者是二者的混合，根据公司的特殊属性还可以进一步细分，比如按照市场价值、行业、部门分类。基本面交易系统的共同特征是它们都选择忽视股价的波动并全力关注标的公司本身。

无论是技术还是基本面分析系统都有自己的作用。二者各有千秋，在不同的时期各有利弊。但是存在这样的时期，在基本面分析奏效的时期，股价偏离了技术分析图表上的价格。或者存在技术分析奏效的时期，股票价格与其公司的内在价值背离的情形。当上述任何一种情况发生时，单独基于技术参数或者是基本面参数的交易系统将会承受最可怕的交易结果：亏损。

第二个控制股票交易系统搭建的关键点是：主要进行多头交易或是进行空头交易。根据某种技术面原因或者是基本面原因，一个只进行多头交易的股票交易系统，寻找的是近期具有上涨预期的股票。所有的共同基金都被结构化（至少在功能上）设计为"只做多头"的基金。事实上近年来成立了一些被称作"增强型主动投资"的共同基金，我们有时称之为"130/30 基金"，它们将很少的一部分头寸投入空头（T 条例规则限制了它们的空头比例为 33%），但是它们可以根据法律要求，利用杠杆使投资组合中的多头比例达到 100%，因此，实际上它们还是"只做多头"的基金。

相反，根据某种技术面原因或者是基本面原因，只做空头的交易系统寻找的股票是近期面临下行压力预期下跌的股票。目前单边空头共同基金是不合法的，只有对冲基金中的少数基金是真正只做空头的①，而"反向"的 ETF 基金与日俱增。反向的 ETF 基金是指只做空头的组合，当指数或者行业股票的价格下跌，基金就会增值。如今已存在数十只反向 ETF 基金，不同的资产等级存在着不同的杠杆倍数：无杠杆的、两倍杠杆的、三倍杠杆的。只要你简单地点一下鼠标，你就可以将你的头寸 100% 用于做空美国和外国的股票指数，或者类似黄金、白银、原油、天然气、牛肉或者猪肉的个别商品，或者是外汇和汇率，也可以是各种行业比如金融、房地产和零售，或者市场波动率，甚至是碳排放量等等。

我们现在已经有了四种基本类型的交易系统：技术做多、技术做空、基本面做多、基本面做空。每种都能在适当的时期获取利润，显然，只做多头的系统在牛市表现良好，而只做空头的系统在熊市表现良好。如果在任何时候，系统与整个市场不能契合，令人恐惧的亏损将避无可避。

因此，这引起了我们的思考：如果我们建立了一套交易系统能够将技术指标和基本面指标相结合，会发生什么？就算没有到这种程度，建立一种避免系统与市场相背离的（之前我们所讨论的）系统会发生什么？比如，能否使基本面较好，但技术面偏离的股票少些波动风险？或者相反，当你在价格支撑位买入一只基本面较好的股票，或者价格回调之后卖空这只股票，你可以巩固在这只股票上的获利成果吗？对这些问题的答案，可以自信地回答"当然可以"。

现在我们思考另外一个问题，假定我们已经建立了结合技术参数和基本面参数，利润丰厚，只做多头的交易系统，如果将这些参数反转，在同样的情形下，只做空头会发生什么？比如，假定我们做了一套只关注于上调分析（基本面）和相对强势（技术面）的"只做多头"系统，这套系统的测试也很完美。现在，我们把参数反转，关注与下行分析和相对弱势

---

① 20 世纪末，另类投资的管理资产中，单边空头基金规模不足 2%。

的"只做空头"系统。你认为这种反转的，只做空头的系统仍然有利可图吗？这个问题的答案，仍然是自信的"是的，当然可能"。

实际上，令人惊讶的是，无论是基于技术面和基本面的只做多头系统，还是相反的，基于技术面和基本面的只做空头系统，只要是正确的系统，"在相同的市场时期"都是有利可图的。每周我们都会看到系统的一面会强于另一面，但都会产生利润。正如我们期望的那样，我们将会见到在牛市时期，多头上升比空头快，在熊市时期，空头下降比多头快。但是将时间周期拉长，比如每季度或者每年，我们将发现无论市场走向如何多头和空头系统都会盈利。因此，当市场上行时，你的账户将会盈利，当市场下行时，你的账户也同样盈利。这就是我们在这本书中所描述的美好图景：无论市场是什么走向，你都可以盈利。因此，中性化市场趋势，不管是基本面分析还是技术分析，无论是空头还是多头，我们都可以用在市场的全时段并获得盈利，这是真正的"双倍 α"。

我们有什么建议

正如我们在本书中定义的一样，我的交易机理包含着一个或者多个逐步的选股步骤，同时与特定的股票交易策略相结合。我们的方法需要你使用一个或者多个交易系统，这些系统需要同时包含技术面和基本面的指标分析。每种我们所教的交易系统都是以成对的形式展示出来：拥有只做多头的界面和只做空头的界面。我们将会使用到排列和分配策略。这涉及将你账户中一定比例的头寸（大多数是50%）放到一个或多个系统的多头方，然后将一部分头寸（具体比例由市场决定）作为补充资金放入该系统的空头策略中。这样，无论是使用技术分析还是基本面分析，在所有的市场条件下，同时拥有空头头寸和多头头寸，你将会有利可图。

这本书告诉我们七种完全可复制的交易系统，想象一下使用下面的交易类型的可能性：

- 你不需要辨别市场交易是否和价格指数图形这类技术分析相一致，

或者是否和编造指数的公司的基本面相一致,你知道你的系统是技术分析和基本面分析的结合体,因此减少了误读市场造成的风险。

- 你不用担心当前的牛市什么时候到顶,或者当前的调整是否见底。你明白你的交易系统在市场上行和下行都能赚钱。你有一套在空头和多头都能管理资本分配的系统,不管市场如何,你都能确信你的头寸能够盈利。
- 你再也不会在股价起飞前,你的新股被贪婪的做市商强行止损。你也不会看到你的股票在刚达到目标股价,你撤出之后马上一飞冲天;相反,你的系统将会告诉你什么时候是退出交易的最好时机。大多数情况下,每次系统让你退出,另外一支替代股票已经成为更好的备选股。因此,你会信心十足地发现,每段时期"再平衡"过后,你的盈利潜力将会得到改进,风险会减少。
- 你再也不用花费数小时的时间研究价格图形或者大量浏览成堆的公司资产负债表,来寻找下次交易时机。一旦你在软件中输入本书中所定义的参数,只需要轻轻点击鼠标,就会出现两组股票名单,多头列表和空头列表,更进一步的分析将告诉你,哪些是最值得交易的备选股票。

我再来加一点本书所描绘的系统的好处:你不需要拥有博士、经济学家或者是被认证的市场专业人员的水平来理解、运行、管理这些系统并获利,所有你需要知道的是本书中所勾勒的每种交易系统的规则。我已经阅读了多本投资的经典书籍,比如本·格雷厄姆的《聪明的投资者》、马丁·茨威格的《赢在华尔街》,以及彼得·林奇的《漫步华尔街》,还有许多关于技术分析的书(书太多,就不列举了),无一例外的,当我读完书,我都会问"然后呢?"我认为我是对的,大多数公开出版的关于投资和交易的书,包括许多经典的书在内,都犯了一个错误:这些书在理论上头头是道,但实际上没有可操作性。本书正是弥补这样的缺憾,在此你将会学到非常实际的技能,怎一步一步地用七种已被证明具有盈利能力的、技术分析和基本面分析相结合的、市场中性的交易系统进行交易。

需要确定的是，这里我并没有什么新的发现，后面我讲的七种盈利系统不是非常原创的东西。我仅仅是将最赚钱的基本分析和技术面分析系统中最有效的部分集合起来，测试并调整它们的连续性和可靠性，然后将它们一步步分解，这样你就能知道怎样运行市场中性和多头空头交易的系统。这些部分中有些来源于熟悉的资源，另外一些则来自于浩如烟海的文献和期刊。不管是什么方式，本书所描述的交易系统集中了许多智慧超群的人的成果，我们都是他们的快乐受益人。

在本书中我的角色仅仅是呈现他们交易智慧结合的结果，这种智慧表现为不同特色的交易系统构成的形式，贯穿着头寸管理的指导方针。不要认为我是领袖专家，我只是一个普通人，一个有着狂热学习热情，教导别人什么在股票市场中起作用的普通人。

不再对冲

到目前为止，我们已经学习到本书所教的交易机制由集成的系统构成，这种集成的系统使用技术参数和基本面参数来寻找最佳的多头和空头股票配对来进行交易。这种交易方法并不是通过以下方式来获取盈利最大化的：判定市场的走向、精确定位股价的反转之处、领先一步于板块轮动、盈利公告、公司并购、FDA准入等信息，等等；相反，我们交易方法中潜在的盈利方式在于对股票简单的判定，判定基于特定的技术分析和基本面分析，哪些股票在近期表现能够超越市场，哪些表现不如市场。

我们还学到为了适当地中和市场风险，我们不仅需要结合技术面分析和基本面分析，还需要使我们的头寸能从主要的两种市场（牛市和熊市）中获利。我们的策略，正如我们将要解释的，让市场本身决定多少比例的资本需要放到多头头寸或者空头头寸，但我们必须100%投资，并且同时做多头和空头投资。当我们运行每套体系时，默认的方式是将我们资本的一半投入股票的多头方，而将另一半放入空头方（那些不那么厌恶风险的投资者将追加保证金，以放大杠杆）。最低的期望是在市场上行时多头组合表现超越空头组合，而在市场下行时空头组合表现将超越多头组合，总的来说，账户总体是盈利的。如历史行情所示，最好的期望是，不管市场走向如何，系统的多头和空头都能实现盈利。

需要说明的是，本书中的多头空头配对和头寸的对冲不同。当市场异常波动时，对冲用来最小化多头头寸中的潜在损失。对冲有很多形式，反向 ETFs，卖出看涨期权，卖空与我们买入股票同种行业的一揽子股票，买入与我们所持公司密切关联大宗商品的认沽期权，买入外汇认沽期权以锁定利润防止货币贬值，所有这些都称之为对冲。举例来说，如果你要花费 5000 美元在道琼斯指数成分股中选择 4 只股票：美国运通、卡特彼勒、英特尔和埃克森，由于市场交易接近价格涨停点，你可以投入 20000 美元的空头头寸到 DIA（道琼斯指数的 ETF），或者买入 10000 美元 DXD（2 倍杠杆看空道琼斯的 ETF），或者买入一系列 DDM 空头（2 倍杠杆看多道琼斯指数的 ETF）。在这个例子中，因为你买入了单个股票，你会预期，市场会突破价格阻力位吗？当指数的绝对损失数量比 4 只道琼斯股票的期望盈利要少时（因为指数理论上的波动较小），对冲就会造成损失。如果你的恐惧变成现实，股市回调，你将会期盼挣得一小部分利润来部分的弥补这四只股票上的损失。因此，对冲是一把双刃剑，如果你投资不慎，它将帮你最小化你的损失，但是如果交易完全按照你的预期，他将拿走你的一部分利润；换句话说，对冲就像付了保险金：每个月支付会感觉很痛苦，但是当发生灾难时，你会乐于看到你的损失被弥补。

我们在这里所教的交易，从另外一方面说，完全是不同的思路。如果对冲是支付了一笔钱，降低了所暴露的市场风险，那么我们的交易就是关于如何不用付钱也能降低风险。对冲是因为恐惧惨重损失而出现的，双倍 α 则驱动着我们交易方法的产生。对冲在市场下行时大量使用，而我们的交易方法不论市场什么走向都能使我们有利可图。对冲需要预测市场什么时候会转为下行（实施对冲），什么时候能够反转（结束对冲）。我们的交易策略不需如此，你只需采用相同的办法，持有同等权重的空头和多头头寸，而不用管市场走向。

让我们再深入一点探讨我们交易系统的结构。这本书的每个部分的中心思想强调的是证券关系的本质，这些证券被分为配对的两组，多头和空头。这种关系可以用两种截然不同的方式来描述：第一种方式基于基本面参数（尽管不是排他性的）将搜索其主要备选项作为系统的核心，在这些系统中，技术面参数起到辅助的作用。在这套系统中排在顶部的股票被买进而处于底部的股票则被卖空，这样，你会持有按照反向增长率、临界估值比、修正后的分析师估值或者其他方面的基本面标准。这里有四种基于基本面分析的交易系统，在后面的 7 到 10 章会详细描述。

第二种方式基于技术面参数（尽管不是排他性的）将搜索其主要备选项作为系统的核心。在这些系统中，基本面参数起到辅助的作用。在此，在一个看起来预先决定的技术面扫描的牛市末尾，股票被买入。当这种参数筛选被逆转，股票被卖空（这里对这种规则有些微小的例外）。通过此种方法，你就有了成对的股票，空头和多头的。因为一种被过度卖，一种被过度买，或者一种在突破看涨整固区间，而另一种在跌破价格下行整理区间；或者一种在价格支撑区域正在积蓄能量，而另外一种在价格压力位出现机构甩货的迹象。使用到技术分析为基础的筛选交易系统在 11 章和 13 章将会详述。

在各种情形之中，这里解释的每种交易系统都使用一种头寸管理的通用方法，所有的七种交易系统都被设计用来交易空头和多头，每种系统都用相同的资本量（如果不止一个交易系统），每种系统都将使用特定量的资本放到空头和多头——我们将介绍一种决定数量的简单方法。系统的每一边也许不是相同的头寸，但是每种头寸根据投资量都有同等的权重。每种组合，多头和空头，依据一定的间隔周期重新调整。在大多数情况下，每周的再调整将会产生最强的回报率。因此，在每周一个特定的日子，你将使用每种系统的搜索器来进行交易，并替换掉那些达不到要求的股票。

不那么活跃的交易者通过每月或者每两个月更新头寸，仍然可以取得超越市场的回报。

在本书中教的每种系统，无论是主要基于基本面还是技术分析，都会有详细解释，我试着使交易系统的每一步都尽可能清晰，以便新手和类似于专业人士的人也能尽快上手。无论是户头只有5000美元的兼职者，还是管理5000万美金的专业人士，都能复制这些方法。你需要一些支持软件或者在线的工具来运行每套系统，工具清单及介绍将会在第4章说明。在每个特殊系统的章节，你将会学到怎样使用这些工具来自动搜索关键进程，你进行交易找配对的常规程序，将会被轻轻点击几下鼠标所取代。一个惊喜是，你需要的所有工具都价格合理甚至免费，它们都是用户友好型的，并且非常易于达到我们的目的。

最重要的好处

我作为私人交易教练和投资者已经11年了（在第5章你会读到更多故事），在此期间，我与数百客户合作过。不论何时我和单个交易者合作，不管他们是第一次交易还是经验老到的专家，我为他们列了一个交易的清单，这份清单告诉我和我合作的客户的类型，他们的优点和缺点在哪里，怎样将我要教的东西量身定做传授给他们，以最好地满足他们的需求。这些细节信息是如此有用，我发现这些年来几乎我合作过的所有客户都可以归为两类：有些人对交易没有足够了解，从而让交易为他们服务；有些人对交易了解太多，从而导致他们犹豫不决，不能或者不愿意连续地按照一定的系统方法行事。

考虑到这些，第一类人很容易共事，他们缺少交易的"包袱"，从而很容易教并且愿意遵从成功的交易规则。我来告诉你我的一个客户的故事——他掉入了第二类人的陷阱（其实我把自己也归为此类人）。他叫乔伊。乔伊和我在一个机场酒店的会议室相识，他刚从韩国首尔直飞回来，尽管时差还没倒过来，他马上投入工作。乔伊拥有成为交易专家的素质，他有常春藤名校的商学院的学位；他很聪明并且学习新东西很快；他的父亲是一位成功的私募股权投资者，他父亲希望能够将他这位长子培养成能接班家族事业的人。乔伊的问题在于他不想和他的父亲共事，他想开拓自己的事业。

在我们见面之前的某一年，乔伊的父亲给了乔伊100万美元的交易账户让他生意起步——这点钱对他父亲来说是零花钱，但是对乔伊来说，他可以用这次机会来追寻他的梦想。于是，凭借着耀眼的教育背景和多年来在父亲身边耳濡目染的宝贵经历，乔伊将钱投到市场上。不幸的是，事情并没有按计划发展，等到乔伊找到我时，他的账户已经损失了70%。他非常沮丧，从乔伊的经历来看，我了解到他犯了一系列致命的错误，其中一个重要错误就是当他浏览全球交易新闻时，每晚只睡四五个小时。更糟糕的是，乔伊的交易经历告诉我他已经在他的舒适区外进行交易。他的性格更适合于遵循系统性的规则从而聚焦于大盘股。他急于挽回损失，但是他已经变成了肾上腺激素分泌过剩的瘾君子。当他追逐价格快速攀升的大宗商品和外汇交易时，他的风格更像是感情用事。

我告诉乔伊我能帮他扭转势头，但是他必须迅速改变他的行事方式。我还告诉他，如果他做出改变，他将变成一个更加快乐和成功的交易者。我的方法很简单，我将教给乔伊一个清晰明了、包含多头和空头股票的交易系统，首要任务是用他剩下的一小部分钱并使用这个系统来运作3个月，在那之后，假设他盈利了，只要他能够达到合理的盈利目标，我将慢慢将他带到期货市场。乔伊答应了我，或者我认为他只是在当前形势所迫下所做的毫无怨言的妥协。因此，在接下来的3个月，我小心设计了一个与他的经历十分匹配的交易系统。在一次午餐后的休息时间中，我们花了两小时解决了不同的筛选技术、自由裁量的排序方法、头寸管理、危机应对策略和实时系统工作图表样本等问题。整个过程，乔伊十分投入，我给了他我最好的资料，我的感觉是他已经完全上道了。

会谈快要结束时，我问乔伊还有什么问题。他提出了让我永生难忘的问题:"我只有一个问题,你能告诉我天然气价格能否继续攀升吗?"显然,乔伊持有天然气期货合约的多头头寸。他账面上已经获利了,他想结束交易,但是没有任何办法。这跟我之前所讲的一样,没有任何特别之处。因此,在我做了所有的工作之后,乔伊并没有学习到一个更好的交易方法,他只想知道他是否在正确的交易中。

自从乔伊远道而来并且付给我咨询费,让我给他提建议,我同意帮他关注天然气走势图的变化情况。对我来说,天然气最近的突破(现在是2011年)很可能是"障眼法",这太无趣了。很可能其价格会很快反转。考虑其价格已经攀到了最近两个月的新高,而其数个技术指标并未预示这一点,这表明同其他相比,这场竞赛是不可持续的,因此我建议乔伊砍掉他的一半头寸,并给剩下的一半设立止损线。他礼貌说了句"不",拒绝了我的两个建议,然后乘飞机20小时后回到家。那之后不到3周,天然气价格回落了20%,亏损足以抹平他的账户——期货交易的杠杆很高,最终使他亏损严重。我不知道乔伊是否斩仓,但我怀疑他现在是否已经全心全意在他父亲的公司工作。我还怀疑这一切都是他父亲的计划!

这个令人沮丧但是真实的故事,是交易者(包括经验丰富者)众多故事中的一个,甚至在这些年的交易中我从自身的经历看到了另一个版本的故事。从这个故事中,可以看出交易失败通常的四种原因:

1. 没用使用系统性的进入和退出交易计划
2. 没有使用合理的头寸
3. 没有适当地解释市场风险
4. 拒绝听从有经验交易者的教导

藏在这些诱因背后的恶魔有很多,包括肾上腺激素上瘾,不愿意承认错误(圣经上称之为"自豪感"),害怕成功,"贫穷"心态等,一种"注定"财务失败的心态,这是由根深蒂固的羞耻感导致的。在交易过程中,大幅度消除这些影响可以通过完善可靠、有良好运作纪律的交易系统来达到,同时应以学徒的心态虚心向资深交易专家请教问题,来改善习惯。

在后面我们将会更多地谈论接受指导的重要性。在此，强调的是系统性的交易（与乔伊的"头脑发热，肾上腺激素上瘾"这种交易方式相反）能够抵消交易失败的四个原因：它能够提供一系列从进入到退出的交易规则；它能够以纯粹客观的方式来确定头寸的规模；通过连续的多头和空头风险暴露，市场风险不仅能够用来解释利润，还可以用来产生利润。使用一个（或多个）研究完备、真金检验、多空结合的系统能帮助很多交易者跨过以往的平庸和失败，找到通向成功交易的门路，对那些真正想要从事交易的人，它将是强大而又可靠的财富发动机，想要在这个话题上更进一步，请继续阅读。

第 2 章　超越技术分析

不要沿着老路的方向走,而是去走那些没有路的地方,然后留下自己的足迹。

——拉尔夫·沃尔多·爱默生

从 1996 年起,我便成为交易员,进行股票、股票期权和股指期货的交易。我在以前的两本书中讲述了我过去多年研究和实践的心路历程(包括许多失败的教训),这两本书分别是《以趋势交易为生》和《日内微趋势交易》。在这些年的交易生涯中,我都是使用那些绝大部分由我自己开发的交易系统来进行短线交易,而这些交易系统仅依赖于技术分析。在 2002 年 10 月,我建立了"趋势交易之友"网站(Befriend the Trend Trading www.drstoxx.com),一个提供选股指导和交易训练服务的网站。我们于当年开始发行我们的招牌荐股指导——趋势交易信函(The Trend Trade Letter),它提供每日市场指引以及特别的交易推荐。紧随其后,我们在 2007 年发行我们最赚钱的交易指导——ETF 反转信函(ETF-Reversal Letter)。之后,我们在 2010 年,发行了针对更小账户的指导——廉价股票信函(Cheap Stocks Letter)。过去这些年我所开发的交易训练以及交易指导系统仍在很好地服务客户及我本人。因此,我的经验证实了这句被许多股票交易员奉为真理的话:"股票价格图形的技术分析就是很好的预测工具。"

然而，提升空间永远存在。即使是最稳健的技术交易系统，也会经历数次糟糕的表现。2008—2009年股市崩盘时期，这一点在我自己的交易系统上得到了验证。在剧烈动荡的数月中，市场经历前所未有的波动，伴随着利空消息的恶性循环，市场进入固定的同步下跌模式，因此，技术分析几乎不能提供任何帮助。那些在绝大多数市场条件下可以获利的漂亮技术图形模式，其表现也迅速恶化。提示短线买点的超卖技术指标变得越来越超卖，即使市场情绪指标触及反转看多的水平，价格仍将径直跌落，并不断创出新的历史低点。当我们最终在下降趋势中超买点找到几个合理的做空信号时，市场却不断上冲。对于那些关注更长周期市场行为的技术交易员而言，这段时间是令人沮丧的。

在大崩盘阶段的最后几周以及随后担惊受怕的数月时间里（还记得2010年5月的股市的"突然暴跌"吧），我发现作为交易员的我在不断挣扎。当然，我之前也经历过市场的下跌。任何一个交易员抑或是投资者，无论他（她）们的技术多么高超，在所有方法都失效的时候都会茫然无措。任何一个成功的交易故事都被2008—2009年市场的大崩盘所打断。最终成功的是能够合适应对、减低仓位以管理风险，并耐心等待行情转机的人。它违背了我的一位偶像——约翰·邓普顿爵士的格言："这一次，事情真的不同。"所以这样做也是一种冒险。过去，一旦我看某一交易系统出现连续亏损，我就更换系统。比如，将上涨突破买入改为上涨回调买入，或者是，我用布林带而不是趋势和通道线作为支撑压力。但是在那次崩盘后令人迷惑的市场中，过去有用的东西统统失灵。

我的痛苦斗争变得复杂，因为我不仅仅为我自己交易，我还要为我们几百个订阅客户提供每日投资指导，他们寄希望于我能够带领他们顺利走过令人茫然的时期。然而，我真的不确定我知道这条路径。在很大程度上，依靠神的恩典，我们终于跌跌跄跄地顺利通过，且没有遭受太大的损失。我们的股票指导信函在这一时期最终扭亏，并获得一点点的利润。当然，这一切都来之不易。

我当时不知道，但是现在已经知道的是：这些动荡的月份都是上帝的旨意。但是，我已经准备对我的交易职业进行最大一次的自我修正。所有这一切始于如此具有挑战性的市场条件，令我自己开始对自己以图形解读为主要手段的交易系统产生怀疑。图形解读就像我的面包和黄油，它构成了我的投资说明会和发表研究报告的基础，而且也的确是我自己交易的基础。但是在后大崩盘时期的市场中，单纯的图形解读方法已然无效，至少其效果我不能满意。我感觉到在新的市场条件下，我的方法缺失了什么东西。我当时并不知道缺少的是什么，但是，我知道我一定要尽快找到它。

500只股票的实验

起初，我决定证明我是错的。直觉告诉我，在大崩盘后的"新常态"市场环境中，单独依靠技术分析不足以保持持续的盈利。但是，我的理性提醒我，技术分析已经足够了，我所需要的只是一个新的技术交易系统而已。因此，正如我过去面临严峻挑战时经常做的一样，我那时所做的就是，清理办公桌，在我面前放一张黄色信笺，拿出一支笔，然后祈祷。在沉静了几分钟后，我的脑海中开始浮现出这些词汇：500只股票、5年、50%的收益率、一个月、通用网格（美国股票分析软件中，通常会用方格来标示横坐标和纵坐标—译者注），我迅速将这些词汇记录下来。把这些词汇组合起来，我决定详细浏览过去5年（涵盖了危机前、危机中以及危机后时期）中，20个交易日（一个月的时间）内涨幅至少为50%的500只股票。我的任务就是仔细查看每一个技术图形，找到任何一种在价格突破前反复出现的技术指标和技术图形。如果我能够把这些方格隔离开来，那么我就能建立股票筛选系统的组成部分。这样，我就会得到我的新系统——一个能够找到即将大幅上涨的股票的系统。

我开始建立包含500个历史走势图的清单，在这些图形中，其过去5

年中的某一时刻的价格，较 20 个交易日前的收盘价高出至少 50%[①]。在任一月份里，能满足这样条件，且具有相当的流动性（日交易量超过 10 万股）、股价高于 3 美元的股票大约有 10 只，牛市中这个数量会更多，因此，我便有了足够多的图形供研究；而且，这研究区间很理想：其涵盖了危机前、危机中以及危机后的市场。

一旦我得到自己的历史图形研究清单，我就建立一个图形模板，该模板包括 K 线形态、均线系统、技术震荡指标以及两个基于成交量的指标。我的计划是，在一个表格中记下日线以及周线的哪些价格形态，以及指标的何种水平可以诱发这 500 个股票的上行突破。我认为经过数千个样本的积累，一定能找到一个明确的在统计上显著的模式。

当然了，我对这项研究相当积极。我明白，如果我能识别出能持续产生月度 50%收益率的价格、技术指标和成交量模式的话，我将拥有至今为止最强大的股票交易系统！因此，我花费数周时间，起早贪黑地钻研我所收集到的这 500 个图形。对于其中的每一个图形，我在十几个一般价格走势图形模式（从波考斯基的优秀著作《图形模式百科全书》中得到），找到一个，并与之前的 9 个突破前技术指标参数一同记录在表格里。我所使用的技术参数都是针对常见的技术分析：移动平均线（MA）、MA 的斜率、MACD、商品通道指数（CCI）、震荡指标、RSI、%B 布林带、OBV 以及相对成交量指标。对于每一个指标，我记录下它们在价格突破前的 40 个交易日的收盘值。然后对记录的表格进行编程，以使其计算出每个指标在一段时间内的变化比率。经过两个月的努力，我完成了对这些指标的分析。

[①] 研究"超级表现"个股的这种方法，已经在我的头脑中根深蒂固，只要我进行测试的时候就会用到，没什么新意。在后续章节中会介绍的威廉·欧尼尔在开发他的著名的 CAN-SLIM 交易系统的时候也是用了同样的研究方法。详见后续内容或者《笑傲股市》。早在 1977 年，当时欧尼尔的书还没有出版，理查德·拉弗就已经著书介绍什么原因使得最牛股票走势如此强悍。参见理查德·拉弗的《超级牛股》。拉弗的研究曾经被两名现役交易员引用，戴维·瑞安在市场奇才系列图书对杰克·施瓦格和马克·米俄维尼做的专访中都曾引用。

现在是时候评估这些数据了。

果然,一旦完成了这 500 个图形的分析以及统计测试,一些价格和指标的模式就显现出来。我的研究清单里其中的一个模式成了主要模式,它被我称为"基线模式"。在我研究的各类图形模式中,基线模式大概占比 1/3,即当股价长期快速下跌后,价格在很小区间内震荡,之后价格在该区间上沿整固,只有基线模式会出现在价格震荡时期。在我的研究中,上述价格模式经常伴随着特定最小比例的成交量上升,而这一点可以证明那些预期价格将大幅上涨的专业投资者正在吸收筹码。收盘价一旦高于这个窄幅震荡区间上沿,我们便可以期待股价的急剧上涨。2012 年像素公司(UNXL)股票的上行突破(图 2-1)就是一个典型的极限模式案例。

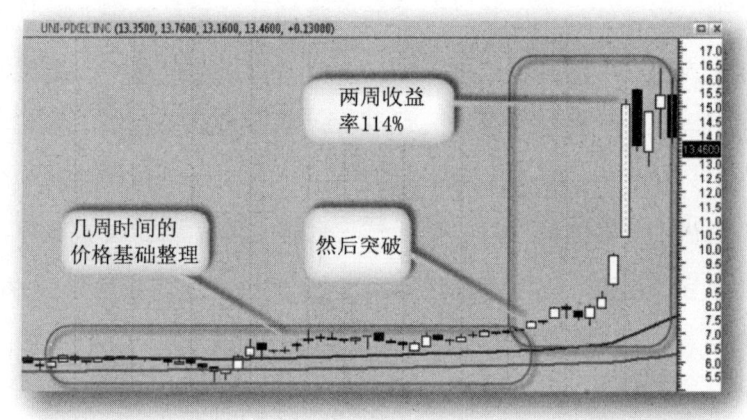

资料来源:MetaStock

图 2-1　像素公司 3 个月的股价走势

图 2-1 中,在 2012 年 11 月下旬前的数周内,UNXL 股价在较小的范围内波动。在此期间,公司开始发布一系列关于获得新合同的公告。这些消息推动 UNXL 股价向上突破前期震荡区间的上轨压力线。价格在起初的几天里缓慢上涨,之后量价齐升,价格快速拉升。到 12 月中旬,UNXL 的股价较 11 月下旬的突破点已经上涨了超过 100%。

UNXL 只是过去两个月里我所研究的 500 个图形中的一个典型代表而已。当然，也有许多其他类型的图形模式。比如，有的图形中，股价在一天内上涨 50%，甚至更多，只是因为公司被收购的消息公布了而已。有的图形中，股价在急速下跌中出现了快速的反弹，或者是股价因为利空消息而跳空下跌，但是之后莫名其妙地从低点上涨 50%。有的图形中，股价在创出年内新高后上涨 50%。当然，还有很多图形根本没有明晰的模式，但是依然能够在一个月的时间内上涨超过 50%，或者用不了 1 个月的时间就已经上涨超过 50%。但是，在这 500 个图形中，有 159 个或多或少可以界定为我的基线模式。所以，我下一步的工作就是构建一个能够找出过滤基线模式的筛选器。

起初一段时间，我还是不知所措，但是在数天的实验后，我终于建立一个筛选器，它能够提炼出基线模式的价格特征和指标特征，而且可以提供最佳建仓点所必需的技术指标阈值。因此，任何通过这一多重过滤的股票，都是可以认定为能够在第二天开盘时入场做多的备选股。有关出场策略，我的研究显示，这种交易最好是持有一个月，无论价格如何变化。如果在一个月内的任意时间，只要价格较入场点上涨达到 50%，就可以获利了结。如果在 20 个交易内，价格没有上涨 50%，那么也应该了结头寸。因为在突破之前和突破期间，股价都会有较大的波动，所以我们不需要止损。

此时，我对这个新的交易系统兴奋至极。然而，在我内心深处，涌现出对于我的研究方法是否正确的怀疑。这些你所熟悉的历史回测存在致命的缺陷。这一研究过程的问题必然是那些我所试验的 500 个图形，其本身已经是"赢家"了。我的研究无法获知（当然，设计研究过程时就没有考虑）符合基线模式的股票中有多少能成为赢家。因此，整个过程的核心环节存在一个错误的推断，一个不合理的逻辑推理，因为绝大多数在一个月内能够上涨 50% 的股票表现出基线模式的特征，所以我以为的符合基线模式的绝大多数股票可以在一个月内上涨 50%，这个推断是错误的。就好比说，"每次下雨后，草地都会变湿，因此，草地是湿的，我就以为刚刚下过雨"。这是大学逻辑课上绝大多数新生会犯的一个常见错误，然而，因为急于寻找到快速盈利的模式，作为一名曾经的哲学教授，我也犯了这个错误。

在某一交易日，没有数百也有数十只股票符合我所研究的基线模式。但是在 3000 多只股价超过 3 美元，同时日均成交量在 10 万股的股票中，能够在一个月内上涨超过 50% 的却是屈指可数。根据我的研究，在这些为数不多的股票中，仅有 1/3 是符合基线模式的。如果基线突破的确是牛市技术交易系统，如果它比其他模式更容易产生每月 50% 以上的投资回报，结果就不该是这样。实际上基线模式产生 50% 月度收益的概率非常低，按照我的计算，大约只有 1/30。

真金白银的交易证实了我对自己交易系统有缺陷的怀疑。在 4 个月的时间里，我总共做了 32 次基线突破的交易。尽管寸头不大，但是我的计划是将所有我原以为是很大的盈利重新投入下一轮的交易中。在每一笔交易中，我设定了一个 50% 的止盈线，30 天后，在交易系统中挂了一个 MOC（收盘市价单）和一个 OCA（一个成交，其他全部取消的指令）订单。然后我就等待。随着时间一天天地过去，认识也逐渐变得清晰。这个系统根本无效。32 笔交易中，没有一个最高实现 50% 的收益率。有些股票在一个月的时间内成功获利，但是其他的股票价格却在下跌、下跌、再下跌。最终，我是赔了夫人又折兵，不仅亏了钱，还浪费了时间，但是，至少我认识到基线模式在这个市场中是无效的。

转向基本面研究

当我在探寻一个更为有效的交易方法时，我想起了一个永恒的智慧："自我否定"。我承认我的无知，我特意去学习了关于市场赢家的自修课程。对于我的每一位老师，我翻阅他们的一系列著作，这些书多年来一直就放在我的书架上，而我却从来没有去阅读过。这些书有一个共同的特点：它们是传记作品、回忆录，也是最为卓越的基于基本面分析的投资策略。这些书的作者包括本杰明·格雷厄姆，这位空前伟大的价值投资者，格雷厄姆的门徒、当代最成功的投资者，沃伦·巴菲特，管理着历史上最成功的共同基金的彼得·林奇；马丁·茨威格，"茨威格预测"的作者，借此他已经成为30年来最成功的投资评论专家之一；以及著名的CAN-SLIM成长股交易系统的提出者，威廉·欧尼尔。我的研究令我接触到一些在由同行评审的经济学杂志上发表的核心论文。其中的两篇具有重大的意义，一篇的作者是前芝加哥商学院教授（现在斯坦福任职），约瑟·皮尔托斯基博士；另一篇的作者是出身MIT的数学家、"扎克斯投资研究"创始人，兰·扎克斯博士。所有这些作者，除了皮尔托斯基还在从事学术研究外，都有着几十年的资金管理经验，而且他们已经为自己和客户积累了大量的财富，年复一年的取得超越市场的投资回报率。他们每每率先转入防御阶段，进而顺利度过衰退期，而当每一波新的上涨趋势开始，他们通常又会重新出现。

我读得越多，我头上那一丝灵光变得越发明亮，而当这丝灵光变得越来越明亮，我交易方法核心思想中的阴暗漏洞就越大。向投资世界的大师学习，令我意识到在我交易的目标中，缺失了一些最基本的东西。在他们的交易决策中，拥有一个独一无二的认知，令他们对自己的交易系统特别的自信，而我的交易系统却不能提供这些认知。依我之见，所谓大师们有而我没有的认知，说到底就是：他们很熟悉自己所投资的公司，而我却根本不了解这些公司。我知道这些公司的股价图形，而这不过是价格、成交量模式以及支撑、压力之间数学关系而已，这些统计上显著的信息指导了我的交易决策。然而，当一天的交易结束时，那些我们成功交易所依赖的极其重要决策，仅仅建立在由一些线条、柱状图和数字构成的页面之上，而这些大师，其决策建立在更为稳固基础上。过去，当我购买股票时，从来没有把它抽象为一个由人构成的实体，而仅仅把它当做公开的交易的股票，而那些大师，他们购买的是股价背后所代表的机器、生产线、基本的服务和供应链，同时还有辛勤工作的员工以及天才的管理者。

作为一个投资市场的技术派，我所关心的只有图形，而不是公司本身。在绝大多数情况下，我很少了解我所交易的公司的业务。我从不知道我购买的处于上升趋势的公司股票，其背后是否隐藏着一个随时可能会爆发的现金流问题，抑或是我所做空的公司股票，是否会因为公司收益修正而大幅上涨。这一类的问题以前甚至都不是我的关注点。技术分析将一个交易员训练得仅仅关注股价的过往走势，而有关公司股价过去走势的有价值信息进一步支持了技术分析的拥护者。从这一有利形势出发，技术派凝视未来，以预测价格未来会是什么样的走势，而投资大师却不是这样的，他们聚焦于现在：他们一方面观察所投资公司的现状——它们的资产负债、管理方面的优劣势、商业模式的有效性等；另一方面关注国内和全球经济状况。通过这样的比较，我开始意识到我的交易决策是多么的具有投机性，而这些投资大师的决策是如此的务实、理性、合理。

想象在一个大型对冲基金公司的管理层周会上，公司创始人端坐在会议桌的一头，睿智轻松地看着面前的这群年轻分析师。分析师们一个接一个的讲解基金目前持仓股票和未来可能投资股票的利弊，他们面前的大屏幕显示的都是各种PPT和饼图。神经性亢奋刺激着他们做简短但是细致的陈述，他们满怀信心地讲述诸如这样的内容：未来盈利预测、相比同行业其他公司的相对估值、即将发生的债务偿还对公司毛利率的影响，等等。最后，轮到一个技术派分析师站起来发言，他在一张张技术图形的PPT页面中翻来翻去，指出一个头肩顶形态，当前的关键支撑和压力位。5分钟后，你会看到其他分析师一脸茫然，因为公司创始人忍不住不停地打哈欠。

没有什么能够比一个分析会议更能刻画技术分析和基本面分析的反差

了①。基本面分析师言谈举止尽显经济学的"厚重"范儿，他们从哈佛、沃顿、斯隆以及凯洛格（美国西北大学凯洛格商学院——译者注）里衣冠楚楚的诺贝尔奖获得者那里打听消息，而与之形成对比的是，技术分析师的工作传统显得更加"浅薄"，他们的知识更像是由计算机生成的最新的产品，而这些计算机只是很好地描述了那些由20世纪中期的分析师爱德华兹和迈吉②所提出的趋势和价格模式而已。随着时间的推移，又增加了技术指标，然而，技术指标不过是关于同一主题——价格图形——的新的变体罢了。

下面是有关这种对比背后的关键事项。技术分析师非常了解一个公司的股价图形。具体来说，他们知道图形的过去走势，并基于此来预测一只股票的未来价格走势。判断的基本依据是未来可能股价和过去已经确定的股价之间的数学关系。但是，一旦从预测迈向承担所有的风险的实际交易，这种基本的关系就改变了。对于一个有真实交易头寸的技术分析师，这种基本关系现在变成了过去股价和由屏幕最右侧不断变化的报价所代表的当前股价之间的关系。股价每一次的上下变动都改变了这种基本关系的本质，因为这种关系只是基于电脑生成的数学模型；换句话说，以前的支撑可能变为压力，或者是一个看空的头肩顶形态可以演变为看多的双底形态。一个技术分析师唯一可以做的，就是设定好一个止损，然后祈求自己好运。

再来看看基本面分析师，他们的交易决策基于一个非常不同的关系。和技术分析师一样，他们也是预测者，但预测的是人，而不是价格图形，正如一位最近的总统候选人在竞选演说中反驳其质问者所说的，"我的朋友，商人也是人"。因此，当股价与其预测方向相反时，基本面分析师开始打电话，她致电公司的投资者关系部、公司的中层管理者、供应商以及

---

① 从参与人角度观察大型投资银行的此类会议，参见格莱格·史密斯的《我为什么离开高盛：来自华尔街的故事》。

② 罗伯特·爱德华兹和约翰·迈吉，《股票趋势技术分析》，第10版。

其他投资公司中跟踪该只股票的朋友，她会亲自与公司 CEO、CIO 以及 COO 面谈以帮助决策，她会运用自己丰富的金融知识分析这些对话，以判断哪些是符合逻辑的，而哪些不是。基于这样与真人的实时面谈，而不是与过去时间里的计算数学的沟通，她将决定下一步该如何操作。

我无意贬低技术分析以及单纯使用技术分析的交易员，它仍然是我日常生活的不可或缺的部分，我使用它、教授它并用它进行交易。本书接下来将要描述的每一个交易系统，都有一个技术分析的成分，甚至有些交易系统，技术分析是其主要构成。但是，在阅读这些投资界的巨匠著述后，我相信我获得了真谛，而且拥有十分确定的信心——这是做出制胜交易决策的真正动力，我只需要在我的一堆交易策略中增加至少一个哪怕只是入门级的基本面分析即可。

说到底所有的基本面分析就是这样的：从有关公司未来盈利前景的几乎无穷个角度中获得的一个合理评估。那些大师知道当一个公司的盈利前景与其股价表现不匹配时，是市场而不是他们的分析错了，他们知道市场追上他们预测的情形只是时间的问题。基本面分析的美妙之处在于，它为公司目前的状况描绘一份清晰的图景，并简洁地表明相对于这幅图景，公司股价未来将达到多少。如果一个公司的股价或多或少与其潜在价值相匹配，大师级投资者称之为"持有"，并继续看好之，而一旦价格不匹配，就会引起他们强烈的兴趣，他们在大幅下跌后进行抄底，在价格疯狂上涨时卖出以及在价格整固期间坚定持有，对于这样的操作，他们信心十足。

投资和穿衣的关系

单词 invest（投资）来源于拉丁文"为……穿衣"并非巧合。我们可以在 vest（背心）、vestry（衣柜）以及 vestments（礼服）中看到同样的词根，这个看上去不起眼的词源却揭示了重要的一点：一旦你购买了一个公司股票，你和这家公司变得紧密相连。根植于投资行为的语言意向就是为自己穿上投资对象道德观、价值观、企业使命的外衣，哪怕就算是几天也好。

将这个比喻进一步展开，可能我们应该像购买我们的衣服那样购买股票。我们应当关注衣服的大小、舒适程度、是否与我们的特点和品位相匹配。很少有人将交易视为一件真诚的事情，但它的确是这样的。这一点需要反复强调：一旦你超越图形分析来构建一个交易头寸，你的金钱以及与之相关的一切，将取决于与公司的关系，而这种关系，绝非是一种技术分析的图形。无论如何，我们应该与自己所投资的事物相适宜。

投资大师们都深谙此道，他们知道投资就是一种亲密关系，且主导这种关系的规则与主导人类之间关系的规则并无二致。开始是逐渐了解的阶段，然后是对"尽职调查"，完成尽调后，可能会与公司产生"友情"，甚至"恋情"，而且，当一切进展顺利，最终会"结为连理"。当然，也会有"失望""隔阂""分居"以及偶尔的"离婚"。简言之，这些投资大师知道，我们这些技术分析师长期被市场淘汰的原因是：要想作为一个精明的投资人，你需要亲密接触你的投资对象，而不是仅仅看看其股价走势图。如果我想在交易时拥有和他们一样的自信，我就需要突破我得心应手的技术分析，转而启用新的分析形式，让它带我超越图形分析，深入图形背后的公司。

第 3 章　迈向混合分析

和从来没有付出足够多的努力的失败相比，长期坚忍不拔之后的失败是更加伟大的失败。

——乔治·艾略特

经历过几个月的集中学习，作为一名交易员，我决定可以去做一项重要的改变。作为一名单纯分析图形的技术分析派，我已经交易了 16 年。现在，我要把自己逐步转变成以研究企业为出发点，通过深入研究财务状况进行选股的交易模式。然而，要在经历了足够长的课程的学习之后，我就遇到了一个较大的障碍。我要向投资大师们学习，还要学习被广泛应用的市场理论，使我了解到了关于证券市场投资的两项重要观点，这些几乎贯串了我的整个交易生涯。

与随机漫步理论分道扬镳

这几个月的学习使我认识到普遍的市场理论分为两大阵营：一些人相信公司的财务信息一经公开，市场就会趋向于将其正确有效地反映在公司的贴现值或价格上（这被称为"有效市场理论"），而另一些人认为，有一些无效的因素在折现的过程中被采用，从而干扰或影响获得正确的结果。这样显然会引起分化，这已经涉及了市场分析的核心。如果证券市场是有效的，那么基于公司的收益，期待预测未来的价格运动就是毫无意义的。如果所有的基本面信息已经反映在当前公司的股票价格里，那么公司的潜在收益就已经反映了那个价格，因此基于这种假设就不会有超越市场的超额收益。最好的投资者能做的就是去改善 GDP 的增长率，可以去投资强势稳健的蓝筹股，或者如果想要降低风险，可以去买一些被动管理的指数型基金。从另一方面讲，如果市场实际上是无效的，价格总是不能与基本面数据匹配，那么这里就有获取 α 收益的空间。通过准确公司分析和市场时点的把握，就可以发现当前市场价格和投资者愿意为公司因潜在收益而具有（或缺乏）的价值支付的价格之间的差额。

在那些学习证券市场投资的人中，我也发现了第二条重要的规律。一些人相信存在一定的方法能够预测将来的市场价格，"市场时机把握者"们假设，"历史会自我重新演绎"。他们认为，价格和收益的变动，不论是向上还是向下，都更趋向于维持原有的趋势，换一种说法就是，如果股票的价格是上涨的，那么它们继续上涨的概率要大于下跌；或者，如果 X 公司的收益表现出明显的季度环比下降，那么在接下来的一个季度它将会继续下降。另一方面，有理论专家认为，持续的市场预测无论是使用技术分析还是使用基本面分析，都是不太可能的，短期内影响市场价格的因素是简单的随机游走问题。这种随机游走理论专家认为，证券价格的分布模式没有持续的可预测特征，仅仅是因为这只股票上周、上个月、上一年上涨，它在下一个周期还会持续上涨的比率不超过 50:50。

这是一个基本观点：无论是有效市场理论专家还是随机游走理论专家，尽管其理论依据不同，都在争取超越比较基准指标，也就是在追求超额 α 收益方面，那些高薪的分析师并不比通过在《华尔街日报》上扔飞镖来选股的猴子强。有效市场理论和随机游走理论的创始人，都是非常聪明的人，他们中的一些是常青藤的金融学博士，一些在政府和大企业里担任

第3章 迈向混合分析

要职，一些甚至是诺贝尔奖的候选人[①]。哪一个是我要选择的交易模式呢？当然，与我持有相同观点的是大批的基金经理、市场公认的技术分析专家、独立交易员、纸上谈兵的投资者，和其他一些追求 α 收益的人。我们都相信分析，不管是技术分析还是基本面分析，都能给我们提供打败市场的办法。但是基于什么，是我急于想要回答的问题。

几十年来，在金融专业人士圈里有效市场理论和随机游走理论只是无足轻重的亚文化[②]：它们仍然隐藏在象牙塔掩盖的墙后面，它们互相交流仅使用应用数学难以理解的代码符号。所有的这些在1973年，随着伯顿·马尔基尔的经典著作《漫步华尔街》出版而得到改变。作为普林斯顿大学的经济学教授，马尔基尔的学术造诣本可以令该书具有很强的严肃性，但是，他还是将分析师们努力追求超额收益的做法用通俗的语言表达出来，使普通人也能轻松掌握投资赚钱之道。到现在为止，该书已经出售了超过200万册（在经济学读物的分类标准下），而且从第一版到现在已经再版数次。在《漫步华尔街》中，马尔基尔成功地将市场有效理论和随机漫步理论和谐统一，并进一步提出能够超越市场表现的一系列原因。我喜欢把这些来源于马尔基尔著作及其他资料中的有效市场随机漫步理论组合理论概括如下：

- 至少从理论上来说，所有关于公司的财务信息都可以通过表格或者其他工具用于财务分析，以此可以确定公司的内在价值。
- 公司的内在价值，一旦通过升级或者降级而被公众悉知，将很快在

---

① 市场有效理论之父，随机漫步理论的支持者，美国的经济学家尤金·法玛。法玛在芝加哥大学度过他的教学生涯，因为对股票价格运动现代理论的影响，他于2013年获得诺贝尔经济学奖。作为联合作者与诺贝尔经济学奖得主莫顿·弥勒出版了《金融理论》一书。法玛目前是一家管理214亿美元的基金公司的研究主管。

② 关于随机漫步理论的历史，可以追溯到由法国股票经纪人朱利·荷纽于1863年出版的书中。在1900年，由法国数学家路易·巴舍利耶发表的博士论文《投机理论》中增加了该理论的数学证明。芝加哥大学商学院教授尤金·法玛，在1965年7月至10月刊的《金融分析师杂志》上第一次将随机漫步理论翻译成学术语言。

公司的股票价格中得以体现，因此，X 公司的当前股票价格在大部分时间里反应的是 X 公司的内在价值；换句话说，可以解释股价和内在价值差异的时间窗口很小。

- 但是反过来讲，分析师也是人，他们也并不是在这个领域中表现的最优异的。有的时候他们也会错误地评估企业的价值，更有甚者，分析师在分析计算公司的公开基本面信息的时候就发生了错误；换句话说，分析师们可能在用错误的数据进行分析且不自知。

- 这就陷入了如下的循环：关于 X 公司的新的财务数据可能与分析师的价值所说的 X 相反，或者 X 公司所说的自己的价值引起公众买入或者卖出 X 公司的股票。这些很快反映出了大部分不可预测的价格。这些随机因素都是基于错误的信息，没有人知道错误，直到新的、更加正确的信息出现。

- 然而，问题到此并没有结束。不可预见的信息在任何时间都有可能发生，例如，X 公司供应链受天气相关因素的影响，X 公司执行官的绯闻，或者 X 提供服务地区的地缘政治因素紧张，这些因素都是造成 X 公司内在价值有不可预测的变化的因素；而且，总体的经营体运行不稳定，也能引起 X 公司潜在收益的不可预测性。

所有的这些告诉我们如下的结论：

- 当上市公司的当前股票价格能够合理地用财务数据解释，没有可靠的方式预测以后股票的价格；这里有太多的变量能够引起股票价格以不可预知的方式波动；换句话说，我们能够获得的有关公司价值的唯一信息都是过去的信息，而且，当预测股票市场的时候，历史信息并不是总是公开的。

马尔基尔十分雄辩地总结道，技术分析和基本面分析完全都是在浪费时间。[①] 技术分析师和基本面分析师相信，他们能够通过过去的信息来预

---

① 参见，伯顿·马尔基尔，《漫步华尔街》，第 10 版，第 5 章。

测每股股票的价格是涨,是跌,还是震荡,但是有效市场随机漫步的理论家们坚持认为,在没有提高风险的情况下不太可能提高预测能力,反过来说,没有优势。如马尔基尔所认为,公司股票价格涨跌的概率跟投掷1000枚硬币的统计分布差不多。[①] 他坚称,每一个新的价格点位,既不是价格沿当前趋势的运动的结果(作为技术分析),也不能作为一种按以前的收益增长率得出潜在收益(作为基本面分析)。这只不过是100个不同的信息向量,这些在之前的时间里都是不可预测的;换句话说,"被蒙上眼的猴子往股票列表上投掷飞镖也能选出一个投资组合,并且像专家们选出来的一样好"(马尔基尔最著名的论述)。

那么我是从哪里抛弃这种观点的呢?毕竟,我曾经通过预测股票价格的未来趋势过上了相当好的生活。难道这些都只是碰巧吗?过去11年超过3000笔交易的获利业绩,放在我们的网站上,所有的那些都仅仅是凑巧的成果?那些过去的几年里,曾经接受过我培训的数百名学员又怎样解释呢,他们中的一些人已经成为交易专家,难道他们只是碰巧走运赶上了我?我可以对那些满腹疑虑的分析师们明确地讲:"有时当你们实现完美的交易后,一些东西(风险)会从你们意想不到的地方冒出来,你们会说'我确定没看到那个东西出来'。"但是,交易员不会在意那些风险?投资者不知道,如果你想击出本垒打,就要承受被三振出局的风险?

风险的必要性

我越是了解马尔基尔,越是了解有效市场–随机漫步理论的那些支持

---

① 《漫步华尔街》中的一个有名的片段,马尔基尔描述了他和他的学生们一起完成的实验。假设股票的价值50美元,仅靠抛一枚硬币决定股票的价格。如果人头向上,股票价格向上移动0.5美元,如果背面向上,则向下移动相同的大小。像这样经历数周之后,就会得到一个"价格图表",并可以用来进行做技术分析。这些图表被市场中的一些技术分析人士拿来分析,并基于这些图表告诉马尔基尔,你应该立即买入该股票。当然,该技术分析人士在知道了事情的真相之后,也会显得很沮丧。

者，我就越能嗅到风险的臭气，我的交易生涯（我甚至用一生的全部）中一直努力探寻消除风险的方法："冒险的恐惧"。过于频繁的恐惧风险将令交易者和投资者最终很难赚钱，或者，就像第1章中乔伊的案例一样，持有时间过久最终导致交易亏损。有效市场和随机漫步理论中基于恐惧的建议已经很成熟，就是建议投资被动管理指数基金的安全性比投资受随机因素影响的个股更好。这个建议我不同意，我认为把自己定位为规避风险者是对于人类将风险转化成机遇能力的严重低估。

我想起了一则寓言，讲的是承担风险甚至是承担财务风险的重要性。《马太福音》第25章中，耶稣讲述了一个关于富有的CEO外出做生意的故事。临行前，CEO把他的三个雇员叫了过来，他给了这三个雇员每人一大笔钱，其中给第一个人5塔兰特（talent，古代中东和希腊—罗马世界使用的一种计量单位，1塔兰特实际质量相当于今日的26千克）黄金（按照现在价格计算，约600万美元），给第二个人2塔兰特黄金（250万美元），给第三个人1塔兰特黄金（120万美元）。CEO对这三个雇员只说了一句："我回来之前，用我给你们的钱做交易去吧。"[①] 后来CEO回来的时候，再次把这三个人叫到了一起，想问问他外出这段时间这三个人的表现如何。拿到5塔兰特黄金的人说，取得了100%的投资回报，通过交易，他把受托的黄金从600万美元炒成了1200万美元。CEO对他说："做得很好，善良而又衷心的仆人……跟我一起庆祝你的成功！"他问第二个人的时候，这个人也获得了100%的收益，同时也获得了CEO同样的赞许。然后第三个人低着头向前紧走几步说："对不起老板，我担心如果你的钱受损你可

---

① 参见《路加福音》，第19章第13节。《路加福音》的版本直接用"交易"，《路加福音》中"10锭银子的寓言故事"。与《马太福音》中的"才能的寓言"相对比，更像是耶稣在不同场合里讲的不同的寓言，但是它们都是在传授关于相同的信条，关于积极和消极的投资上帝已经赋予我们的东西。在耶稣的年代，与人进行交易意味着在打折的时候购买，建立市场摊位或者小型的店面，并卖出商品进行获利（但是并不是像eBay那样的虚拟市场）。

能会生气，所以我把它放到了罐头盒里，然后埋入自己家的后院，现在完好无损。"耶稣说这个仆人又"邪恶"又"慵懒"，他被当场解雇，给他的钱被拿回来，给了管理1200万美元资产的人。

当然寓言故事中的CEO就是上帝，《圣经》中说上帝是所有财富和成功的真正源泉。他告诉我们财富的标准：不仅仅包括金钱，精神、身体、智力资本也是财富。他建议我们把每一项财富标准的目标和用毕生精力去实现的计划相对接，并用这样的方法管理财富。正如CEO给他那几个雇员的黄金，上帝赐予我们的财富有可能被偷走、丢失或遭遇突发事件而贬值，但是肯承担风险的雇员能够很好地管理财富，其中的两个雇员这么做了而且得到了神的赞美，另一个雇员却因为恐惧不敢进行积极的财富管理。

这个故事的寓意是这样的：诚然，马尔基尔指出了交易和投资中的风险往往不能提前预知，所以我们需要对这种风险进行度量；但是他没告诉你说因为恐惧风险而不作为同样也是一种风险——很多情况下，这样做往往更糟糕。当我写这本书的时候，持有随机漫步-有效市场观点的人们坚持认为，被动管理的指数型基金已经错误地运行13年之久了。2000年1月1日，在S&P500指数基金上投资1000美元，到2013年1月1日时，仅剩970美元。如果考虑通货膨胀的因素，结果会更糟。然而另一方面，在相同的13年时间里，运用历久弥新的策略，一些承担风险的选股方法却获得了巨大的财富。在相同的时间里，对比从美国独立投资者协会数据库中各种策略获得的收益（如表3-1）。①

---

① 在表格中引用的数据来源于AAII.com网站，该网站隶属于美国独立投资者协会。在网站中列出的2002—2012年间10年平均年化收益率，以此为依据计算13年期的总体投资收益率，从而与S&P500相匹配。发布各种金融信息的网站，即使是类似于AAII这样专业的受人尊敬的网站，也要有一些免责声明。在该网站上也有这样的一些免责声明："这里的观点和分析都是从善意出发的，并做到精确、完整、及时、正确，而不含个人情绪或焦虑，或明示或暗示。不管任何原因，不管是我们还是我们信息的提供方，都应该对任何错误、误差、缺乏及时性、任何延期，或者传输中断而负有责任。这里包含的所有的投资信息都是经独立核实的。"

表3-1 被动与主动性投资——收益对比(2000年1月1日—2013年1月1日)

投资策略	初始资本 $	结束资本 $	年化收益	总体收益
S&P 指数基金	$1000.00	$970.00	-0.2%	-3.0%
约翰·邓普顿	$1000.00	$3500.00	10.1%	250.0%
乔尔·格雷布拉特	$1000.00	$3600.00	10.2%	260.0%
沃伦·巴菲特	$1000.00	$3650.00	10.5%	265.0%
彼得·林奇	$1000.00	$4000.00	11.2%	300.0%
马丁·茨威格	$1000.00	$9900.00	19.3%	890.0%
威廉·欧尼尔	$1000.00	$16600.00	24.7%	1660.0%

所有的这些活跃的反有效市场/随机漫步理论策略，主要依赖基本面分析。邓普顿寻找被低估的增长率，格雷布拉特的"魔法公式"投资购买低价高收益率的公司，"巴菲特学派"的方法是筛查股价被打折的垄断型公司，林奇将重点放在稳健的基本面但是价值被低估的股票上，而且公司的商品或服务受到广泛的好评，茨威格寻找低 PEG 比率（价格/盈利增长率）同时具有内部人购买且价格具有上涨动力的股票，欧尼尔购买的公司要有很强的收益动能，上升的累积收益，以及更高的最新价格。注意，有两个收益率最强的策略，茨威格和欧尼尔每个人都有技术分析的因素，它们是技术分析和基本面分析的混合策略。

拯救我交易的两篇学术论文

区分有效市场/随机漫步理论的内容值得学习，但还是难免无果而终。使用更确定的结合技术面和基本面方法的合成系统进行交易，才是求获双倍 α 收益的解决之道。我继续探索，这时候我开始变得绝望了，就像 2008—2009 年的大崩盘之后的许多投资者一样，我在复苏第一阶段的交易中总是不断与恐惧抗争。每一条利空新闻，每一次的收盘下跌，每次听到专家访谈的主题都是"最坏的时候还没到"，因为恐惧，这一切都像是一种惯性反应一样，让我加入空头厮杀的阵营。这种以恐惧为前提的交易即使赚钱了也永远是不对的，然而，我自己确实是这么做的。

后来，我发现当时每一个技术上的卖出信号都仿若崩盘的征兆，而那些智者却在忙于搜集基本面价值被低估的公司，并准备迎接终将到来的复苏性反弹。我本应和他们一样，但我直接研究这些他们搜集的股票。那些投资大师知道我仍需研习的内容：即便整体市场结构处于熊市，我们也可以通过简单持有相关个股头寸的方法来确认一些上市公司的真实价值，这些方法已经过长期市场验证。他们知道，当每个人都卖出操作的时候应该买入什么股票，而做出这样的决策需要观察更长期的走势图形，这样才能了解这些公司的状况。对我来说这些基本面分析师使用的一些条件和工具还是相当陌生，然而，沿着他们的路继续走下去，我确信这是正道。

大概是这个时候，我的研究工作让我对两篇学术论文开始着迷，这两篇论文颠覆了我对于资本市场的认知。当时还名不见经传的作者把论文发表在一些鲜为人知的学术期刊，自此他们便正式进入金融研究名人堂行列，其中一篇论文已经影响了一些基金经理和金融分析师，他们使用作者的"F分数"标准来判断上市公司的财务状况，另一篇论文为今天在投资界最负盛名的一些研究机构的生根发芽埋下了种子。每一篇论文的作者都是博士级别，每一篇论文都经由作者的同行审慎评价才完成，每一篇论文都为各自的金融评价模型提出了坚定的统计数据支持的论据，而且作者们不约而同地表明了他们的主张：市场有效理论（EMT）和随机游走理论（RWT）都是"错误的"。

我无意间看到了第一篇论文，作者是一个默默无闻的商学院教授，名叫约瑟·皮尔托斯基。2002年，他发表在芝加哥大学商业研究生院杂志的论文是《价值投资：使用历史财务报表资讯区分赢家和输家》。皮尔托斯基建议首先找出账面市价比率较高评级的公司（这是一个公司价值的衡量标准），其次运用9个基本面参数标准来对这些公司做进一步的筛选（我们在本书第7章中会对这一方法进行详细的讲解），以此判断这些公司未来的运行状况。那些所有9个参数都显示为正数的公司，会显示在列表的顶端。从基本面的角度看，这些就是现阶段可交易的股票中最具价值的。还有一些位于列表底端的公司，比如只有1—2个基本面参数标准显示为正数，这样的公司即便没有完全破产，也很可能是糟糕到不能再差了。

最重要的是，这个纯粹的基本面评级系统真的有效。① 皮尔托斯基教授心怀对于马尔基尔教授的敬意，迅速证明了使用适当的交易系统长期获得超越市场的收益率是可行的。后来皮尔托斯基教授的数十位信徒纷纷对他的小论文进行更深入的研究，而正是这个小论文，才使得早已开始下沉的市场有效和随机漫步理论的巨轮出现了两个新的漏洞：

第一，我发现如果选择账面市场比率高的财务稳健的公司进行投资，年均回报可提高至少7.5%，而且这个结果是针对本身拥有高账面市场比的投资人而言的；第二，真实投资回报率的整个分布向右移动了。虽然投资组合的平均回报是投资绩效回报的相关基准，但是这篇论文提供的证据显示，使用了基本面分析系统之后，投资回报分布（例如，第10个百分数、第25个百分数和均值）的左尾明显出现了正向移动。

通俗地讲，皮尔托斯基这里所讲的是通过一系列对于公司价值的测试，并且仅仅买入那些在这样的测试中胜出的公司股票，你就能显著战胜市场，而且在市场下跌的过程中减少严重的亏损。此外，真正有趣的是，皮尔托斯基教授还发现，如果你买入最好的股票同时卖出最差的股

---

① 本段中的引用和结果列表可以翻查皮尔托斯基的论文《价值投资："使用历史财务报表资讯区分赢家和输家"》（原文第84页），芝加哥商业研究生院，2002年1月。这篇论文的摘要也可以通过查找关键词"Piotroski's system"在很多网站上找到。

票，α收益边际可以从7.5%大幅跳升至12.4%。我读到皮尔托斯基这部分论述的时候，大脑短路的爆炸声类似于小型核爆炸的声音。用我所能理解的方式讲，皮尔托斯基大概说的是一个很容易复制并实现双倍α收益的系统。他买入基本面良好的公司同时做空基本面恶劣的公司，用这种近似市场中性的方法在1976年到1999年间可获得年均23%的投资回报率。显然，这期间并不都是牛市，马尔基尔发现，同期那些被动的指数基金管理人仅仅获得了11.6%的投资回报率，而且还要承担更大的组合风险。因此，到目前为止，皮尔托斯基更像是来自芝加哥大学而不是普林斯顿大学的教授。

第二篇论文题目是《每股收益（EPS）预测的准确性是不够的》，于1979年发表在《金融分析师杂志》上，作者伦·扎克斯，是一位来自麻省理工学院的训练有素的数学家，同时也是《扎克斯投资研究》的创始人。扎克斯博士认为自己就是"影响股票价格最主要因素"的发现者。关于他的理论的独特性，我们将在第8章中详细介绍，他的这些发现的核心是：短期股票价格的变化并不是由公司未来实际利润的增加或减少来决定，推动股票价格短期上涨或下跌的主要因素，是分析师对于公司盈利水平的预期修正。扎克斯使用了一个专有系统对分析师预测修正的数量和质量进行评估，一旦很多分析师对于某些修正结果取得了共识，系统的结果用于区分在未来的几周交易中的赢家和输家非常有效。

扎克斯博士最终把他的理论用于股票评级系统，现在这个系统还是最广泛使用的投资组合评估工具之一。这些股票上升到所有上市公司的前5%，我们设定为评级1或者"强买"，位于后5%的股票，我们设定评级为5或者"强卖"。位于第一层级之下的那20%的股票，设定评级为2或者"买入"，位于最后一个层级之上的那20%的股票，设定评级为4或者"卖出"，其余中间层级的股票，占所有上市公司的40%，我们设定评级为3或者"持有"。

这个研究系统到底效果如何呢？下图（图3-1）将给出答案。研究25年的测试区间，评级为1或者"超买"的股票与更大范围的股票相比，如果仅仅持有扎克斯评级为1的股票，你投资收益的增加将超过3600%！

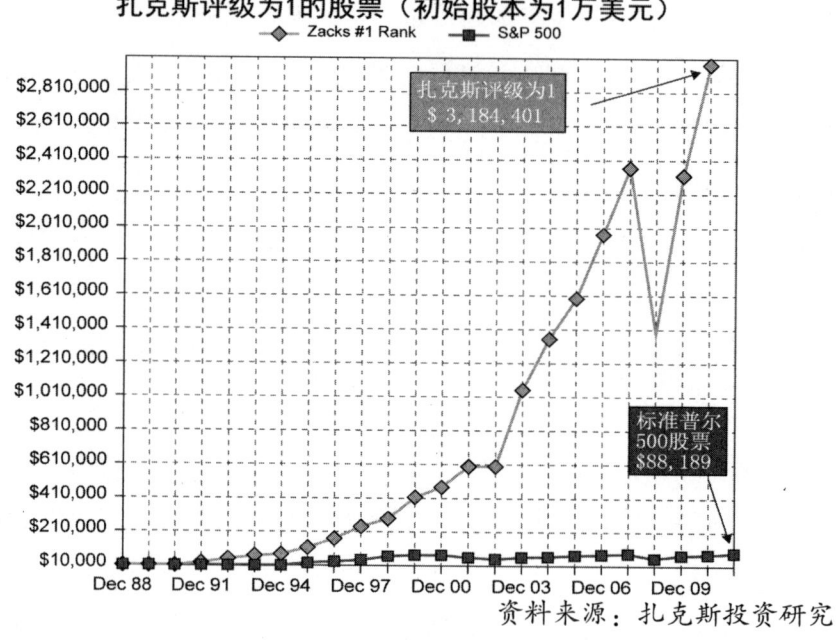

图3-1 扎克斯评级为1的股票的投资收益（1988年—2012年）

表3-2显示了同期扎克斯评级的失败案例。我们注意到25年的历史数据中只有3年出现了扎克斯评级为1的股票表现弱于标普500指数的现象。年均α收益高达16.3%！此外，同期扎克斯评级为5的股票整体收益比标普500指数低60%或年均alpha收益-7.7%。这不仅证明了扎克斯博士的收益预测修正方法对于这些扎克斯评级股票是有效的，而且也佐证了我们在此形成的观点，即在各种市场环境下我们只要采用一个单边多头系统并且反转指标，就能够获取双倍α收益。

表 3-2 扎克斯评级系统的投资收益（1988—2012 年）

扎克斯评级表现摘要—每月更新数据						
年限	等级 1	等级 2	等级 3	等级 4	等级 5	标普 500
1988	39.18%	29.69%	20.79%	19.13%	18.39%	16.20%
1989	39.58%	26.84%	15.85%	9.55%	-5.10%	31.70%
1990	-2.64%	-13.69%	-21.32%	-23.85%	-34.71%	-3.10%
1991	81.36%	56.80%	45.98%	36.60%	34.35%	30.40%
1992	40.97%	29.63%	18.04%	12.24%	17.31%	7.51%
1993	45.26%	26.86%	14.78%	8.59%	9.54%	10.07%
1994	12.73%	5.15%	-3.56%	-11.14%	-10.90%	0.59%
1995	52.56%	46.84%	30.63%	17.35%	9.11%	36.31%
1996	40.93%	28.60%	16.07%	7.71%	8.02%	22.36%
1997	43.91%	33.87%	22.93%	10.17%	3.05%	33.25%
1998	19.52%	12.92%	-3.47%	-8.77%	-14.84%	28.57%
1999	45.92%	35.53%	31.02%	18.46%	17.69%	21.03%
2000	14.31%	-1.47%	-17.75%	-19.52%	-3.95%	-9.10%
2001	24.27%	11.70%	14.09%	17.93%	20.20%	-11.88%
2002	1.22%	-14.51%	-19.39%	-23.50%	-17.59%	-22.10%
2003	67.03%	71.02%	66.69%	57.34%	55.99%	28.69%
2004	28.71%	23.26%	18.51%	11.92%	16.63%	10.87%
2005	18.80%	12.01%	6.54%	-1.31%	-5.08%	4.90%
2006	27.31%	26.63%	18.09%	15.17%	16.88%	15.80%
2007	19.71%	5.42%	-4.34%	-13.06%	-23.90%	5.49%
2008	-40.41%	-43.48%	-48.70%	-45.75%	-50.95%	-37.00%
2009	65.85%	82.46%	78.42%	59.91%	49.18%	26.46%
2010	28.98%	35.04%	27.89%	29.28%	27.18%	15.06%
2011	-10.21%	-4.87%	-13.56%	-18.57%	-21.39%	2.11%
2012	24.40%	17.26%	16.65%	6.78%	8.27%	16.00%
2013	13.27%	10.73%	8.63%	6.80%	7.92%	10.61%
年度平均	26.60%	18.71%	10.12%	4.32%	2.16%	9.93%

2013 年的投资回报仅包含 2013 年 1 月至 2013 年 3 月 31 日数据

图片来源：扎克斯投资研究

虽然我不需要进一步证明一个稳固的基本面分析交易系统的效力，但是我在美国个人投资者协会的网站上还是找到了更多的支持依据。这个网站对76个基于基本面分析的股票筛选器的表现进行排名，每月更新数据，在几个不同的回测周期中，5年期（见表3-3）和10年期（见表3-4）中，扎克斯利用股票的收益预测修正和买入第一层评级股票的方法超越了所有其他系统的收益表现，此外我们也注意到，皮尔托斯基通过F分数对股票进行排名的方法在参与排名的76个交易系统中排名第3。

我们刚刚介绍了两个交叉验证的交易系统案例，这两个案例都否定了有效市场/随机漫步理论对市场进行的假设（即通过分析不可能持续获得α收益），其他以基本面为基础进行分析的投资大师（比如马丁·兹维格和威廉·欧耐尔）的强劲的投资收益也可以印证这个论点（见图3-1）。我现在已经准备了好几个交易系统要进行更深入的研究，接下来要做的就是，通过增加技术分析的因子来对这几个系统进行合成，对合成系统进行反向测试，以确保每个系统都能产生一些可获利的做空标的，然后进一步开发这些系统，包括多头和空头的，以确保我在所有的市场环境中都有充足的资源来获取收益。

表3-3　AAII.com上排名前3位的交易系统（5年平均年化收益率排名）

筛选	年化收益	3年收益率	5年收益率	10年收益率	初值	风险	类型
1. 估值修复：前5% 介绍收益评估的使用	28.8%	22.9%	23.1%	29.9%	28.6%	1.76	收益估值
2. 估值修复：前30名 介绍收益评估的使用	21.9%	20.7%	20.5%	29.3%	25.7%	1.85	收益估值
3. 皮尔托斯基：高F分数 介绍收益评估的使用	91.7%	42.7%	20.4%	28.5%	26.2%	2.02	价值

资料来源：美国个人投资者协会

表 3-4 AAII.com 上排名前 3 位的交易系统（10 年平均年化收益率排名）

筛选	年化收益	3 年收益率	5 年收益率	10 年收益率	初值	风险	类型
1. **估值修复**：前 5% 介绍收益评估的使用	28.8%	22.9%	23.1%	29.9%	28.6%	1.76	收益估值
2. **估值修复**：前 30 名 介绍收益评估的使用	21.9%	20.7%	20.5%	29.3%	25.7%	1.85	收益估值
3. **皮尔托斯基**：高 F 分数 介绍收益评估的使用	91.7%	42.7%	20.4%	28.5%	26.2%	2.02	价值

资料来源：美国个人投资者协会

这是一个高难度的任务，值得庆幸的是，这个工作已经完成了。为建立一系列获取 α 收益的市场中性交易系统，下一步要做的，就是找到合适的股票筛查和测试工具，这正是我们下一章的主题。

第 4 章 交易者的新工具

> 相信别人几乎都是聪明而美好的,如果你给他们工具,他们会做得很棒,这一点很重要。
>
> ——史蒂芬·乔布斯

面对当今低迷的经济,许多人已经开始在空余时间做一些小生意,以补贴工作收入。一些人利用周末在跳蚤市场淘货,然后放在 eBay 上出售,另一些人投身这样或那样的传销计划,哄骗他们的朋友买化妆品、珠宝、果汁或者其他一些我们生活中几乎用不上的东西,还有一些人借钱用于特许经营或开发某种产品,希望有一天可以推销给阿肯色州本顿维尔(沃尔玛总部)的买手。

为什么这些人不考虑炒股,这真是出乎我的意料之外。炒股是理想的居家办公业务,没有库存风险,不需要运输,没有难缠的客户,没有冷漠的电话,不需要噱头营销……将来也不会碰到沃尔玛来砍价,也没有特许经营费,不需要雇佣员工,不需要付律师聘用订金……比起其他的生意,股票交易的门槛很低。

我有个朋友是位忙碌的专业人士,为了贴补家用,他开始转向房地产投资。他先是低价买入老房子,需要花上很长的时间在晚间和周末来修整和装修，然后通过在网站上发布招租广告把房子租出。在全职工作和回家办理出租手续之外仅有的一点时间里，他便是忙着追讨拖欠的租金和处理各种紧急维护状况，由于是非常老的房子，这种紧急情况时常发生。我曾问他是否愿意让我教他炒股。"我？炒股？"他答道，"我不行的。""为什么不行？"我问他。"那样工作量太多。"他说。

除了接受心理挑战外，炒股并不难也不复杂。要想股票交易做得好，不需要你拥有哈佛 MBA 学历、沃顿商学院金融博士学位或者有个做生意的亲戚。拥有超常的智力并不是必要条件，反而可能会是一种障碍。凭直觉和果断（一种罕见的组合）你便能踏上向伟大交易员之路，但也还有其他的方法。善于识数和计算，熟练操作 EXCEL，对永无休止不断波动的市场信息满怀激情，这些虽然很有帮助，但都不能保证你股票交易的成功。

我们连一套标准的股票交易成功心理学说明也找不到。尽管股票交易心理学书籍告诉你不需要冷静和清醒或者保持冷静理性和果断，但是只有一种品质是所有的交易员必须都具备，当他们经历情绪过山车的时候，不管是持有或抛售股票，在任何情况下都始终坚持自己的选择。在将来，这两者无论是哪种选择都会有不错的收益。去战胜它吧。

让我们实用一点

除了顽强的决心之外，要想在股票交易的时候实现可持续盈利，还需要什么条件呢？让我们在此用几页强调一些实用性的介绍。一名成功的交易员意味着他的目标是将可盈利的股票交易融入生活中，或者把股票投资变成一种全面的和志在必得的生活规划。如果这两个条件你都不具备，那么也一定要有下面的工具：

- 一个在线保证金账户
- 足够的交易资金

第4章 交易者的新工具

- 一套已证明的交易系统
- 股票数据更新筛选软件（最好是实时的）
- 当前特定公司的基础数据
- 一台带大监视器或多个监视器的能力强大的个人电脑

即使是最果断的"大师级"交易员，也不能没有一个保证金账户和低佣金的证券经纪公司。我个人在此仅推荐一个在线证券公司：盈透证券（IB, Interactive Brokers）。跟我炒股年限一样，IB 也已经存在有很多年了，它拥有高端而专业的交易平台，合宜的实时行情（免费），快速的执行力并且积极行动，以降低做市商的买卖价差（美国证券交易实施做市商制度，买卖价差越小，对客户越有利——译者注），而且，对我们更为重要的是，所有的低佣金证券公司中，IB 可供做空的股票最多，此外，IB 收取的佣金非常低（每股 0.005 美元或者更低），并且保证金也远低于行业标准（另一个优势，保证金可用于做空）。当然，凡是具备这些条件且有信誉的其他任何公司也都非常适合。IB 是我最熟悉的公司。这些年我合作过许多的证券公司，包括 E-trade、史考特证券、高盛执行与清算，综合考虑起来，我选择了 IB。

启动资金是大多数想要开始炒股的人所面临的最大的门槛。找我辅导和咨询的人最常问的问题是：炒股所需的最低启动资金是多少？我对此的回答一直都是：就是开一个股票账户所需的最低金额。对于盈透证券公司而言，开一个保证金账户最少金额为 10000 美元。也有其他折扣经纪公司所需的最小启动资金更低。一些公司将开立一个股票保证金账户所需的最低金额设为 2000 美元，但要当心，这些开户最低金额小的公司，有时候会通过收取更高的佣金和保证金利息来弥补资本短缺。我也见过在线证券公司给我糟糕的市价委托单的清单，比如说开盘市价委托单高于官方开仓价格或者在止赢单里收取隐性费用。尽管如此，低于 10000 美元的账户资金也有可能开启一段成功的股票交易生涯。像我自己在1996年炒股的启动资金仅为2000美元。当然，一开始也会有许多失误和起起落落。当时我也不指望股票交易可以为提前退休打下坚实的基础。但是再次重申，只要坚持不懈并在需要时愿意重新启动账户，最后一定会得到回报。

这让我想到第二个常被问到的问题：需要多少钱可以实现以炒股为生？我对此的回答从不讨人喜欢。我告诉他们要想仅靠炒股获取稳定的收入养家，并在不景气的时候有足够的可支配资金，他们账户中大概需要有500000美元。一个拥有500000美元的账户和月均2%的净回报率，这不是不可能，可以保持每年有六位数的收入，而对于那些仅仅是期望通过炒股补充收入的人，启动资金可以少很多。一个25000美元的账户，只要进行股票交易，时间可在任意时候，可以每年增加5000美元或更多的收入用来偿还债务，享受一个额外的假期，或者作为房贷的首付。那些炒股启动资金低于25000美元的人，将不得不延迟实现他们的财务目标，直到经历一个由小仓位通过持续的成功交易过程来扩大自己的账户规模。事实上，不管你从2000美元还是200万美元开始进行股票交易，如果没有一个强大的交易系统，那都是行不通的。

因此，可盈利的混合交易的第二个基本要素，是一系列不同的交易系统并已明确规定和囊括了寻找、筛选、买入和卖出股票的步骤，而且已经接受了不同市场条件的长期考验。本书提供了所有这些东西。在这里，你会发现一套可寻找和筛选股票的交易系统，包括股票买入和卖出规则。这里介绍的七个交易系统可划分为两组：四个侧重基本面筛选，同时用到技术筛选，另三个侧重技术面筛选，同时也用到基本面筛选。小额账户交易者可以从每组中选一个系统开始进行交易，而大额账户交易者则可以一下子进入全部的七个系统中交易。

这里介绍的交易系统都已设置过筛选或其他形式的评估程序，以选出匹配基本面和技术面参数的股票。如果你以前从未使用过股票筛查工具，这里有操作流程。它们会扫描市面上所有公开交易的股票——不是开盘期间实时的就是收盘后延时的，这取决于你选的服务类型（当然实时的会更贵一些），然后根据各种预设参数进行筛选。一旦这些预设参数经系统编码到筛选软件，运行一个简单的扫描程序就会筛选出一份满足系统要求的股票清单。

你可以经常使用这些服务——每天，每周，每月等，这取决你的股票交易活跃度。好消息是大多数这些服务的相关收费是合理的，有一些甚至是免费的。无论如何，如果找不到满足系统要求的股票，你就不能在这本书介绍到的系统中进行交易，也就是说，系统交易至少需要一项这里提到的筛选服务。

很少有一个筛选工具可以同时过滤基本参数和技术参数，但由于这两种参数我们的系统都需要，因此，我们常常会用到不止一个筛选服务。有时，我们先使用一个服务筛选掉高于设置的技术参数的长短期股票，然后使用另一个服务通过一组基本面测试挑选出最好的一些股票进行交易，还有时我们会先使用一个服务从基本面上筛选出最好的（和最差的）股票，然后另一个服务根据技术面参数找到进行交易的成熟时机。

除筛选软件外，你还需要一个图形程序包，可以提供全方位的各项技术指标，清晰地显示价格走势，并适用于若干个用户设置好的股票观察清单。最好的交易环境是能为你的图表不断提供一系列的实时数据流，但对于这本书中的系统没必要这样。在大多数情况下，我们会在市场收盘后运行系统筛选程序，然后在接下来的市场开盘时可进行任何新的股票交易。为了节省成本，利用收市后或延时数据从我们的系统受益是完全可能的。更棒的是，我们将展示一款结合了当前最强大的技术筛选工具和很好的实时技术面图表工具的服务，所有这些合起来月收费合理。稍后详述。

你的个人电脑交易工作站

接下来我想谈谈混合交易所需的基本工具清单中最后一项——你的电脑。最近有很多有关随着平板电脑和手机的爆炸式增长而"个人电脑将消失"的报道，同时，自2009年以来个人电脑的销售一直不景气，而IPAD和安卓手机销量则一路飙升。随着人们越来越多地使用移动设备上网，预计今年使用电脑上网的会下降超过7%，但这并不意味着传统的个人电脑将会很快消失。让那些说"微软、英特尔去死吧"的人懊恼的是，个人电脑在这里仍留下来了。原因如下：

电脑拥有小型移动设备所不具备的两个基本组件：键盘和显示器。键盘需要用来又快又准地输入信息，进行研究和计算数字，显示器则需用来高效而清晰地浏览文件、浏览器和软件界面。这些都是与工作相关的也是与股票交易有关的任务。尽管智能手机和平板电脑用来玩游戏、查看邮件是非常棒的，但是只要人们需要工作和炒股谋生就离不开个人电脑。个人电脑的尺寸、功率和性能肯定会随着时间而改变。在将来，我们也许可能有将思想转化为书面文字和数字代码的更为高效的方式，但是在那之前，每一个生产工作站的特征都是具有某种键盘和显示屏（参见图4-1的一种理想的股票交易工作站）。

我的一些客户用手机管理股票交易，有时候我也会使用证券公司的手机应用程序来调整止损位，或者将预期会快速下跌后反抽的核心仓位增持一些份额。有些人用平板电脑和智能手机进行股票交易会感觉很顺手，对此我并不反对，只是我个人无法这样，也许是因为我年纪大视力变差了，但是工作时我确实需要有更多的视觉面积。每当旅行的时候，我经常会带上笔记本电脑，以便进行股票交易——从西雅图到新加坡，我都是用笔记本在咖啡店进行股票交易。但是如果是要按照这本书去做的话，我建议使用一个更大的工作站。

第 4 章 交易者的新工具

图 4-1 配备多台监视器的理想工作站

为了充分利用你的时间和减少不必要的麻烦，你要在装有最新 Windows 系统的电脑上运行这些市场中性交易系统，且至少附带两个显示器（21 寸或大点更好）。是的，可以选择苹果电脑。虽然我们混合交易的大多数软件只有 Windows 系统格式，但是有办法让这些软件在苹果电脑上运行。例如，苹果有一款叫新兵训练营的软件，可允许用户在苹果电脑的一个单独的硬盘分区上安装 Windows。但花些时间看看任意的股票软件用户论坛的反馈，你会看到苹果粉丝对于此兼容性都不甚满意。故障、奇怪的变通和功能损失，随时可能出现在任意一台这样的 PC - Mac 合成机上。所以为严谨起见，让我们假定你是在用一台个人电脑工作，剩下的问题是：哪种电脑最好？

我的建议如下：如果你对现有的电脑很满意，运行没有出故障，硬盘有足够的可用空间，最大内存容量至少达到目前的最低入门级别（写这书的时候是 4GB）；装有视频卡可在监视器上呈现清晰的图像，且在最高分辨率没有停格画面，那么无论如何也不要换电脑。只需要定期把它擦得一尘不染，定期删除旧文件和未使用的应用程序，接下来连续使用好几个月。不管出于何种原因，如果你对现在工作用电脑感到不满意，那我建议你考虑升级。我喜欢每三年换个新的交易工作环境，这正是我做的。

首先，我建议远离大型超市，排除百思买、乐购、山姆会员商店或者任何其他的实体零售商。在这些商店购买大部分的电子产品和电器设备都很好，但他们不能满足一个活跃的股票交易者特定的电脑配置需要。有时候你可以在这些商店买到一个很好的显示器，为了将视频转换盒一并卖给你，他们会用廉价的液晶显示器（LCD）吸引你。但是我不会添加配件。我的建议是只买液晶显示器而要不买视频转换器。

作为一个股票交易者，你的电脑配置需要远超品牌电脑零售商所能提供的。实现那些需要最好的方法，就是有台定制的个人电脑。正确的做法是，你应当找一些当地的电脑商店，然后打电话过去告诉他们你想配制一台专门用于网上股票交易的电脑。向店主解释每天你会有很多的数据流、应用程序和门户网站开着，会处理大量的金融数据，并会运行实时数据扫描筛选软件，所有的这些都在同一时间同步进行。告诉他们你最迫切的需求就是快速而稳定的运行速度，大量的内存空间，一个特大容量的硬盘，高像素分辨率，支持多显示器配置。在写这本书的时候，满足这些条件的中档股票交易电脑配置大致如下：英特尔四核 i3 处理器，8GB 内存，1 TB 硬盘，1 GB 适用于双显示器的显卡（你可以随时升级显卡或使用一个视频图形阵列 VGA 适配器以安装更多显示器），至少可接入两个 20 寸的显示器。

当你去每个商店打电话咨询的时候，最好先问老板以下问题："你曾经为金融专家配置过电脑吗？"（如果你说"交易员"他们可能会认为是"棒球卡"！）如果答案是"没有"，换另一个商店。如果答案是"是"，那就列出我前面列的规格，让他报价。如果手头宽裕的话，你可能要升级各种组件。比如 i5 处理器换成 i7 处理器（性能上其实没有什么差别，甚至 i3 已足够快了），内存换为 16 GB 或 32 GB 等等。但我不会考虑任何低于中档规格的配置。在写本书的时候，仅电脑的单独报价都在 1500 美元以下，不包括显示器和双通道视频加载器。如果这些全包括的话，都在 2300

美元以下。如果你想配置三或四个显示器，那包括显示器和升级显卡一起的报价为3000美金。

当得到了第一家商店的报价后，再在当地另找一家对比下价格。注意确保列出具体的组件配置，这样你才能做公平的价格比照。价格高低取决于品牌，所以一定要复制你第一份报价中列出的品牌。你的下一个步骤，可能也是你的最后一步，就是把这些规格发给网上电脑零售商。有些电脑零售网站面向股票金融界。我推荐的网站是"超级电脑"网站（www.multi-monitors.com）。类似于超级电脑的其他的网上电脑零售商也面向股票交易员（例如老虎、猎鹰等品牌）。但是超级电脑拥有最全的带多台显示器的定制设备目录，而且超级电脑的价格也一直是最低的，并且免费送货上门，甚至可以帮你节省在本地店面购买的时间和汽油费。超级电脑为各种各样的专业金融组织服务，包括美国军方的几个分部，司法部、联邦存款保险公司以及像美国阿彻丹尼尔斯米德兰公司和通用电气这样的蓝筹公司。尽管这些大公司的订单有繁重的工作要做，超级电脑仍然致力于金融行业的设备配备。他们的服务部门非常博学，会跟你一起将你理想中的机器配备在一起。他们有着很强的节约成本意识，可以很快推荐出最便宜的选择给你，而且不会牺牲掉作为一个股票交易者应有的实力。给我的邮箱 drstoxx@drstoxx.com 发邮件，并标明主题"超级电脑折扣"，我将发你一串优惠券的代码，这样可以为你的下次采购减掉不少开支。

最终，也许你是在当地商店买的电脑设备。可能当地商店的价格是最好的。但记住超级电脑可以提供任意价位的设备，所以，如果你喜欢他们的一种型号，那测试一下！不过，在当地商店购买也有优势，最重要的是没有运输延误的情况，易于送去维修而不用在全国范围内快递过去。如果你在当地找到了合适的商店，那你也有了个很酷的闲逛的地方还可以谈论一下最新的技术趋势。谁知道呢，也许这样还能给你一些找到好股票的灵感呢！

最后，在我们继续之前，这里有个警告。许多新的股票交易者在建立他们的基础资本的时候会被迫削减紧张的生活预算。我自己经历过，知道那段时期的艰难，特别是如果你还要养家的时候。在这种情况下，他们可能会对网上的一些打折力度很大的电脑动心。购者自慎，买家当心！许多这样的折扣电脑都是翻新机，装配了用过和拆封过的部件。我们当地商店的老板告诉我股票经纪人带着从网上买了几周不到就烧掉的主板来找他的恐怖的事情。如果幸运的话，你可能会买到合适的不出问题的电脑设备。但是网上买的部件退货的情况常常会发生。我的建议是从超级电脑或值得信赖的当地商店购买设备。

基本面数据筛选工具

准备好清单中必备的股票交易工具后，我们接下来谈谈获取当前特定公司可靠的基本数据要用到的服务。我们可以把对这些数据的需求分为两种基本类型：我们需要一个筛选工具，可以让我们浏览所有上市股票，并使用特定的基本信息筛选器找出满足我们的标准的股票列表；我们也需要一个资源，可以对特定股票提供基本面分析，来告诉我们特定一个公司的规模大小。有一些有关这两个方面的非常好的消息：我们要找的大部分股票交易所需的信息在各种网站都可以免费找到。让我们先从筛选工具开始。

我在以前的书中推荐过的一个资源，现在还可以推荐，那就是来自雅虎财经板块的免费筛选工具。你可以通过登录 www.finance.yahoo.com 找到它。登录后，下拉投资菜单并选择股票。然后，在研究工具里单击股票筛选器链接，这样会弹出一个小对话框，可以下载免费股票筛选工具。一定要选择基于 java 的高级工具，而不要选基础版本的。雅虎财经的股票筛选工具范围非常宽泛，其筛选条件包括所有基本面分析的标准参数，如经

第4章 交易者的新工具

济增长指标、估值比率、收益预测和修正、股息收益率、利润率、杠杆、盈利能力，等等。你也会发现有一些技术参数，包括价格动量、相对强度、移动平均线和 β。你可以进行个人设置，然后好保存好页面供以后使用，还可以将结果导出变成电子邮件或电子表格做进一步的研究。只需简单点击一下公司的标志，就可以进入该公司的雅虎财经页面，你可以看到公司简介、近期的通知、重要事件和那些有趣的但可能不是很管用的留言板。图4-2为雅虎金融的股票筛选器在筛选出流动性好、波动较大的中小盘股票。

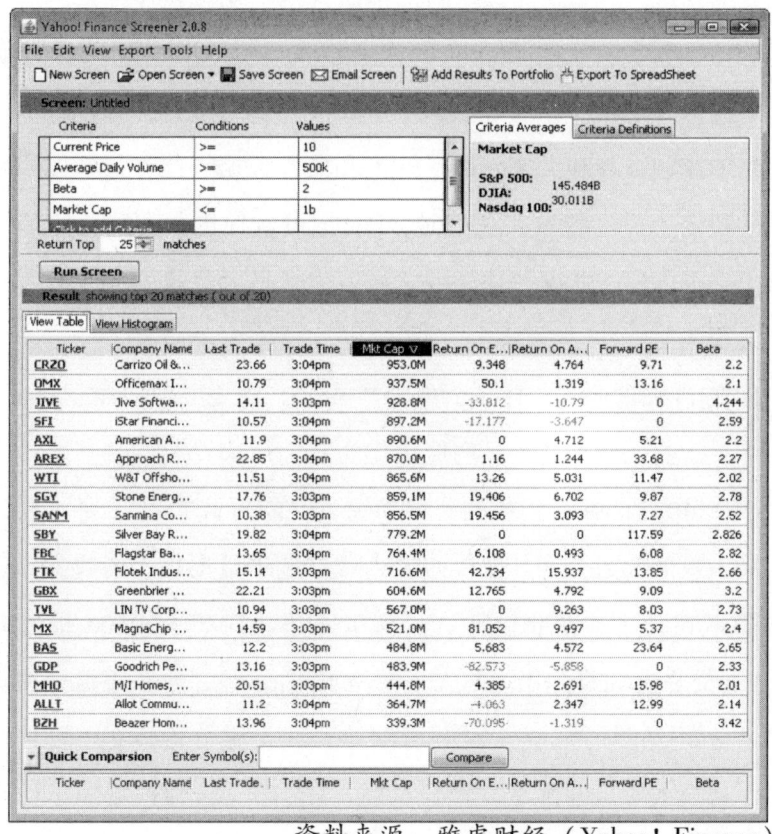

资料来源：雅虎财经（Yahoo! Finance）

图4-2　雅虎财经图片筛选工具示例

然而雅虎的股票筛选器也有一些缺点，它不是最注重用户体验也不是最美观的而是实用型的，也肯定获不了任何设计奖项，而且最重要的一点，它的数据库中不包括任何的交易所交易基金或外国股票，筛选条件选项只有道琼斯工业平均指数和 S&P500 指数。因此，举个例子，交易者不能单单筛选出纳斯达克或罗素 2000 股票。但它是股票交易工具，还是免费的。生活中，一般情况下都是一分钱，一分货。

基于我们这里的目的，更实用工具是 Finviz.com，一个提供全面服务的免费（大部分）财经研究网站，拥有数一数二的网络最佳技术面和基础面相结合的筛选工具以及一流的新闻信息推送、期货和外汇数据以及投资组合跟踪器，其主页上有看涨和看跌推荐表（寻找交易思路的好地方），股票图表模式打印表，标准普尔 500 指数"热图"，最近的内部交易列表，即将到来的盈利公告和大宗商品、外汇和债券数据。此外，当你需要对筛选出来的特定公司进行深入观察时，Finviz 可以提供所有的这些基础数据供你做出合理的财务状况评估——它可以为交易者寻找下一个股票交易提供一站式服务。

当你在 Finviz.com 注册一个免费账户后，把主页（www.finviz.com）存入收藏夹。我们将把此网页的使用作为我们后面介绍的交易系统中选股过程的一部分。Finviz 可提供的公司基础数据包括了 70 多个基本和技术指标——有大量的参数，在其他任何的免费筛选工具里很少能找到，有的甚至根本找不到。这些参数包括 β（衡量股票相对于 S&P500 指数的波动性）、内部交易（衡量公司内部人士的净买卖活动）、空头跟踪（衡量上市公司股票被卖空的份额）、金融分析师建议（金融分析师对于每种股票是否购买、持有或卖出的观点）、目标股价（金融分析师预测的年均股价）、相对成交量（今天的成交量和三个月中日均成交量的比值）。股票筛选参数如下：

第4章 交易者的新工具

- β> 2.0
- 内部交易> 0
- 浮动跟踪> 15%
- 金融分析师建议=买入评级或其他更好的建议
- 相对成交量> 1.0

我并不推荐 Finviz 的股票筛选器作为一个标准的独立交易系统，但这是一个很好的方式，可以向我们展示为什么 Finviz.com 是一个如此强大的交易工具。这个简单的筛选器可筛选出当前交易波动率为 S&P500 指数两倍的股票，对于这些股票，公司内部人士购买的股份大于卖出的份额，它们拥有强劲的上涨空间。卖空者为急于规避进一步的损失，会抛售很大一部分股票，而这时大型投资银行的金融专业人士的共识是"购买"或"强势买入"这些股票，这很可能是为一个重大举措做准备，因为他们今天的交易量高于 3 个月中的日平均值。

再次重申，我并不是在推荐这个筛选器，而是为了介绍 Finviz.com 的一些性能。2013 年 4 月 24 日，我使用了该筛选器，发现了符合这些标准（见图表 4-3）的 3 只股票。简单点击一下鼠标，我把它们保存到一个证券投资组合，可以定期自动跟踪每只股票的收益，就像它们是一个 100000 美元投资组合的一部分，筛选器如果是在交易日之外的时间运行，买入价将自动录为最后收盘价。如果是在交易日运行，买入价自动录为当日最后价格（免费用户是延时数据）。当前收益在整个交易日中会自动更新。

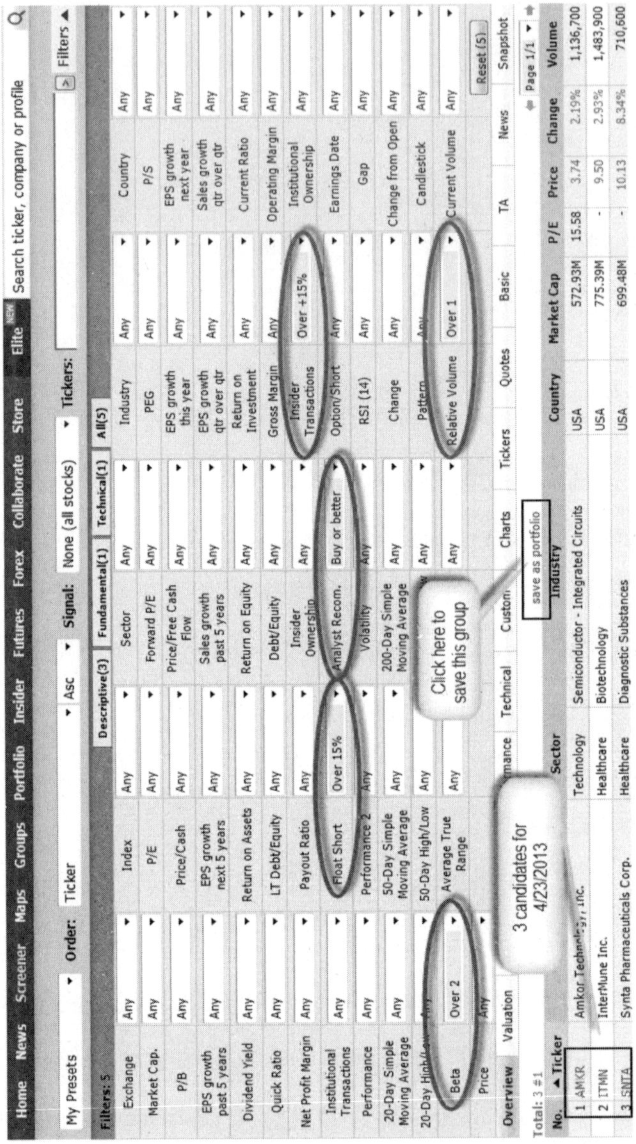

图4-3 Finviz股票筛选示例

资料来源：Finviz.com

这里有一个我在Finviz.com里面的投资组合（参见图4-4）。我将一些股票通过不同的筛选器进行过滤，以作进一步研究，这个投资组合就是其中之一。Finviz投资组合跟踪器的一个不错的功能是，当你将鼠标停留在左边的股票代号上，就会弹出3个月来的缩略图。单击股票代号可以看到一张10个月来完整的全图，包含移动平均线、电脑生成的趋势线、价格走

第4章 交易者的新工具

势和支撑与阻力关键点位（见图4-5）。这样我可以快速地了解该股票近期的表现。最后一个要介绍的功能是，当你点击打开筛选器链接，你的股票就像是放在栅格中，再点击一下鼠标，可以根据不同的基础和技术参数值把它们进行分类，将每一类中最好的股票排在首位。

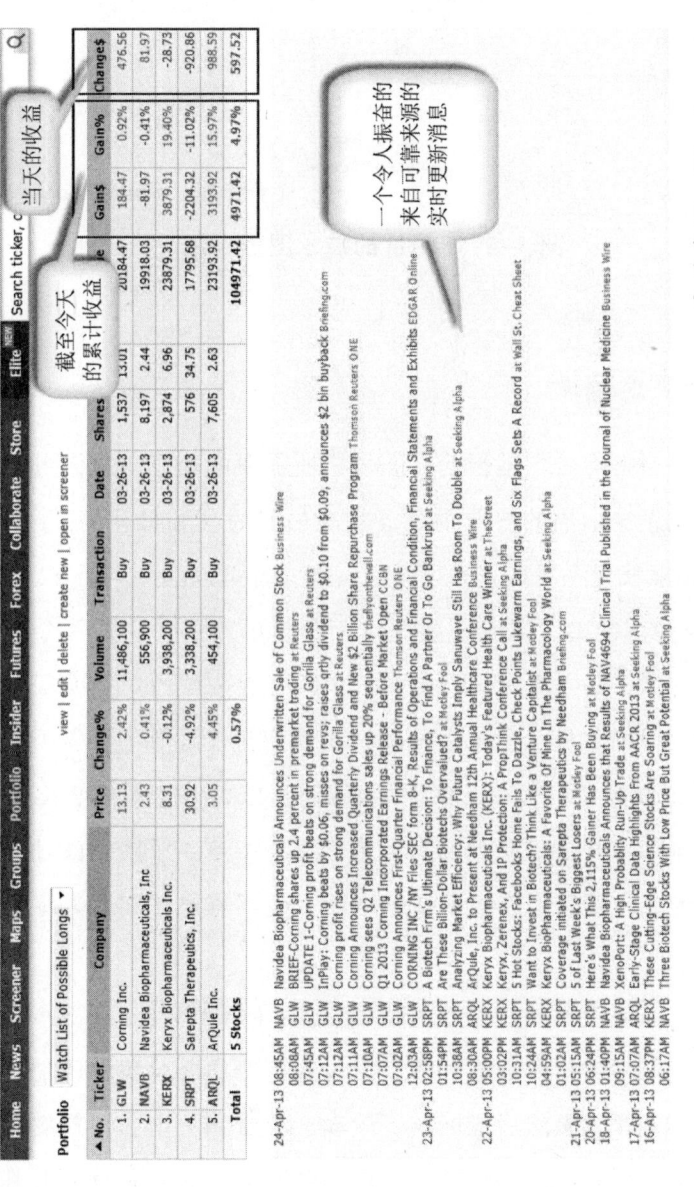

图4-4 Finviz.com投资组合举例

资料来源：Finviz.com

资料来源：Finviz.com

图 4-5　Finviz 的技术图形举例

公司基本面数据

这些都是对特定公司进行基本面分析所需要的信息。我们可以利用这些信息判断出系统扫描的股票中财务状况最好的（和最差的）。正如前面提到的，Finviz 就是一个这方面很好的资源，并可以应用到第 12 章介绍的回调/超跌反弹系统中。对于那些基本面分析的新手，它是一个特别理想的资源。当在 Finviz 中输入一个公司名，所有的按照历史标准反映财务实力的指标都会以绿色显示出来。例如，市销率低于 1.0（这表明数值很不错）或年度每股收益（EPS）预期增长超过 25%（这表明增长很稳定）。任何显示基本面不足的评估结果以红色显示，极值之间数值以黑色显示。这样 Finviz 可以让我们快速地了解基本面，而不需要仔细地去琢磨数值的意思。

另一个你需要收藏的网站是 VectorGrader（www.vectorgrader.com）。尽管它有一些功能只对付费会员开放，但一些免费功能对我们还是有很大帮助的。如果你登录主页然后鼠标向下滚动，会看到一个名为新皮氏选股指标的链接。点击可以进入一个博客，它主要是介绍皮氏 F 分数及其九个细分指标的排名中各个等级所需的信息。你需要多花点时间找到股票本身实际的等级，如果实在找不到，给我发电子邮件（drstoxx@drstoxx.com），我发你链接。

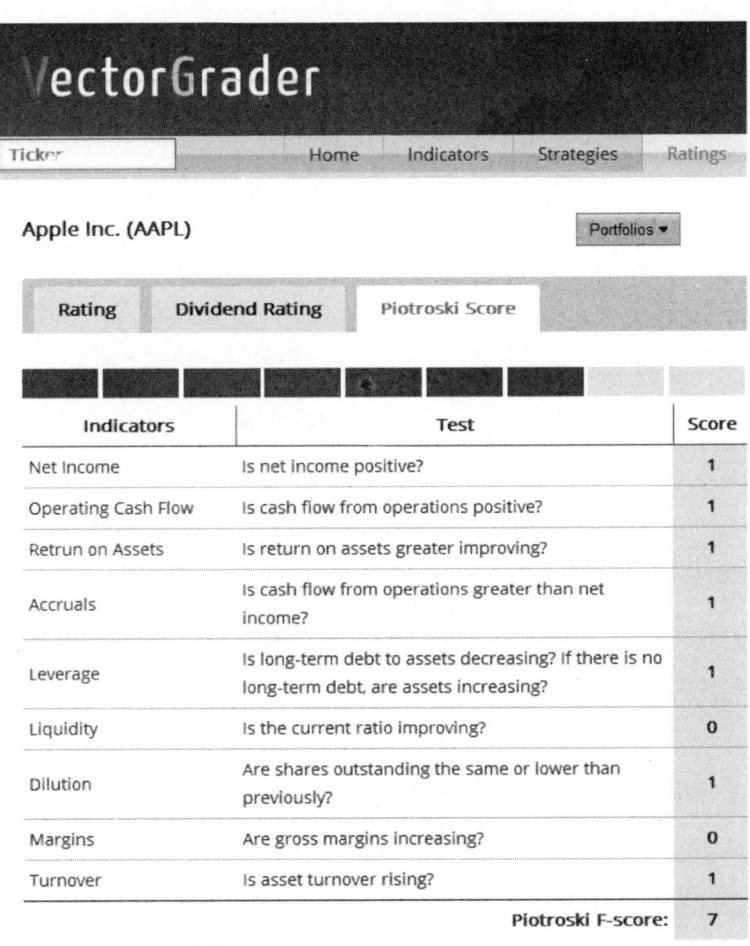

资料来源：Vectorgrader.com

图 4-6　苹果公司的皮氏 F 值

这么好的工具，完全免费的，正是皮氏 F 分数，而且可用于任何股票：输入美国高通和微软公司，会显示一个 0—9 间的表示等级的数字。我们将在后面的第 7 章中了解更多的这个等级范围及其九个独立的等级测试的知识。一般来说，等级越高的股票越有可能跑赢大盘，等级越低的股票亏损的风险越大。这两只股票的皮氏 F 分数分别为 5（高通）和 7（微软）。根据这个等级排名以及奥特洛斯基博士的研究，相比高通，微软的股票更好，更稳定，内爆的可能性更小。这就是这个工具的使用方法。第 11 章里的蓝天/蓝海系统对股票可以进行技术筛选，而使用这里的 Vector-Grader 则可以筛选出皮氏 F 分数最高的长期股票和皮氏 F 分数最低的短期股票。

为了给大家展示一下皮氏 F 分数是什么样的，这里有苹果电脑上的 VectorGrader's F 值，在 9 个等级里面，这里显示的等级是 7（图 4-6）。

第三个你要收藏的网站，是证券投资组合分级机（Portfolio Grader），一个由路易斯·纳维里尔提供的基本面分析工具，他有着"最伟大的成长股票分析大师之一"的称号。我们将在第 13 章讲到的均值回归系统里用到此工具。虽然证券投资组合分级机是免费的，但需要在网站注册以建立和使用股票组合。纳维里尔是纳维里尔合伙联合公司的创办人和 CEO，该公司是一个管理着数十亿美元资产的资产管理公司。纳维里尔发布了四种不同的投资信函，每一种都有一个成长股特征。纳维里尔的证券投资组合分级机是我所知道的唯一一个可以跟踪八项基本面增长指标的网站，包括了销售量增长、现金流增长、股权收益增长以及评估校准，从 A（最好）到 F（最差）进行分级，同时它还可以让我们看到该股票在过去 12 个月总体表现和进展。这样我们便获得了一项梦寐以求的能力，可以跟踪每个股票盈利（或亏损）的增长情况，而不用一页一页去翻过去的财务报表。下面晟碟（SNDK）股票的分析就是一份典型的证券投资组合分级机报告，它是一家数据存储设备制造商。（见图 4-7）

资料来源：Navellier growth/investor Place

图 4-7 纳维里尔网站对于 SNDK 的投资分级报告

在进行下一步深入探讨以前，还有一个要收藏的网站 Investors.com，虽然不是免费的，但很便宜（目前低于 15 美金/月，长期订阅会更便宜）。我们有两个系统要用到此工具：欧尼尔的选股系统（基于基本面，第 9 章）和蓝天/蓝海系统（基于技术，第 11 章）。投资者网站（Investors.com）是每日出版的《投资者商业日报》（IBD）的在线网站。支付月费后，你就可以获取《投资者商业日报》里面每一个上市公司的专有分级信息，还列出了主要股指和交易所。我们还可以使用名为股票体检的分级工具，它或多或少是把著名的威廉·欧尼尔的选股法转换成了一串 1—100 的数字等级。等级最高的股票是基于各种基本面和技术参数里最强势的股票，这些参数包括盈利增长、保证金比率和相对强度，投资者网站对美国高通股票的分析示例，如图 4-8 所示。

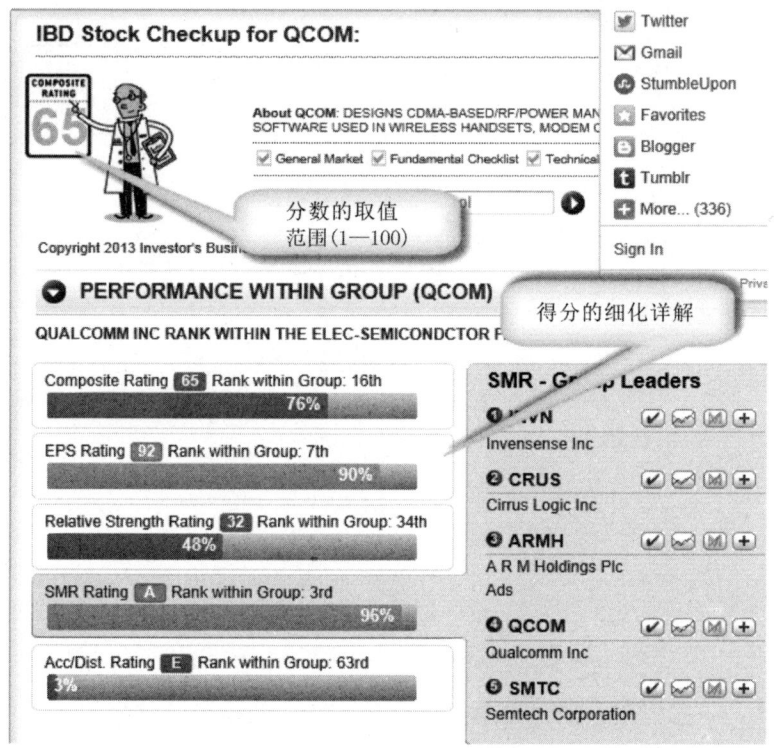

资料来源：投资者网站（Investors.com）

图4-8 投资者网站的股票分析示例

收费的公司基本面数据筛选服务

我们的基本面系统（第7、8和10章）里面有3个系统需要使用2个收费的筛选服务。幸运的是不必2个服务同时都使用，因为其中一个比另一个贵很多。让我们从更贵的那个服务——扎克斯研究开始。我们在前面的章节中也介绍过，它是一个基于兰·扎克斯博士的理论建立起来的一个专业级股票研究门户。如上所述，扎克斯博士的基本理论是收益预期修正是短期内股票价格最强大的推动力。这个理论被转换成一个按高低等级对股票进行分级的专有系统。这个等级结合其他的关于公司价值和成长的关键评测，在预测近期股价波动方面效果显著，而且我们已经可以看到结果

第4章 交易者的新工具

了。这里我想介绍扎克斯研究的主要筛选工具 RW（Research Wizard，研究向导）（参见图 4-9）。

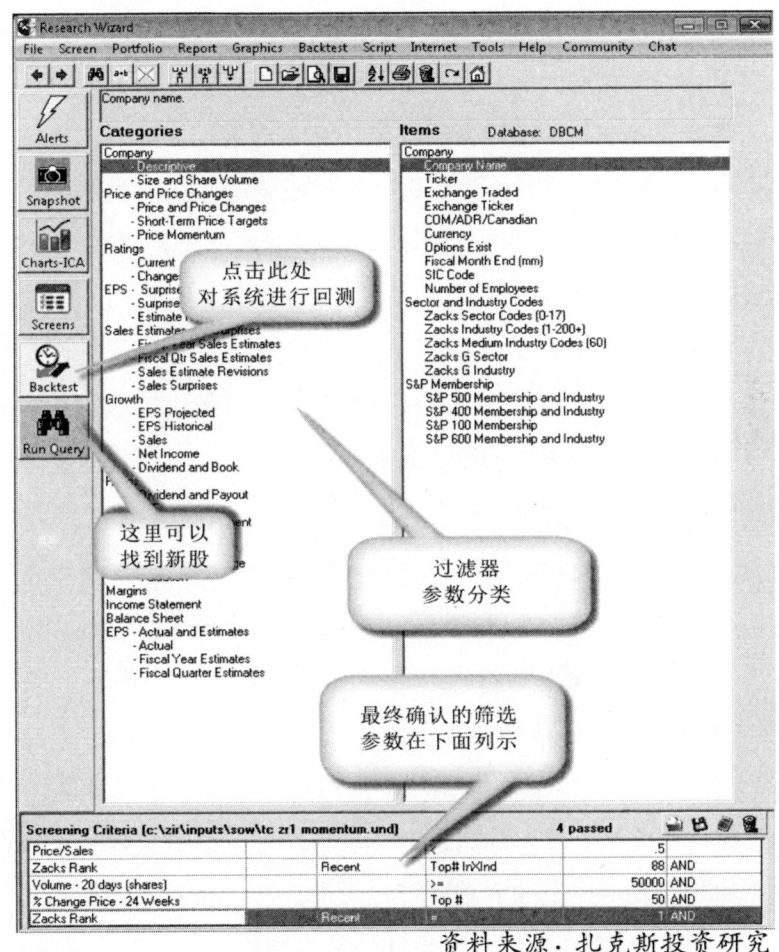

资料来源：扎克斯投资研究

图 4-9 研究向导（RW）编辑器

扎克斯的研究向导（RW）是基于后面将提到的分级建立的。在主要分析人士跟踪的所有股票中，扎克斯等级为 1 的股票被分为前 5%的股票，在不久的将来它们可能会提高收益预报，扎克斯等级为 5 的股票则为底层的 5%的股票。此外，研究向导还有大量其他基本面参数：增长指标、估值比率、杠杆、营业额、流动性以及少量的技术参数筛选器（惯性），能够很好地为基本面方法服务。当然你也可以选择利用大量的变量、计算操作符和函数来创建自己的筛选表达式。

试想一下，你可以把所有等级为 1 的股票挑选出来，再从中筛选出收益增长显著且仍然相对低估的股票。再试想一下，你可以对该界面进行回溯测试，将股票筛选条件设置为回报最大且支出最小。最后，想象一下做空时你也可以做同样的事情，从等级为 5 的股票中筛选出收益增长最弱且高估的股票。这样你就正好将市场"中性化"。这也正是 RW（研究向导）能帮你做到的（见图 4-9）。

现在我使用扎克斯的 RW（研究向导）已经有很多年了，它主要是作为一个系统开发工具。无论何时，我只要有了一个新的基本面交易系统的想法，第一个就会去到 RW（研究向导）。RW（研究向导）内置有 100 多个预定义的筛选程序，其中有许多在主页 www.zacks.com 的"周筛选"菜单下面有。只需 199 美元的年费，你就可以使用 Zacks.com 网站里面大部分的这些筛选程序。我个人回测过许多的这些筛选程序在过去 3—12 年的效果，说实话，我已经很难找到其他一贯表现都能优于整体市场的工具（主要是牛市）。我会从这些强大的筛选程序里选出最好的一些结合 RW（研究向导）的计算公式编辑器创建的一些专有参数，来创建我的个人定制筛选程序。如此反复几个月后，交易系统开发人员会告诉你，"如此反复"非常有趣！我的三个独立系统都出奇地成功。稍后我会展示使用 RW（研究向导）的工作成果。这三个系统的基本结构在卡尔混合系统（第 10 章）中会讲到。

然而，RW 远非一个完美的研发工具，这个软件的一个主要的缺陷是：尽管它是每日更新数据（实时的更优），但是数据更新只能在收盘后进行，这意味着今天筛选出的股票只能在明天开盘的时候进行交易，这本身不是问题，除了少数的实时筛选服务能够运行当天的数据，大多数的都是这样；RW 的问题是，其回溯测试功能只能从周五收盘价计算收益。由于周五通过筛选的股票只能在周一开市的时候进行交易，所有回溯测试出的收益，包括从周五收盘到周一开盘期间的价格波动的这些信息，交易者使用这项服务都无法获取到。从我多年使用 RW 的经验来看，这个差异是至关重要的。在我的一些回溯测试中，这个就是跑赢市场和表现不佳之间的差距。

我试着用两种不同的方式解决这个问题，大体的想法是把周五的收盘价尽可能地近似成所有新通过筛选的股票的开盘价和所有需要更换的股票的平仓价（进行每周周期性调整时，我开发的三个系统是最赚钱的）。我第一次尝试的解决方案很简单：在周末进行股票筛选后，我在周一开盘前对所有新入场的通过筛选的股票在开盘前设置好"开盘买入"指令。我所持有的股票中，对于其中没有通过本周筛选的任何股票，我会在周一开盘的时候卖掉或者捂股，这样我就能保证总是相同的股票回溯测试结果，而不用总是一样的开盘和收盘价格。不幸的是，这种差异的重要性得到证实。有时候在周一开盘时，本打算做多的股票价格出现了低开，而原本打算做空的股票价格跳空高开，我的入场价位更佳了，这也证明周末滞后带来了更多的不利影响。在相同的测试期间内，我实际的资金回报与回溯测试结果并不吻合。

我后一个尝试的解决方案更复杂。这在周五收盘用"收盘卖出"指令将我的股票清空，这样可以让我在整个周末都有充足的资金。对于在周末筛选出的所有股票，我会设置一个限价指令，将周五的收盘价设为周一早上的开盘价，这样我可以完全消除周末股价波动带来的损失，因为我的买入和卖出价格跟回溯测试结果完全一致。不幸的是，这个解决方案有两个问题：第一，每周五卖出然后每周一买入股票会产生额外的手续费，而有很多的股票由于在过去和现在的持有期间都通过了筛选，并不需要替换掉；第二，仅用周五的收盘价格在周一早上买入，我经常会错失那些在周一跳空高开，然后一骑绝尘的多头牛股和那些周一跳空低开然后持续下跌的空头熊股，但是往往这些就是那周内最盈利的头寸，甚至有段时间我一直持续亏损，而 RW 回溯测试却显示获取了收益，仅仅因为我错失了一两个关键的股票头寸。

市场中性交易

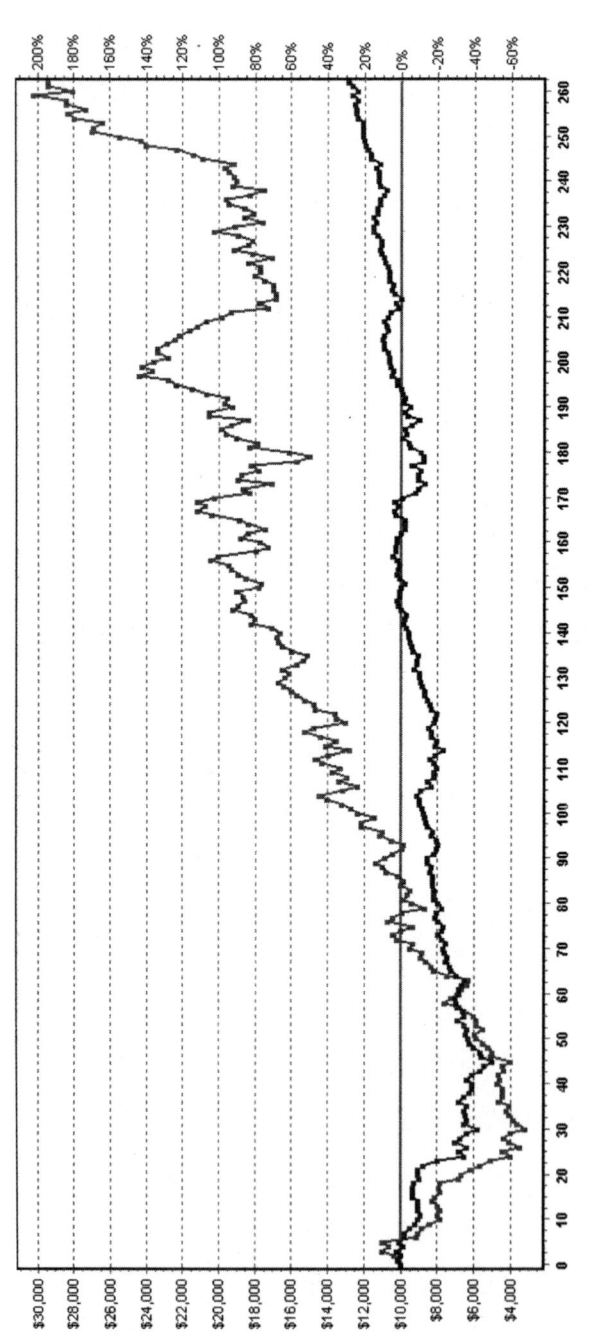

图4-10 EER系统5年回测结果——多头

除了回溯测试异常外，RW 的另外一个问题是收费相对比较贵，这让有些人无法接受。订阅年度的夜间股票会失去现金流，以及一套相对稳健的股票筛选器，以确保通过筛选器的股票长期走势稳健，却又处于或接近超跌价格。见图 4-10 中的下降线就是同一时期的 S&P500 指数。

这个简单的系统在 5 年期间的（至少在理论上）投资回报（ROI）接近 200%，而同期标普指数的回报率只有 30%。这是一些非常好的开始！请注意我们的测试时期包括 2008—2009 市场大崩盘时的大部分时期。在我们的测试的前 10 个月，标普指数跌势凶猛，最终在 2009 年 3 月超乎想象地下降到 666，跌幅达 46%。我们的投资收益如此引人侧目的原因，是在测试过程中从最低的低谷（2008 年 12 月）到结束，我们系统的净投资回报超过了 700%。

如果我们还可以做得更好，会发生什么？例如，如果我们用同样的系统，但这一次我们限制条件只允许小盘股（市值<10 亿美元）通过筛选，会怎样？这样我们是在把资金投入到美国经济中最具增长潜力的行业里。此外，如果我们筛选掉除开扎克斯等级为 1 的所有股票会怎么样？如上一章所述，根据扎克斯博士本人的理论，对于扎克斯等级为 1 的股票，RW 会根据收益预期增加的程度，立即把这些通过筛选的股票归到所有上市股票的前 5% 中。有了这两个额外的筛选软件，现在我们的投资回报是这样的，见图 4-11：看到它下降到 30% 以下，损失了近 60%。如果将我们前面提到的 RW 的问题考虑进去的话，实际的交易回报可能会比这个更差。

市场中性交易

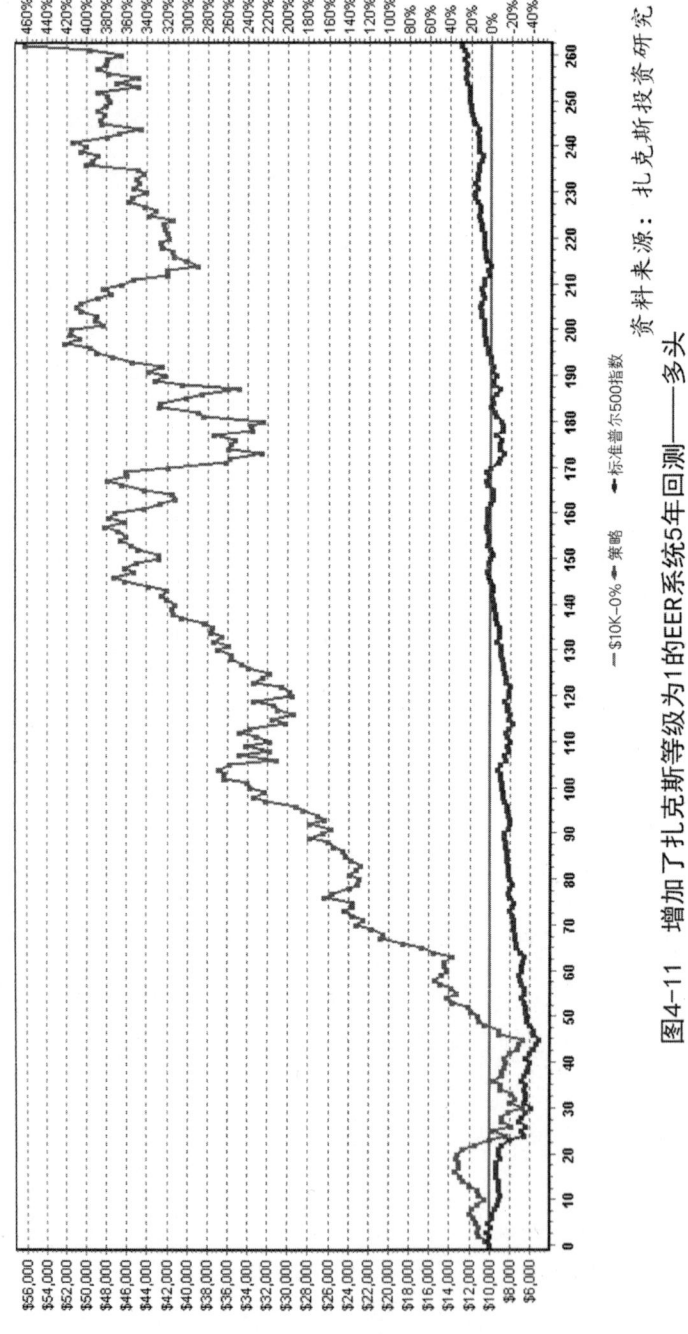

图4-11 增加了扎克斯等级为1的EER系统5年回测——多头

资料来源：扎克斯投资研究

增加了这两个条件后，我们的投资收益率（ROI）翻了一倍，达到近460%，这是同期S&P500指数涨幅的8倍，不错吧！但是，我们仍然可以做得更好。让我们做最后一次调整。就像之前我们对交易系统所做的修订一样。不过这一次，我们将筛选出表现最强价格动量的股票，而不是那些超跌的股票：这类股票的走势已经不在我们的监控之下，它们不断上升的盈利吸引了基金经理的注意，并促使他们在每一次价格回调时买入。对冲基金也跟进该类股票，推动该股票超越了之前的价格通道。他们的CEO们在CNBC上露脸，《投资者日报》在其《新美国》专栏中对其进行报道，美国著名财经评论员吉姆·克莱默大力推荐买入。所有这些导致股价动量指标直线上升。这些，再配合上我们之前提到的过滤器的，就可以将这样的股票选入为数不多的备选股清单中。这种"增加+价值+动量"的模式，与之前的超卖模式相比表现如何，请看图4-12。

结果显示，其表现出的超强收益能力是惊人的，五年时间内的alpha收益率（alpha收益率：投资组合超过基准的收益率）将近700%。进一步观察，如果你注意到图4-12的左侧，你会发现，我们的系统在大崩盘期间亏损的幅度，也没有S&P500那么深，尽管其峰值回撤（从净值曲线顶部到下一个底部的下跌——译者注）幅度更大。这种系统的超额表现，足以吸引华尔街开出7位数的年薪了，尽管你还是坐在家里，手捧爆米花（就像我一样）。图4-13简要描述了我们的EER混合系统与S&P500指数的收益对比。

市场中性交易

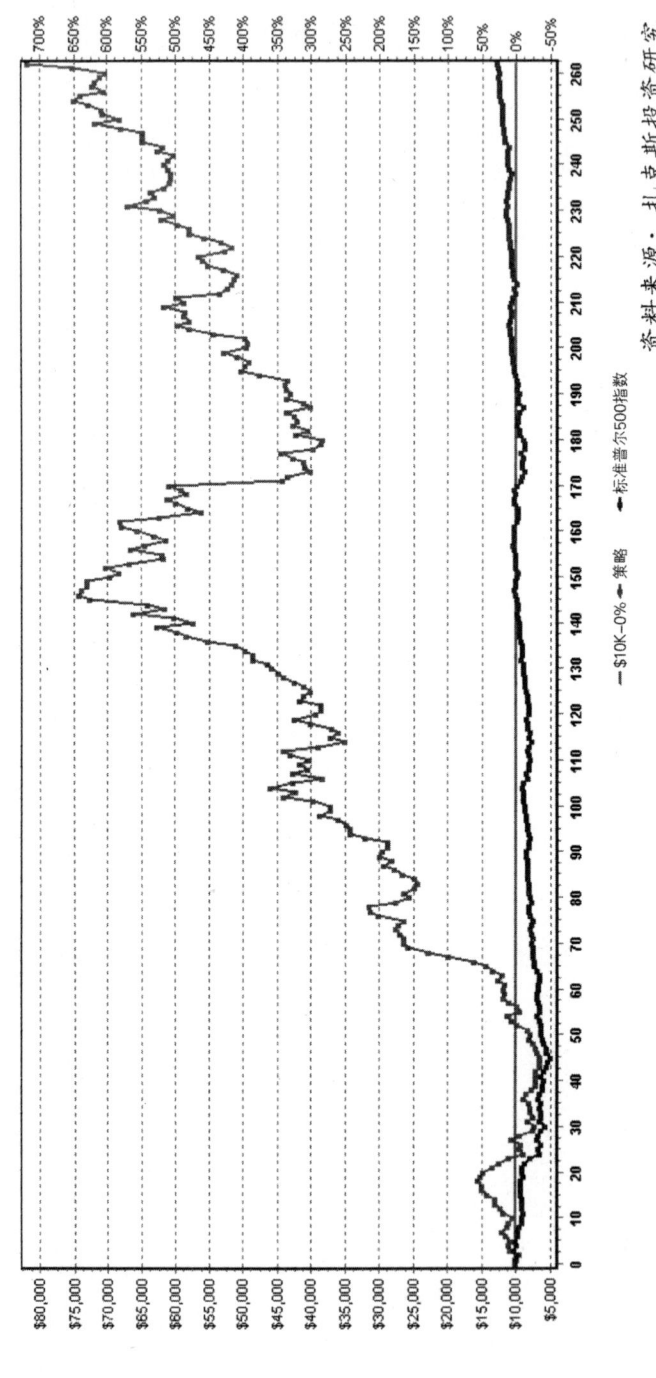

图4-12 EER动量过滤系统5年回测——多头

STATISTICS ex.: $10,000 start	Strategy	S&P 500
Total Compounded Return %	717.7%	28.7%
Total Compounded Return $	$81,769	$12,870
Compounded Annual Growth Rate %	51.7%	5.1%
Win Ratio %	58%	56%
Winning Periods/Total Periods	151 of 262	147 of 262
Avg. # of Stocks Held	3.0	
Avg. Periodic Turnover %	52.9%	
Avg. Return per Period %	1.0%	0.1%
Avg. Winning Period %	5.0%	2.1%
Largest Winning Period %	23.5%	12.1%
Avg. Losing Period %	-4.4%	-2.3%
Largest Losing Period %	-27.5%	-18.1%
Max. Drawdown %	-58.3%	-50.9%
Avg. Winning Stretch (# of Periods)	2.5	2.1
Best Stretch (# of Periods)	10	7
Avg. Losing Stretch (# of Periods)	1.8	1.7
Worst Stretch (# of Periods)	6	6

资料来源：扎克斯投资研究

图 4-13　EER 多头动量过滤系统 5 年回测补充

有些数据还是值得注意的。深度探讨净值曲线就会发现，我们上述的三个最赚钱的交易系统，其收益率的波动还是蛮大的。尽管它们可以获得很大的超额收益，但是，获得这些超额收益的代价是你必须承受较大的净值回撤的痛苦。最差的情形发生在 2008—2009 年的市场大崩盘期间，净值回撤达到了 27%，那些仅仅做多头的投资者会损失 53% 的资本金。考虑到同时期整个金融市场的动荡，投资者可以理解这样的波动。不能原谅的是，一个投资者忍受 3 年，并获得 600% 的投资回报，到最后只剩下 300%，损失幅度将近 60%。如果考虑到上文提及的 RW 系统的缺陷，那么实际的投资回报会更低。

这里就是我们以市场中性为导向的交易系统开始运作的起点。如果我们把这三个成功的回溯测试多头系统里的参数由看多的逆转到多空，会怎样？例如，如果我们筛选出的是收益预期在下降而不是在增长的股票，会怎样？如果我们筛选出的是估价过高而非估价过低的股票，会怎样？如果我们筛选出的是扎克斯等级为 5 而非扎克斯等级为 1 的股票，会怎样？仅仅空头的投资组合，在同一回溯期间，这些股票的系统回溯测试结果会表现如何？事实证明表现很好。所有的这三个多头系统，当逆转为空头时也是盈利的。我们提到的这三个系统中的第二个系统，也就是加入了扎克斯等级和 RIS（相对强弱指标）的筛选器的那个（见图 4-12），回溯测试结果是最好的。让我们来看看这些回报（见图 4-14）。

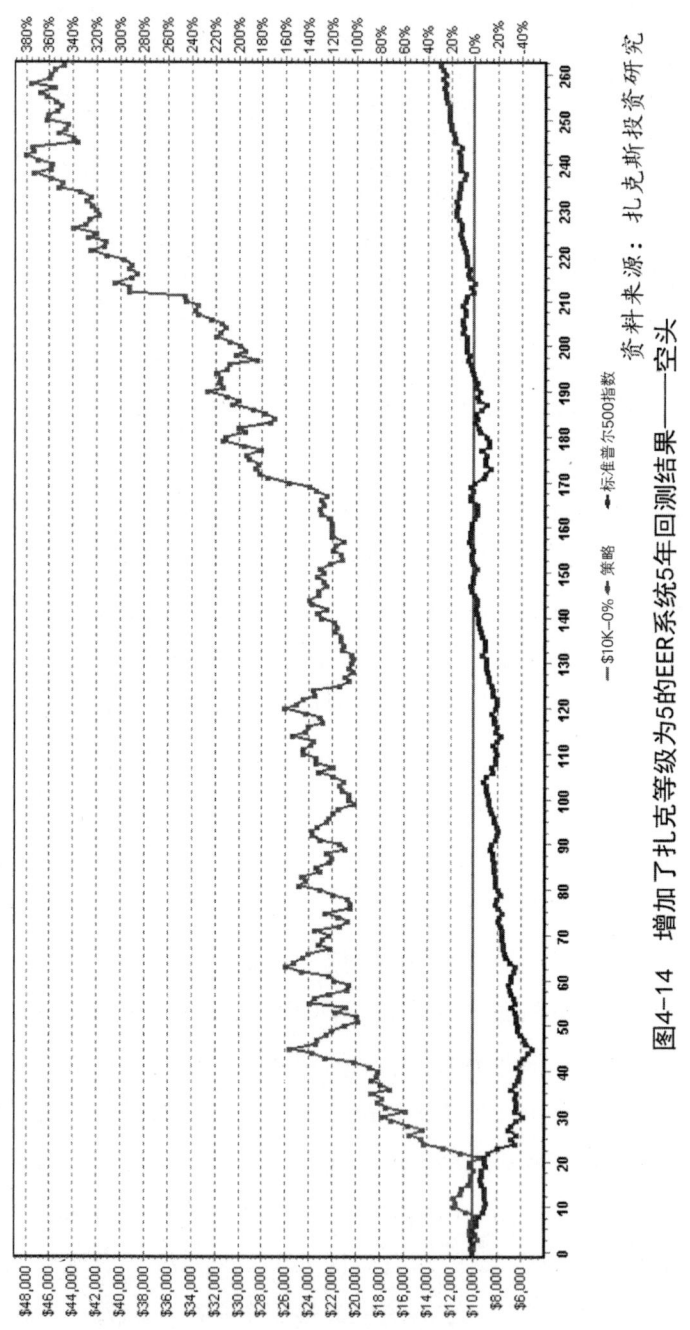

图4-14 增加了扎克等级为5的EER系统5年回测结果——空头

这个图表有两个关键问题需要注意。首先，我们可以看到表现最好的仅仅多头的证券投资组合（图4-12）急剧下跌的时期是如何与仅空头的证券投资组合（图4-14）的高收益时期匹配的。这很好地说明了市场中性交易方式的双α潜力：当等式的一边滞后，不论是多头或空头，都可以看另一边在弥补差额。

其次，如果我们认为任何账户的卖空总是做保证金以实现总投资回报率，使多空证券投资组合的两边有等量的资金权重，我们只需将空头证券投资组合的回报（大概340%）加到表现最好的多头证券投资组合回报里（大约700%）。因此，将所有的交易资金投资到两个表现最好的系统中，我们正在寻找这样的系统，减去手续费、保证金利息、佣金（如果你选对了证券公司，每年总共大约5%的佣金费）和实际回报比回溯测试结果滞后的部分后，5年间的回报率接近1000%——对任何人来说，这个回报都是惊人的，但需要重申的是，仅使用RW作为个人股票筛选器是不可能达到这种回报的。对于纯机器的交易系统，即使只有这一半的回报，尤其跟标普500指数的30%回报相比，也是非常值得一看——在第10章，我们会看到这个。

基本面数据筛选服务——SIP

使用我的系统的交易者需要考虑的另一个收费服务是由美国独立投资者协会（www.AAII.com）提供的服务。当你只看名字，美国独立投资者协会听起来像一个在华盛顿的贸易协会组织或利益集团，其实不然，它于1978年由詹姆斯·科卢楠创立，是个一流的金融专业人士向投资者传播投资智慧的大本营。AAII.com的这个使命基于科卢楠的理念而来，他认为，"有了投资培训资料和一点对于投资的奉献精神，个人投资者的投资表现就可以超越市场平均水平"。自成立30年来，AAII.com的会员数量已经壮大到150000多，集结了大量的从常春藤金融教授到世界一流的证券投资经理等专家学者。AAII.com 已经成为许多人接受投资理念和教育的首选门户网站。

AAII.com 的在线内容是免费的，它每周会刊发来自特约专家关于各种投资主题的文章，以及每日会有 AAII.com 团队发布的关于当前股票研究的博客。AAII.com 还有个经常被引用的"AAII 投资者市场信心调查"，这个调查每周会发布调查报告：平均每个"个人投资者"目前对于整个市场看涨，中性，还是看跌。AAII 投资者信心调查报告作为一个反向指标，已相当成功的，也就是说，当大众强烈地看涨，市场往往在短期内会出现回调，反之亦然，甚至有一些图表包里的技术指标也是基于此调查而来的，这个指标叫"AAII 牛–熊指数"。图表程序会将每周的调查结果绘制成折线图。由于往往是非常不稳定的，折线图就像一个移动平均数一样平滑，其思路是在历史极端悲观的情况下买进，而在极端乐观的情况下卖空。

在 www.AAII.com 上同样免费的服务，还有一份 70 多只股票的投资策略列表，这些策略都是基于投资界一些最伟大的专家创建的系统。对每一个系统，网站上都有对其选股理论根据的阐述，还可以看到每月更新的投资回报。约瑟·皮尔托斯基的 F 分数、兰·扎克斯的收益修正系统以及威廉·欧尼尔的选股法都是这样的系统。如果想要获取每个筛选器筛选出的股票列表，那你需要成为付费会员。对于付费会员，坏消息是这些股票列表是每月更新的，而且每次更新是在股票通过筛选的半个月后；好消息是获取这些延迟数据的费用非常合理，一年的费用是 29 美元，4 年的费用 99 美元或者终生使用的费用是 290 美元。

基于本书的目的，我们并不需要付费来访问 www.AAII.com 网站，相反，你需要的是付费购买 AAII.com 优秀的股票基本面筛选服务，股票投资者专业版（SIP）。使用 SIP，所有上市公司每周更新的数据可以自动流入到一个最强大最实惠的基本面筛选器里，这也是 SIP 最好的一个性能。SIP 的最好的特性之一，是它预先加载了 www.AAII.com 网站所追踪的 70 多个专业系统的每一个系统，这就意味着，你只需点击鼠标，根据皮尔托斯基、扎克斯或欧尼尔选股策略，甚至或者其余的几十个投资大师的理论，就可以知道哪些是每周最好的股票。刚刚也提到，AAII.com 网站记录了每一个系统的收益情况，包括年初至今的收益，自创立开始的 3 年、5 年和 10 年的收益，每月更新一次。我们在这本书里面着重强调的系统都来自于这个列表中排名靠前的系统。

除了向用户提供专业级的交易系统外，SIP 还允许用户自定义构建任何想得到的基本面交易系统。使用 SIP 的编辑工具，用户可以创建个人的自定义系统界面，可以（类似 RW）通过组合两个或两个以上的特定参数以及各种各样的数学函数和条件创建自定义参数。界面编辑器囊括了大量的数据字段列表，其数量超过了 2000，远远超过了 RW 中的数据字段数量，而且其中有大量的数据字段可以调到近乎无限的精度。SIP 中也有一些技术面参数，因此对于我们这里的市场中性交易系统，它是理想的工具。

那些股票通过筛选器的公司的列表生成后，在下次开盘的时候你就可以入场进行交易。如果列表太长，SIP 有个排序的功能，可根据各种指标对列表进行排序（见图 4-15）。这些指标包括评价倍数、增长率、利润率、负债与股东权益比率、收益预期和修正、行业排名、相对实力和各种其他的比较变量。当界面上通过的股票数量超过了可交易量，这样可以让我们更容易地去选取"精华"。

SIP 是一个可下载的软件，需购买注册码进行解锁。每次打开软件，会自动进行每周数据更新。使用 SIP 所有服务的年费也非常合理，为 198 美元或两年 298 美元。会员服务包括一套在线教程视频，介绍用户如何在 SIP 中进行全方位的扫描筛选和编辑，以及如何使用该产品进行特定公司的数据分析。对于那些不熟悉基本面分析的人来说，单单这些教程就物超所值，它会给你一个很好的介绍基本面分析的培训，你也会快速地熟悉和使用 SIP。

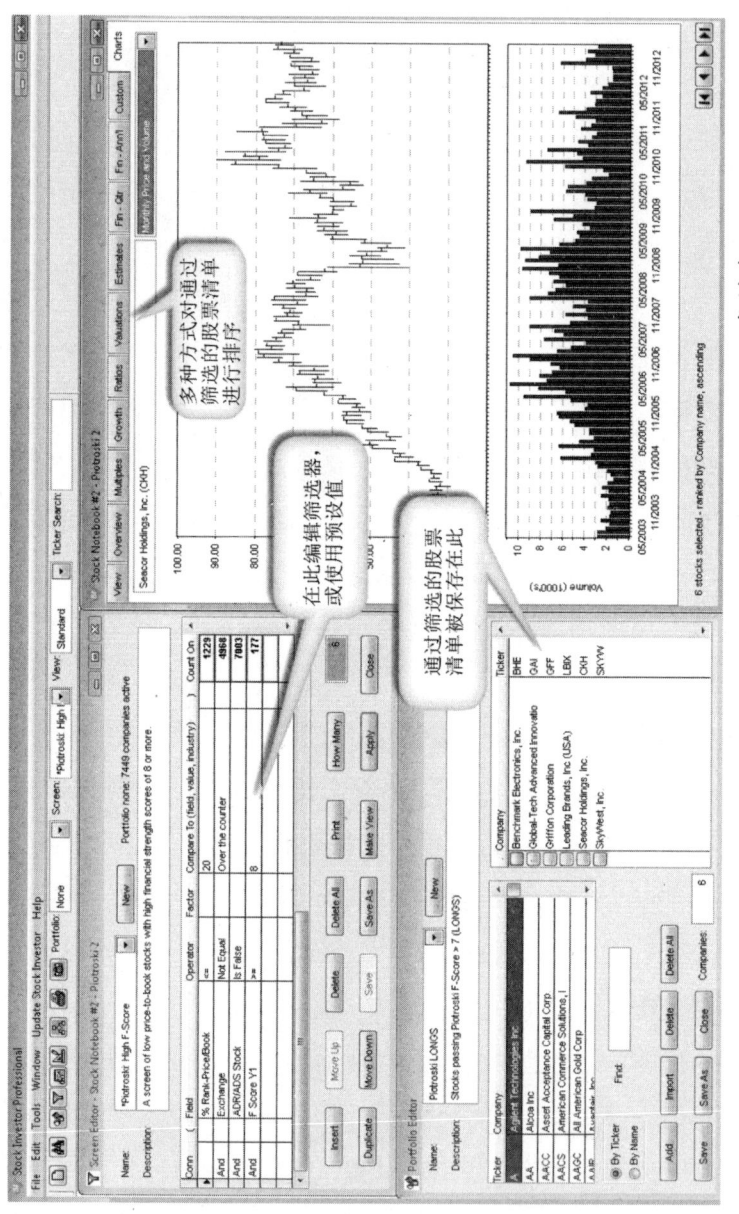

图4-15 AAII.com的SIP

SIP 有个缺点，与 RW 不同的是，它没有回溯测试的功能。对于那些想要使用本书作为跳板来创建自己个人交易系统的人来说，这个是"死穴"。当然，在交易系统的开发过程中，当进行了一个长期的回溯测试后，没有比看到一个近乎垂直的性能图弹出更让人兴奋的事了。此外，RW 的日常股票筛选每天夜间会更新，而 SIP 仅仅每周更新一次。对于真正雄心勃勃的人而言，在 RW 与 SIP 详细的对比中，这两个差异使 RW 更具优势。但如果考虑到巨大的价格差异，SIP 基本面筛选器具备更宽的覆盖范围，而且手上有了这本书就相当于有了一套全面的测试系统，这样并不需要回溯测试，综合这些，SIP 具有整体优势。此外，这本书里面的交易系统并不需要你同时使用 RW 和 SIP，但有一些系统需要你有一个基本面筛选工具。我已经使用这两个筛选工具很多年了，可以推荐给大家。

斯托克博士趋势交易工具箱

最后一个产品——又一个筛选工具——可以考虑加到你的工具包里。RW 和 SIP 是两个主要侧重于基本面分析的筛选工具。下面将要讲述的这个工具主要侧重于技术面分析，是一个不错的补充。虽然我们讨论的这些系统不要求有这个工具，但它可以让一些系统添色不少。相比同类产品，它具备明显的优势。RW 和 SIP 需要将我的系统里的描述编程到它们的软件里，但这个工具已经替你把这步完成了。这个工具花了近两年的时间才开发完成，但所有的汗水和努力都是值得的。当电脑上安装了这个程序，以及 RW 或 SIP，还有之前提到的免费的网站，你就可以在这本书里介绍到的所有交易系统里进行交易了。

在我的第一本书《以趋势交易为生》里，我告诉了读者，我在使用 www.stockcharts.com 网站专门做技术面股票研究。自《以趋势交易为生》出版以后，有种更容易使用、更强大的新产品上线了。与 www.Stockcharts.com 网站不同，它有专业级的图形和回溯测试工具以及信息流（新的"图像"界面）。这个新产品是 MetaStock 研究平台的产品。创立 30 多年来，MetaStock 是当今市场技术人员、日内交易者、期货交易员和交易系统开发人员最广泛使用的研究工具之一。在过去的两年里，MetaStock 的程序员在进行交易系统编程时，已经将《以趋势交易为生》连同我的其他三个交易系统编程到他们的筛选和制图软件里了。所有这些工作的成果是 MetaStock 出售的最大和最全面的产品之一——斯托克博士趋势交易工具箱（TTTK）。

TTTK 是 MetaStock 软件的一个新的插件（或 MetaStock 家族的"附加组件"），它已经预编程并内置了《以趋势交易为生》中的所有系统，《日内微趋势交易》中的两天交易系统和最近开发的长短期均值回归系统，其中的最后一个系统是 TTTK 独有的，也是到目前为止，我最赚钱的系统。我在自己的交易账户会经常使用，大家可以在第 13 章看到这些结果。MetaStock 的 TTTK 里筛选扫描功能的编程非常完备。一个单次的扫描就可以筛选出可供参考的长期和短期股票列表。在这本书的三个技术面系统中，它是最纯粹的中性交易系统。

经过多个月对斯托克博士趋势交易工具箱的来回调整、测试和完善，以及进一步测试，最后的结果于 TTTK 在 2013 年 4 月推出，它包括的所有性能如下（见图 4-16）：

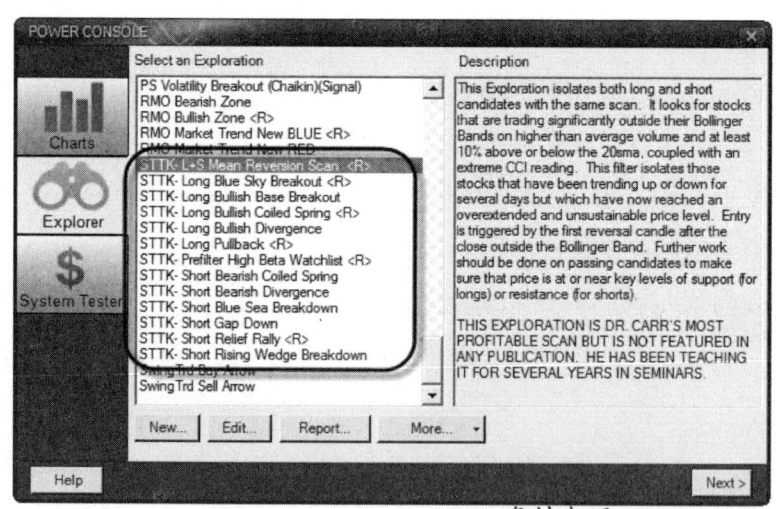

资料来源：Thompson Reuters

图 4-16　斯托克博士趋势交易工具箱——研究

《以趋势交易为生》中的 11 个筛选

第 4 章 交易者的新工具

《以趋势交易为生》中的 9 条专家警示（这些侧重于技术实时设置）

与各种设置配套的 6 个图表模板

来自《日内微趋势交易》的 2 条专家警示，等待设置的生成

1 个均值回归系统筛选（长短期）——一个新的系统

1 个用于创建最好交易股票观察列表的预筛选器

关于 TTTK 的好消息是，它非常便宜。当我早在 20 世纪 90 年代末第一次使用 MetaStock 时，软件许可证的花费需要 1500 美元，然后还有数据信息流需收取一个相当大笔的月使用费。现在软件许可证的费用合理得多了，而且有个附加组件收取的一笔小数目的一次性费用（发邮件给我 drstoxx@drstoxx.com 可领取折扣），一旦支付了这个费用，那数据信息流收取的月费仅略超过 StockCharts 的订阅费。还有，如果你想使用 StockCharts，需要自行在界面上编码。TTTK 则不需要这样，一些行业里最聪明的家伙已经为你做好了这些。我所培训的所有技术面系统都是开箱即用的。对于我所开发的技术面筛选器，大家只需单击几次鼠标，就有了这些筛选器筛选出的所有最新股票列表，而且可以每天操作。还有，我的系统在 StockCharts 里无法优化，因为它没有回溯测试的功能。MetaStock 具有一种最万能的回溯测试功能。

我最喜欢的 TTTK 特性是专家意见的讯号分析。对于我们的每一个交易系统，这个功能可以即时显示你选择的或者是观察列表中的任何图表相关的警示。我们不再需要盯着观察列表里的图表，等待生成设置。每当出现新的信号，专家意见的讯号分析可以让我们即时知晓。每条警示还设置了评论窗口，提供每条警示的建仓价、平仓价和基于系统历史测试的目标价的相关建议。专家意见的讯号分析已将《以趋势交易为生》里的所有系统进行了编码，包括四个版本的"螺旋弹簧"的设置，以及《日内微趋势交易》里面我最喜欢的短期交易设置，长短期"午后逆转"设置和长短期"必须具备"的设置。在接下来的章节，大家可以看到《以趋势交易为生》中讲到的"螺旋弹簧"系统相关的专家意见的讯号分析的三个警示（见图

4-17)。

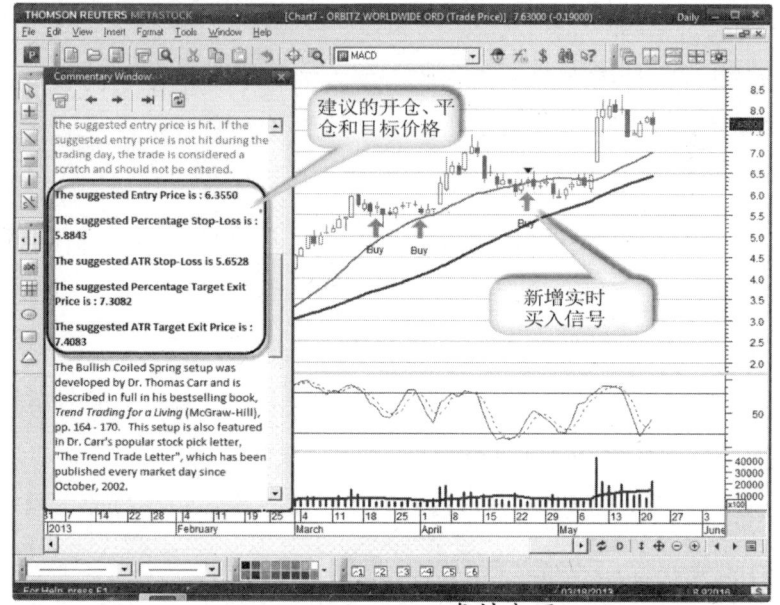

资料来源：Thompson Reuters

图4-17 斯托克博士趋势交易工具箱——专家意见的讯号分析图表

关于将MetaStock趋势交易工具箱应用到这本书讲到的交易系统里，最后要说的事，对于我的一些读者来说可能是最重要的。我从收到的一些邮件获知，有些人用我的系统交易美国股票和交易所买卖基金（ETF）之外的东西。他们交易指数期货、大宗商品和外汇或者美国以外的国家的交易所的股票。交易是一个全球性现象，现在可以在世界任何地方，不论白天还是黑夜的任何时间进行交易。由于拥有来自全球每个交易所各种类型证券的市场数据详细目录，MetaStock注重交易的前沿动态。想要在孟买证券交易所或者泰国证券交易所交易吗？想在雅加达卖原油或在上海买人民币吗？你可以的，你可以使用斯托克博士趋势交易工具箱进行所有的这些交易。TTTK里面有一套可靠的交易系统，所有的这些系统都可以识别任意类型证券的交易设置，包括外汇、期货和指数期货合约，还可以绘制成图表。

接下来我们何去何从

总之，要想保证交易系统的正常运行，需要在我们的交易平台里添加几个上述的服务，这样做会一定程度地增加你的开销成本。如果你现在完全迷糊的话，让我在此总结一下本章的内容：

- 交易者最经济的做法，是从股票投资者的专业角度首先筛选得到侧重于基本面参数的备选股票列表，然后使用免费的图表工具像 Finviz 对这些股票进行技术面分析，选取出最优的多头和空头股票交易。虽然无法在这本书提到的所有系统中进行交易，但这样的开销非常合理，每月只需 20—40 美元。对于账户金额低于 25000 美元的交易者，这可能是最好的选择。
- [推荐] 最稳健但也是最实惠的做法，是使用 MetaStocks 里面的斯托克博士趋势交易工具箱，然后再加一个 SIP 订阅。使用这样的组合，你可以前加载一个基本面（使用 SIP）或技术面（使用 TTTK）的主要关注点，而且还可以完全使用 MetaStock 的专业制图方案。有了这个设置，你就可以在这本书讲到的全部七个系统中进行交易。由于这两个筛选工具是预编程的，你就可以对此很有信心——所进行的股票交易与这本书讲到的交易系统是相吻合的。此方案每个月的成本开销将在 75 美元到 225 美元之间（费用较高的为实时数据服务），这个费用对于账户金额大于 25000 美金的交易者来说非常合理，而且你也不需要用实时数据，除非是打算即日平仓交易或按当日技术面定买入和卖出时间。

最通用的也是最贵的做法，是买全套的 RW 服务（12 年的股价数据）以及 MetaStock 的趋势交易工具箱，以便分别拥有强大的基本面和技术面回溯测试性能。此方案每月的费用在 225 美元到 500 美元之间，即使费用在这个价格区间的低端位置，你的账户金额也要大于 50000 美元，这样才能消化掉这个费用而不会大大影响收益。

如果你依然困惑，不要沮丧，在接下来的章节中会有明确的与各个系统匹配的股票筛选和交易步骤。不管你自己配置了哪种类型的交易工具，不论交易经验多少和交易账户大小，我们务必会确保所有的交易者都可以利用这些系统获取中立市场的能力。在这一段简短而重要的插曲后，接下来我们将转到交易系统本身。

现在你可能会想直接从这里转到书的第三篇，但千万不要这样。我认为下一节是这本书最重要的部分。虽然你很想急于跳过接下来的两章，但这么做，最终会使你做股票交易的时候很不牢靠。在第 5 章，我会阐述成功股票交易的必要条件。如果你能在实践中运用这些，你就有能力把平庸的交易系统变成一个赚钱机器。在第 6 章，我会拉把椅子放在我的股票交易工作台旁，邀请你与我一起坐下来，手把手地带你度过一个典型的交易工作日——第 6 章则会讲到怎样把第 5 章讲到的必要条件应用到市场实践中。

第二篇

中场休息：一件必要的事情

第5章 两类交易错误及其规避方法

> 失败是通向成功的路标。
> ——克利弗·S·刘易斯

我希望你能够运用本书的交易系统开始在市场中赚钱,这意味着我们需要在前文所讨论的交易工具基础上更进一步,开始讨论交易系统,它给你的个人交易账户赋予了在市场中获得惊人赚钱潜力的能力。但是,我们一定不能急功近利,如果我们还没有设计好,还不能保证各个稳健的交易系统能持续有效运行,就贸然参与到实际交易中,这么做就显得有点鲁莽。

我这里所说的理念可能是有争议的,你可能并不同意我的观点。有趣的是,曾几何时,甚至我自己都不认同这些观点,不过那并不重要。哲人们喜欢告诉我们:你可以不认同一件事,但是千万不要觉得这件事是完全错误的;他们还会告诉我们,承认事实是我们向其靠拢的第一步。所以,请继续阅读下文,看看你的认知能力提升后我们能取得哪些共识。

仅仅使用交易系统进行交易是不够的

在接下来的故事里,我将竭尽所能以保证足够的坦诚。据说,能掌握复杂事情并将之简化的人是天才,而那些掌握简单事情且将其复杂化的人是教授。我曾有16年的教授经历,当时倾向于把事情弄得稍微复杂一些,但是在本书中,我将尽力避免这样的做法。这一点非常重要。

在进一步阐述失败的交易系统之前,我必须如实交代一些事情。可以说,在每一位成功的交易员背后都有一系列失败交易的案例。当然,我也不能例外。我并不是从一开始就是成功的交易员。我不是说账户出现了一些亏损,我所指的是那些"圈起铺盖、关门歇业"式的失败交易,那些导致账户变得非常小,以至于只能买价格仅为几美分的股票和那些严重虚值的期权类型的失败交易。还记得第1章的乔伊吗?就是在数年之前,要不是上帝的恩典,我真不知该何去何从,感谢上帝扭转了我的交易状况。这些是如何发生的呢?且看下文。

我的失败交易可以分为两大基本类型:第一类,我称之为"乔伊型"(并非诚心嘲弄乔伊,而是他的确是太典型了),第二类是"非乔伊型"。当时我是一名交易教练,"乔伊型"可能是那些与我一同工作的交易员当中最为常见的错误类型。乔伊陷入困境,因为他凭借一时的冲动,并依据一种非系统的方式来进行交易。乔伊型交易员依据直觉、受训的猜测、最新的内部消息等诸如此类的事物进行交易。对于肾上腺激素的上瘾,令他们急不可耐地参与到一切快速变化的事情。他们会设定止损,然而当价格十分接近止损线时,又撤销止损。非乔伊型交易员依据一种机械的方式进行交易。他们虔诚地遵循自己交易系统的规则,生怕任何一次对交易系统的违背破坏其获利的潜能。非乔伊型交易员在交易过程中从不去想一个至关重要的问题:他们正在做什么。他们坚信那些写入其股票筛选软件中的程序以及回测的成功率——无论系统告诉他们买卖什么,他们都会执行。

凭借个人经验,我可以说无论是"乔伊型"还是"非乔伊型"交易,最终都会导致失败。我第一次尝试交易时,是个典型的"乔伊型"交易员,该类型的失败通常是快速而且致命的。我仅凭借新闻报道、小道消息、市场谣言等进行交易,直到两年后我输光所有的钱。之后,我重整旗鼓,在获得一些正规的培训后,我再次加入了交易的博弈。这一次,我注定成为一名"非乔伊型"交易员。"非乔伊型"交易者摒弃了基于直觉、冲动、第六感以及所有重要的推论的交易行为，他们唯一的目标就是遵循自己的交易系统。遵循交易系统的纪律规避了与"乔伊型"相关的好多交易风险，因此，"非乔伊型"交易失败会随着时间的推移缓慢出现。我花费了10年行情较好的时光，清除"非乔伊型"代表性错误所造成的影响。在此期间，我自己损失很多钱，同时，在这10年的中间阶段，我严格依据系统为客户运作一个小的基金，因此，也亏掉了其他人的一些钱。是的，你可以将这些大的损失归咎于2007年到2009年的大崩盘，但是有一个事实是不能回避的，那就是盲目遵循一个交易系统是不灵的。

然而，有趣的是，在损失真金白银的几年里，我却为我的订阅客户实现了大量的虚拟赢利。在过去11年里，我们坚持每天在www.DrStoxx.com（其前身为www.befriendthetrend.com）上发布推荐的股票。我们推荐的股票能够产生丰厚的利润。我们的旗舰产品趋势交易信函（The Trend Trade Letter）自2002年开始发布以来，平均年化投资回报率超过31%，同期，标普500指数平均年化投资回报率仅为4%。事实上，自2007年11月到2009年2月的大崩盘期间，趋势交易信函产生了正的25.7%的回报，而且绝大部分收益是靠多头获利得到的，而标普500在此期间却被腰斩。

这就产生了一个至关重要的问题：为何我在为订阅客户选股时，如此成功，而当遵循自己的交易系统进行交易时却是那么失败？答案就隐藏在如下的问题中：成功交易与失败交易的区别，就在于推荐股票和简单的管理一个交易系统之间的不同。在我自己的账户里，我以一种不带情感的、机械的方式来进行交易。如果系统因为XYZ股票通过了5个过滤器，而告诉我该购买这只股票，抑或是因为ABC股票显示这样或那样的形态而提示我可以做空它了，我会毫不怀疑地照做。当交易系统失效，我所做的就是切换到另外一个交易系统。

对于股票推荐，我采用不同的过程。自2002年我们启动这项业务以来已经重复了近3000次该过程，我将在下一章详细描述它。这里，我们需要提出一个更加基础性的问题：为什么这个过程运转得如此好？我的日常包括非乔伊型的每天机械式精准按照规则运行我的股票筛选系统，但是我在此基础上又做了一些其他工作，一些看上去十分"非机械"的工作；事实上，被系统型交易员视为禁忌的一些事情，我变得更加审慎。在运行股票筛选系统得到一小串股票名单后，我运用审慎分析的天赋技巧：这些技巧是数年向大师学习的经历以及长期坚持不懈、真真切切、真金白银的交易经验磨练而成，这些技巧赋予我在可能备选股中判断出在当前市场条件下哪只股票未来表现最好的一种直觉，它赐予我在可能备选股池中选出最好的一只股票的能力，购买这只股票具有最大的成功概率。经过这样进一步筛选的股票才是我们的订阅客户收到的股票清单，因此，我将成功和失败交易员的基本区别归因于一个非常不易度量但又是十分真实的过程，我将其称为"审慎交易"。

审慎交易的乐趣

审慎（字面意思"在不同事物之间进行判断"）可以定义为一种通过学习和实践获得的能力，这是一种能够正确判断一项事物相对于周遭其他事物优点的能力。行事审慎的人，知道如何在不同的环境中采取适当的行动，而缺乏审慎的人，则不会这样。圣经说，审慎是上帝赐予的礼物，它显示出神明所授予的感知事物正确与美好性的能力，那些拥有审慎性的人，无需依靠完备的知识进行合理判断，就可以对各种情形进行合理评估。因此，审慎性是一种经验的、直觉的、通常难以言表的认知形式，借此可以判断事物是否正确、合理、恰当。

审慎的交易是有选择的、基于直观感觉的交易，而这种感觉是建立在给定股票的技术和基本面特征以及对当前市场状况的考量基础判断什么有效、什么无用的训练和经验基础之上。审慎交易是对于本书所描述交易系统的提升和补充，它将我们100%的客观交易系统作为进一步研究的起点，目的是，最终实现审慎的交易（甚至是对直觉的渴求），判断哪些系统是最好的，而哪些系统是普通的。

让我们回到起点，以我的经验，无论何时，我不用交易系统（乔伊型）进行交易，都会亏钱。无论何时，当我用借助交易系统，而不用审慎性去过滤交易系统的信号（非乔伊型），同样会亏钱。然而，当我综合这两种系统，并用审慎的分析进行交易时，我却可以持续赚钱，有时是一大笔钱。我和妻子通常并不保存这些钱，我们喜欢捐赠这些钱，当然，这是另外一个故事了。

这产生了一个最为重要的问题：一个交易员如何拥有审慎性？再次说明，审慎性这是一种能够正确判断一项事物相对于周遭其他事物优点的超自然能力：一个具有审慎性的神经外科医生，可以在看一眼病人脑部核磁共振图后，就立即判断出病症所在，并知道是否可以治愈；一个拥有审慎性的工程师，只需要听一下发动机的声音，就可以判断出是汽化器还是变速器出了问题；一个拥有审慎性的交易员，只要看一眼走势图或者财务数据，就可以自信地说出一些股票按照期望的方向变动的概率最大。

在上述各种情形下，审慎形式所获得的东西来自各种单一知识、经验和独特洞察力的整体融合。① 这不仅仅是单一的智力问题。你不能通过在课堂上或是书本的学习获得审慎性。你可以通过这些方式学习交易系统，但是，却学不到让交易系统具有获利能力的审慎性。这一区别是至关重要的。

那么，问题来了，一个渴求持续获得盈利的交易员如何才能获得审慎性呢？通过运用审慎性来灵巧运用交易系统的路径只有一条，吸收并掌握审慎性的本质——经验、智慧、洞察力和直觉——的方式也只有一个，那就是找到一个已经拥有审慎性的导师，并在他身旁学习一段时间。你需要

---

① 我找到关于此的一位思想家、科学家兼哲学家迈克尔·波兰尼。在其重要著作《个人知识——迈向后批判哲学》一书中，波兰尼提出这样的理论：我们大部分的知识，尤其是那些我们所热衷的，或是对我们有重要意义的知识，都不是从书本上学到的，它们是通过我们身处的文化和经验传递给我们的。

找到一个已经成功运用审慎性进行交易的人，并直接向他（她）学习。要想成为一名交易专家，唯一的方式就是学会谦卑，并向那些已经是专家的人求教。

导师的必要性

有两种寻求指导的方式：一种是漫长、艰难、昂贵的方法，另一种是迅速、简便、便宜的方法。第一种方法是找到一个或者多个已被证明是成功的且从事交易有一段时间的交易（投资）权威人士，购买并学习他们的著作和文章，订阅他们的投资信函，参加他们的现场和网络研讨会，购买他们的课程和交易系统，在你感觉自己已经消化了所有这些资料后，运用你所学的交易技术进行交易。但是一开始，你会亏钱——这几乎是确定无疑的事情，考虑到，为了获得审慎性交易技术，你所做的各种准备工作，你可能会需要付出额外的努力来向你的账户注入新的资金以使其可以继续维持下去。与90%的交易新手不同，或早或晚，在你孜孜不倦的坚持下，你开始步入正轨：你将开始获利性的交易，你将会运用审慎性来使用大师的交易系统。这样，当其中某个系统提示购买股票A和股票B时，你知道通过查看技术和基本面数据，股票B要好于股票A，而且结果表明你的判断通常是正确的。

在不考虑机会成本的情况下，我估计第一种方式的成本大约为5万美元，甚至更多，具体取决于你的启动资金以及在亏损后，为了维持账户继续运作你需要补充的资金量大小。实话实说，上文所描述的情形正是我自己通往成功交易的心路历程；我花费的成本远远高于5万美元。我可以肯定这也是你们中大多数人的经历。你十分渴望成为一名能够获利的交易员，无数次失败和艰难的重新开始都阻止不了你对于成功的渴望。我给你介绍一个更好的方法吧。

获得成功运用交易系统获利所必需的审慎性的最好方法，当然也是更便宜和更快捷的方法，是师从或受教于一位已经拥有一系列可获利交易系统的人。正如所有历史悠久的技艺，交易也是科学和艺术的融合。你可以通过书本或者论坛学习"科学"的部分，但是如果想获得交易的"艺术"部分，只能通过一对一或者小组教学的方式，与那些知道自己在做什么的人进行面对面的交流。如同实习医生变成医药专家、医药研究班学员成为一名教授的过程，要想成为一名成功的交易员，一位值得信赖的导师是必不可少的。

事实上，这也是交易游戏的通常运作方式。在交易生涯早期，交易员在交易大厅里跑堂，他们在经纪商柜台和公开喊价区之间传递交易指令。通过这一得天独厚的有利条件，他们发展出对于诸如指令流、入场时机以及头寸规模等事情的感觉。一旦他们自己开始交易，他们会将这些审慎性魔力带入自己的交易中。如今，电子交易已经取代了交易大厅的公开喊价，但是跟从一位导师进行学艺的必要性还是存在的。那么，一个交易员该从何做起呢？其他的职业已经建立了一套完整的技艺传授体系，这种系统在交易这个职业中该如何运作呢？

假设你不打算在一个共同基金或者大型银行的买方业务部门花上10年的时间，那么，你可能是一名独立交易员，为自己，也可能还包括亲朋好友进行交易，而且你想维持这种状态。一个独立的交易员该如何接受训练呢？答案是雇一个成功的交易员作为你的私人教练。如果你不是一名可以持续获利的交易员，而且你希望避开上文所述昂贵的通向成功交易的漫漫长路，那么请你聘请交易教练并接受训练。

选择正确的教练

诚然，我自己从事私人交易教练的工作，而且，我的多数学员都是独立交易员。我在 DrStoxx.com 上担任多个角色：包括在我们的每日精选股票推荐中担任分析师，在与趋势交易为伴（Be friend the Trend Trading）中担任交易系统开发人员，以及在 Kingdom Capital 中担任基金经理。在这些角色中我最喜欢的还是交易教练。在市场中，当一个人意识到，只要在日常交易工作中多遵守一点点纪律，只要在交易头寸策略或者股票筛选流程中稍作一点点改动，就可以令其交易大大改观，就会心情大好，而看到这个人脸上泛起的喜悦之色是最让我开心的事。但我要说明的是，我的交易训练可能并不适合你的交易风格。事实上，有很多优秀的交易教练，而且，其中的一些可能更适合你的需求。考虑到这一点，我列示出几条选择正确教练的关键要素：

1. 你需要找到一个交易教练，他不仅仅是一位好的老师，同时也是一位成功的交易员。你将要看到一个长期的、可公开获得的成功交易的记录。请确保这些交易记录在各种市场条件下都能显示稳定的 alpha 收益。不要相信那些仅仅提供交易教练，却不提供可公开获得的、实时的逐笔历史交易表现及交易损失的网站。你需要特别观察具体的入场时间和点位，而不仅仅是收益率的百分比。

2. 你需要找到一个交易教练，他不仅仅是一位成功的交易员，同时也是一位好的老师。他（她）可能有许多好的建议来改善你的交易，但如果这些建议不能用你所能够理解的方式来进行交流的话，那么你是在浪费自己的时间。不要相信那些泛泛而谈的教练。你需要的是清晰、具体、一步一个脚印的建议。

3. 你需要的是一个交易风格与你相匹配的教练。不要雇佣一个炒股票的来教你如何投资外汇，不要雇佣一个日内交易员来教授你如何在震荡市场中获利。绝大部分的交易系统可以移植到其他市场中去，但是那些使其有效运作的技术设定却不能。不改变你的交易风格，寻找按此风格进行交易的大师。

4. 交易训练营有其固定的场所，但是和其他 20 名交易员坐在一起跟随一组交易专家进行学习的方式，与你所需要的一对一、手把手的师徒学习方式相去甚远，而且，由于存在管理以及营销的成本，交易训练营通常定价过高，那些愿意教授你交易的人物有所值，但是夸夸其谈的新手的定价却不公正。

5. 尽量不要跟着一堆教学光碟或一系列录制的研讨会来学习。当然，这些传播知识的方式没有什么不对的地方。我在自己的网站上上传了一些录制的研讨会资料，如果一对一的教授不能实现的话，我将不定期地与个别人或者一小帮人举办线下研讨会。真正的传授经验可能只能通过真实的面对面交流才可以实现。

简言之，你需要师从一位交易风格符合你的偏好，且具有成功交易记录的教练。你需要其真实的经验，你需要坐在他（她）的身边，观察他（她）做什么，不做什么；你希望当你尝试新的交易技巧时，他（她）就在你的身旁。真实经验传授的精髓是它完全暴露在真实的交易现场，同时可以感受到现场的压力和大量信息的干扰。当你坐在一位正在进行工作的交易员身旁时，你有一种身临其境的感觉。你需要观察它的交易方式，而且，如同一个好的学徒，你需要在教练的督导下亲自尝试。

如果你觉得我的交易教练服务可能比较适合你的交易风格，可以给我发邮件（drstoxx@DrStoxx.com），我会将免费的自我评估测试发送给你，这个测试将让我知道我或者其他什么人到底适不适合做你的交易教练。如果我觉得自己对你有所裨益，那我们将商讨一个时间，届时你可以坐飞机来到我这里；如果有必要，我也可以到你那里去。我通常会在机场附近租下一个会议室作为临时的交易工作站。在一起工作的第一天，我们将一起发掘并筛选股票。第二天，我将向你展示在交易日中，我的日常实时交易工作是怎样的。我会演示我选择股票和入场时机的步骤。我会演示我是如何管理头寸的，包括在危机中的头寸，以及如何提升长期持股的盈利潜力。在经过两天的密集训练后，你将学会和我实盘交易一样的技巧，并结束这样的交易训练。不过，需要提醒的是，我的收费并不便宜，但可能比你预期的要低。但是考虑到随着时间的推移，你所学到的经验和技巧，将会产生大量真真切切的财富，我的收费还是相当实惠的。

一份给牧师和宗教督查的特别聘用通知书

下面我们继续，但是在此之前，我将简单分享我的真实故事。我是一个信仰宗教的人，尽管我的信仰仅如芥菜籽般大小，但是，那毕竟也是信仰。尽管成长在一个基督教家庭，而且在经过数年的神学学习后，我还是作为一个无神论者工作了一段时间；说得更具体一些，那段时间里，我假装上帝不再关心我。所有这些在几年后彻底改变了。这里我不想细说个中缘由。审慎性的另一个意思是知道有时沉默是金。可以说，上帝通过可想象的最真实的方式让我清晰地认识到这一点，上帝是真实的、善良的、完美的、友爱的，以不可预知的形式广泛存在于最好的感觉中，而且，上帝对于我人生的规划远胜于任何我的所能够梦寐以求的事物。

如果将我的人生比作价格走势图，可以说，在此经历之前，借助于许多指标的历史低点，且没有出现多头背离，我的交易都很成功。但是在此经历之后，可以说，我的人生进入"跳空"模式，所有的指标均迅速拉升，与妻子的关系得到修复，家庭的裂痕得以复合，我们的财务状况大大改善，在人生的其他所有方面，包括我的交易，均蒸蒸日上。就好像是我的头脑重新恢复至默认设置，恢复至某个更好的人的默认设置。

我在各方面均得到了上帝的眷顾——我现在意识到，甚至我每天用之交易并努力完善的交易技术，也是来自他。当认识到是上帝给予我交易的技巧后，我知道自己之前从企业所获得的视为成果的东西也是属于他。上帝经常会保佑我的公司，尤其是当它处于不利状况时。比如，就在不久前，在经受了长期的考验后，公司的财务状况实现了突破。上帝向我们施了大恩。感谢我们的交易利润，我们实现了数个突破：我们第一次实现了无负债经营，终于可能买一辆品牌新车了，且在国外度过了两个家庭假期，所有这些花费仅占到我们年收入的40%，我们将其余的钱捐献（不幸的是，税务部门只允许将家庭收入至多50%的部分捐献给教会）。我们的捐赠帮助我们的教区购买了属于自己的教堂，解救了来自印度的20个性奴贸易的受害女孩，为一些孤儿提供了食宿，并发起了前往亚洲和非洲的宣教活动。如果生命按照上帝的规划运行，你所能够取得的成就真是令人震惊。

本着同样的精神，并伴随通过交易我所能够感知到的来自上帝的无比祝福，我将向牧师、传教士和那些服务于宗教事务和其他非盈利机构并且薪水较低、能够传递上帝旨意的人，提供一个特别的录取通知。我在一个牧师家庭中长大，我非常熟悉那些全职传教士所面临的财务窘境。教授那些牧师和传教士交易技术，以为其提供一技之长，是我长久以来的一个梦想，这可能会将他们从只能依靠什一税和捐赠中解放出来，并且能够让他们有机会在更大的范围内进行传教。

运用一技之长为传教活动提供资助在圣经中有很多先例。绝大多数耶稣的门徒都是渔夫，他们就像是在传教路中获利的交易员。使者保罗（耶稣十二门徒之一）通过他的传教和植堂事工生涯很好地完成了他的交易，实际上还获得了一技之长。这对于其走出去的战略极为重要，因为它为保罗支撑起旅行及为在迫害中失去工作的信徒提供资助的费用。他顺手完成的交易使其可以负担起与政商界的沟通。耶稣自己也有各种各样的技能，他跟随其继父学习了 18 年的手工劳动，据传言是做木工。此外，在其早期公开传教时，他帮助其门徒捕捞了一大船的鱼，有学者估计，这些鱼换算为今天的货币，价值高达 10 万美元，这至少够其一年的传教花销。为什么今天的牧师不可以运用证券交易来做同样的事情呢？

怀着这种信念，如果你是一个牧师，或者是对交易感兴趣，并打算从事非全职交易的传教士，请你与我联系，我将设计一个缩减版的支付计划，这样我们可以让你尽快获得交易的技能，不管你是否有相应的基础。当然，你并不想用教堂的钱来进行交易，但是，如果你能和 16 年前的我一样，凑够 2000 美元，你就启动你的交易了。帮我实现我的愿望吧，让我看到每一个上帝的计划得到资助，以满足上帝的召唤。

第6章 简要介绍我的日常交易

很多人错过机遇，因为机遇它穿着工装并以工作的面貌出现。

——托马斯·爱迪生

在上一章中，我提出一个观点：那种我称之为"非乔伊型"的纯机械交易系统，是一种失败的策略。然而在这一章，我将为你介绍最近新开发出来的七种交易系统。本章将试图化解这种看起来非常矛盾的状况。学习机械交易系统最好的方式是接受经验丰富的交易员的培训，传授你如何最好地掌握系统本身。通过高质量的培训，你可以学会一种"判断力"，通过它你能凌驾在交易系统之上，从而让交易系统更有效地工作。这将让交易系统成为你的仆人，而不是你的主人。如果缺少这种能力，你就需要遵循一些通用的指导建议。这些建议就是本章将提供给你的。在这里，我将给你一个简单的入门教程，让你明白我是怎样交易这些系统的。现在，欢迎来到我的交易工作室，找把椅子坐下，开始观察我每个交易日是如何工作的。

本书中描述的每个系统都有一个多头版，用来指导股票买入，另外还有一个空头版，用来指导股票卖出。在大部分交易日，运行这两种版本之后，你都会得到两张值得进一步考虑是否交易的股票列表。你需要运用你的判断力去掉列表上不够优质的股票，只留下那些最优质的备选股。在接下来的每一章中，你都会得到一些关于如何筛选备选股的建议。如果你有交易经验，并接受过"如何运用判断力才能最好达成多空投资组合"的培训，以下章节的内容将对你有所助益；换句话说，在当前市场环境下，你是该倾向于多头、空头或者完全的市场中性？即使有疑惑，在默认的情况下，采用的仍然是市场中性策略。本书的主题是市场中性（也就是将风险最小化的同时，让潜在的盈利最大化），你需要同时了解技术分析和基本面分析，你也需要既多又空。在本章，我想给你一个可以立刻使用的简单系统，使你对市场中性的主题增加一些感觉。

日常工作

我的一天开始得很早（我通常早上5：00起床），喝一大杯浓咖啡，做一段唤醒头脑的祷告或者阅读《圣经》。

然后，我会做一些运动（跑步、自行车、哑铃等），这是为了让我保持我所声称的擅长运动的形象。

洗过澡后，我妻子和我会一起祷告，谈论一天的计划，或者筹划与www.DrStoxx.com 相关的事务。

我的妻子有商业背景，但是她选择留在家里对孩子进行家庭教育（这算是她的全职工作）。这意味着我有一位免费的现场商业顾问，一个帮我带来利益的商业合作伙伴。

美国东部时间上午8：00左右，我来到我的办公桌，比开市整整提前了90分钟。一般在头天晚上我就会运行我的股票筛选系统，然后更新我们的3份每日股票推送信，因此早上我需要做的就只是选择一下：我的敞口头寸中哪只股票需要调整？筛选系统又选出了哪只我想添加上的股票？这时候，我一般都会打开赢透证券的交易员工作站（TWS）来检查账户持仓、可用资金余额、敞口头寸的持仓百分比情况，以及在我的敞口头寸中出现的任何交易缺口。这会给我提供可操作信息，如果有的话，需要多少新头寸加到敞口上，以及其中的哪些敞口需要再平衡。

我在TWS上使用几种不同的桌面布局方案，具体使用什么布局取决于我使用哪个账户或者进行哪种交易。我最常用的是一种叫"马赛克"的工作站模板。我通过调整使其符合我的个性化需要，图6-1显示的就是一种默认模板。

假设一种情况，证券投资组合窗口告诉我，我有一笔20%的现金头寸需要投入运作。因为我一般会同时持有20个敞口头寸，通过快速心算我就知道，我能增加4个新头寸，假设我能找到4只我喜欢的股票。接下来，我就会检查"再平衡投资组合窗口"，这一窗口能让我看到我投入的每个头寸占总体资金的百分比，包括多头和空头。在这期间，当我完全采用市场中性策略，我会把每笔交易分配等额的资金，同时投资组合的多头和投资组合也都分配等额的资金。在这种情况下，我想要看到每个头寸列表里面接近5%的情况。例如，如果我看到两只多头持仓上升得很好，而且已经接近交易资产的7%，但有一个跌到了交易资产的3%，我会修正这种不平衡。为此，我只是在3个头寸的"再平衡百分比"栏目里，简单输入期望的百分比（5%），点击"创建订单"按钮，然后点击"提交"。TWS系统会自动创建3个"开盘市价指令"单，卖出两只估价过高的股票，买入一只估价过低的股票。"再平衡"窗口如下（见图6-2）：

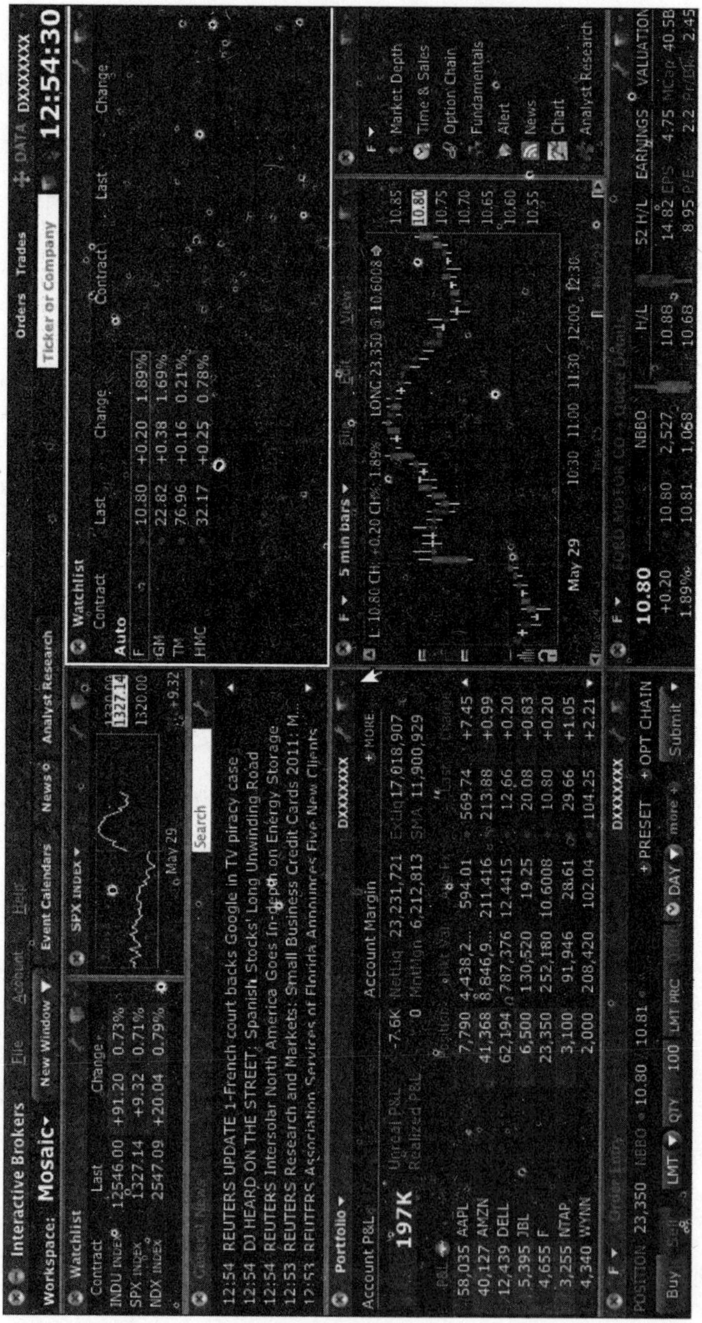

市场中性交易

图6-1 盈透证券（IB）交易员工作站

资料来源：盈透证券（IB）

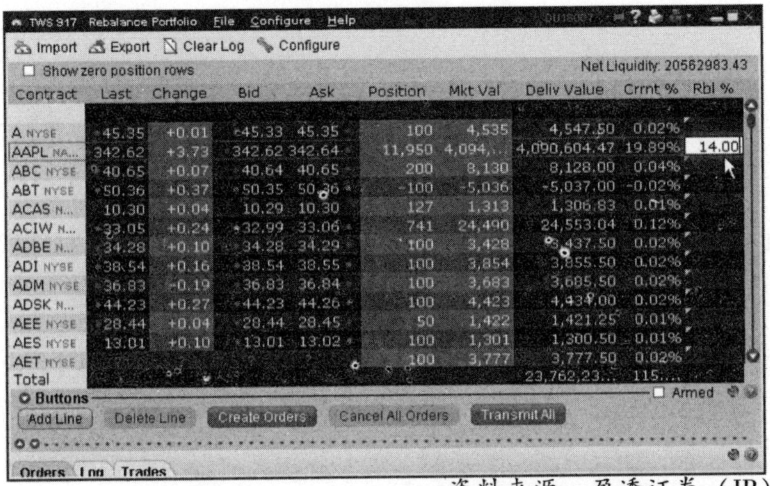

资料来源：盈透证券（IB）

图6-2 交易员工作站投资组合再平衡窗口

SOAR 分析法

接下来就是我例行日常中需要用审慎性判断力的部分。一个"非乔伊型"交易员从来不会那么麻烦地在系统中使用自己的判断力，他或她只是简单地遵从系统的规则，而不管是什么规则。正如我在前一章中解释过的那样，根据我的经验，我只有在系统的基础上进行进一步的筛选之后，才能实现持续的盈利。因此，每个交易日，我都进行四步工序，我将这四步的四个首字母缩写成一个单词 SOAR（"猛涨"，是个好词），这四个词分别是"Soak"（沉浸），"Observe"（观察），"Analyze"（分析）和"Recognize"（辨识）。

首先，我喜欢将自己沉浸在隔夜的股市新闻中，这样我就能感受到交易员们在开市期间都在关注些什么。然后，我会观察关于我的敞口头寸中的股票，以及程序为我筛选出的新备选股的技术分析图表。第三步是分析关于新备选股的基本面信息和新闻标题。最后一步只是做个直觉筛查，凭着我多年的交易经验，来辨识出哪些是系统为我提供的最佳备选股，以及辨识出我目前的头寸中哪些需要调整。

"沉浸"过程作为起点，起始于前一天收盘之后发布的所有重要经济数据的分析，因此我会在 www.Finviz.com 上查看最新数据。我想看看美国期货和海外市场是怎样反应的。这些信息中最重要的包括第一个星期五的就业报告（非农业人员就业指数）、单周失业救济金申领数据、国内生产总值（GDP）修订、两个关于通货膨胀的主要数据——生产价格指数（PPI）和居民消费价格指数（CPI），以及采购经理指数（PMI），它们中有些非常重要，甚至能影响未来数天甚至数周的舆论方向。我也会检查敞口头寸中股票的新闻提要。隔夜的新闻中，收益报告、食药监局批准的决议以及一些评级的升降等，都会极大地影响一只股票在第二天开盘时的表现。当然，一旦新闻已经出来了，做什么都已经晚了，但是它能让你知道是什么导致了这种股市变动。

如果我晚上之前没做的话，那么在开始股票筛选程序前，我还要沉浸的另一件事，就是标准普尔 500 指数的图表。这个关于 500 家最大公司的市场板块指数，是关于我们正处于哪种股市状态的最好的指标。在我的第一本书《以趋势交易为生》中，我概述了一种简单的交易系统，通过对标准普尔 500 指数日线图的两条移动平均线的叠加分析来判断大体股市方向。这一系统详述了 5 种基本市场类型：强、弱上升走势，强、弱下降走势以及区间震荡。这些都可以相应的用来指导你选择股票，看看是建议集中买入、卖出或者两者结合。这一系统告诉我仍有一种好方法，可以获取关于每日市场涨跌势头的可靠感觉。为了达到本书中的目标，我选择使用这种系统的变形。

提醒一下，本书中的七种交易系统是被设计用于在市场中性方法中的，也就是说，本系统要达到一种买入和卖出的资金分配量相等的效果。这将是你的默认资金分配方案，当然也是达到市场中性的最简单方式。然而有些人像之前章节定义的那样，他们选择用一定程度的个人"判断"，对重要市场情况做出反应。对你来说，一个混合模式比 50/50 缺省模式可能更适合。我的判断程序包括：阅读标准普尔 500 指数图表；分析投资者情绪；一份市场内部结构图研究，例如 tick 指数、trin 指数、A/D 指数（上升到下跌问题），行情上涨百分比，概述指标；我跟随的市场评论员的舆论导向；浏览过我脑中所有信息的一致性结论之后，感受到的那种经验丰富又敏锐老道的直觉。这里我不能告诉你我在那些信息流中具体寻找着什么，我能告诉你的是，这些工具中我教给我的客户的那一个，那个能测定市场潜在方向并能据此帮你调整多空头寸组合比例的工具。

使你的多空组合匹配市场

如果你目前使用的判断整体股市走向的方法很适合你自己，那你可以不用看下面的内容了；如果还不是，那么我建议你试试下面的工具。要评估目前的市场情况，选择一个标准普尔 500 指数周线图（不是日线图），我选择用 K 线图，当然柱形图和折线图也可以，然后将以下指标添加到这张图上：

- 如果你打算每天运行你的筛选器，交易得更频繁些，那就使用 5EMA（5 天的指数移动平均）并叠加 13SMA（13 天的简单移动平均）。
- 如果你打算每周或每两个月运行你的筛选器一次，就使用 20EMA 和 50SMA 作为叠加指标。
- 如果你打算每月运行筛选器一次，就使用 400EMA 和 100SMA 作为叠加指标。

以下是我一般建议客户使用的规则（我也传授一些更精细的规则）。请注意，为了抵消股市历史性的牛市偏移，我调整了交易比例，让多头大于空头。不论在任何交易原则中，你都可以按需调整比例来满足你特定的交易风格和经验：

- 如果 EMA 大于 SMA，而且价格高于 EMA：多头 70%，空头 30%。
- 如果 EMA 大于 SMA，但是价格低于 EMA：保持 100% 市场中性。
- 如果 EMA 低于 SMA，但是价格高于 EMA：保持 100% 市场中立。
- 如果 EMA 低于 SMA，而且价格低于 EMA：空头 60%，多头 40%。

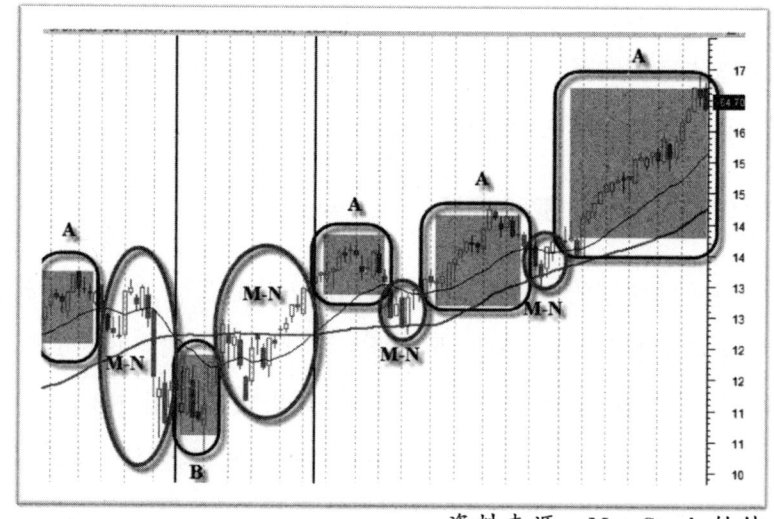

资料来源：MetaStock 软件

图 6-3　附有移动均线分配系统的股票投资者专业版（SIP）

　　图 6-3 显示的是叠加 20EMA 及 50SMA 指标的 SPY 周线图，它是标准普尔 500 指数的 ETF（exchange-traded fund，交易所交易基金）基金的简称。要记住图上每一根 K 线都代表一周的交易情况。在这张图上，我要强调的是那两个交叉点，它们各自代表了三个不同的股市时期：上涨，下跌，再上涨。标注"A"的时期，是你应该采用 70% 的多头和 30% 的空头；标注"B"的时期，是你应该配置 60% 的空头和 40% 的多头；标注"M-N"的时期，是你应该将多头和空头平均分配。

　　请注意，要避免过分杂乱的状况，在图 6-3 中有一些零散的 K 线图

第6章 简要介绍我的日常交易

我没有单独标出,例如,在左侧的第一个"M-N"时期。真实交易中,在你该考虑调整你前几周的投资组合比例之前,可能会间隔几周的时间。

像这样,一个彻底的"沉浸"过程应该包含宏观和微观两个方面,让两者收敛于一种直觉,判断出股市的近期走向。当你做到了沉浸,你自己就会意识到,那是在当你对股市行情的好坏感受到一种强烈的"直觉"时。相应地,这种直觉会在你查看筛选器为你选出的备选股时,影响你对选择新股票的判断,它也会影响你目前持有的每个头寸,因为对股市见解的突然改变,可能会促使你降低多头而增加空头,又或者恰好相反。为了降低风险同时提高潜在的收益,在日线级别的交易(运用盈透上的投资组合再平衡功能会让这项任务很容易完成)的基础上,我个人喜欢小份交易核心持有股票,这意味着在几天连续盈利之后,我了结一点获利头寸,然后在价格下滑时再将那些股票买回来。只要做到顺其自然,无论何时,无论是每周、每两个月、每一季度,运行筛选器来寻找新头寸,改变多头空头组合来配合股市情况改变都是可以做到的。

SOAR 判断过程的下一步骤是观察你目前的敞口头寸,观察筛选程序选出的所有新备选股票。对我而言,这意味着直接琢磨价格图形。在对技术图表的理解上,我几乎没受过什么正规训练,因此,这对我来说是整个过程中最重要的部分。为了让这一步变得更容易,我保存了一张关于技术图的一览表,上面有关于每个敞口头寸我喜欢的所有指标。在其上面我画出了趋势线以及 S/R(支撑、压力)通道,我标注了重要的点位,例如价格背离指标、价格缺口、极大成交量情况,等等。检查上一张表格后,我将更新我的标记,例如延长趋势线以覆盖新的价格变动,引入新的价格模式等,将我可能需要详细观察的股票在便签本上记下记号。

然后我为筛选程序选出的所有具有潜力的备选股都建立起同样的一览表,用发现它的系统标记每张图表。如果一只股票通过了诸多基础系统中的一个(第 11 章到第 13 章中提到的系统),我就知道这些股票是有强大技术分析价值的。然而，即使是最强大的技术指标筛选程序，也会选出一些通过扫描无法察觉出技术性缺点的一些图表。那些通过基本面分析系统的股票（第 7 章到第 10 章中提到的系统），可能只符合一到两个技术指标分类，如果那样的话，需要对图表进行更彻底地核查。因此，我的"观察"步骤，就可以让我一张一张地仔细检验这些图表。我会立即删除那些看起来有问题的图表，无论是出于何种原因。在我的便签本上，我会记录那些我喜欢的图形，以备进一步研究。

SOAR 的第三步是"分析"那些通过第二步"观察"得到的新备选股的基本面信息，如果股票符合了四大基本面分析系统中的任何一个，我就知道在分类显示中有它们强大的基本面信息，然而，这不排除它们在其他分类中存在问题。例如，一家最近调高盈余预估的公司，可能刚刚宣布增发股票，而会稀释这家公司的每股盈利；或者，一家公司表现出比上一季度上升 25% 的营业额，但它可能正由于提高商品价格影响毛利润率而面临着不确定因素。这些是你无法在屏幕上看到的因素，但是它们会出现在该公司的新闻摘要和分析评论中。通过技术筛选的股票会完成一些基本面信息分析，这让它们有资格出现在空头列表上，进一步挖掘它们的信息，对于找到其中有最强潜力的备选股是非常有好处的。

VectorGrader、investors.com、Finviz 和 Portfolio Grader，这四家在第 4 章中提到的网站，对于"分析"这个步骤是有帮助的。在这四个网站中，我个人最常用 Finviz。通过使用 Finviz，我建立了一套个人专属的类似于皮氏选股策略的 9 点评分系统，这个在我的在线研讨会中曾讲到（如图 6-4）。这个分级系统对可能的交易备选股进行快速基本面分析。例如，2012 年 8 月底，在一个运行当中的系统中筛选中，我最后选出了 8 只股票，其中 4 只看多，4 只看空，但我两边都只想添加 2 个头寸。为了从中找到 4 个最好的备选股，我将它们输入了我的 9 点分级系统。

符号	A	B	C	D	E	F	G	H	I	得分
HA	2	2	2	0	2	0	0	1	0	9
LMCA	0	1	1	0	2	2	2	2	0	10
DY	2	1	2	0	2	1	2	2	0	12
OXM	2	1	2	2	2	1	1	2	0	13
BAC	2	2	1	2	2	0	0	0	0	9
MT	1	0	1	1	1	0	0	0	0	4
TLM	0	0	1	1	2	1	0	0	1	6
CLNE	0	0	1	0	1	0	2	0	0	5

图 6-4　卡尔 9 点评分系统（线上代表看多，线下代表看空）

每个基本面分类都有特定的上涨、下跌或者中立的临界值。如果上涨的话，股票在那个分类中得到一个 "2"；如果中性，得到一个 "1"；如果下跌，得到一个 "0"。这 9 个值最后被相加算出总和。最好的多头备选股票是得分最高的（总分 18），而最好的空头备选股票则是得分最低的。图 6-4 显示的是这 8 只股票的情况（4 只在顶部的是多头备选股，4 只在底部的是空头备选股）。

从表格上可以非常清晰地看出，从基本面分析来说，DY 和 OXM 是最好的多头备选股，而 MT 和 CLNE 是最好的空头备选股。然而在实际的交易当中，我选择了这两次多头备选股和 CLNE 空头。我选择 TLM（第三位的）而不是 MT，因为其图表显示更强的下跌形态。如图 6-5 中的一组图表显示，持有相同时段内，近期这 4 只股票的进展。这表明，一旦你的结论基于技术分析、基本面分析和审慎分析三方面的结果，双重阿尔法系统是多么强大！

市场中性交易

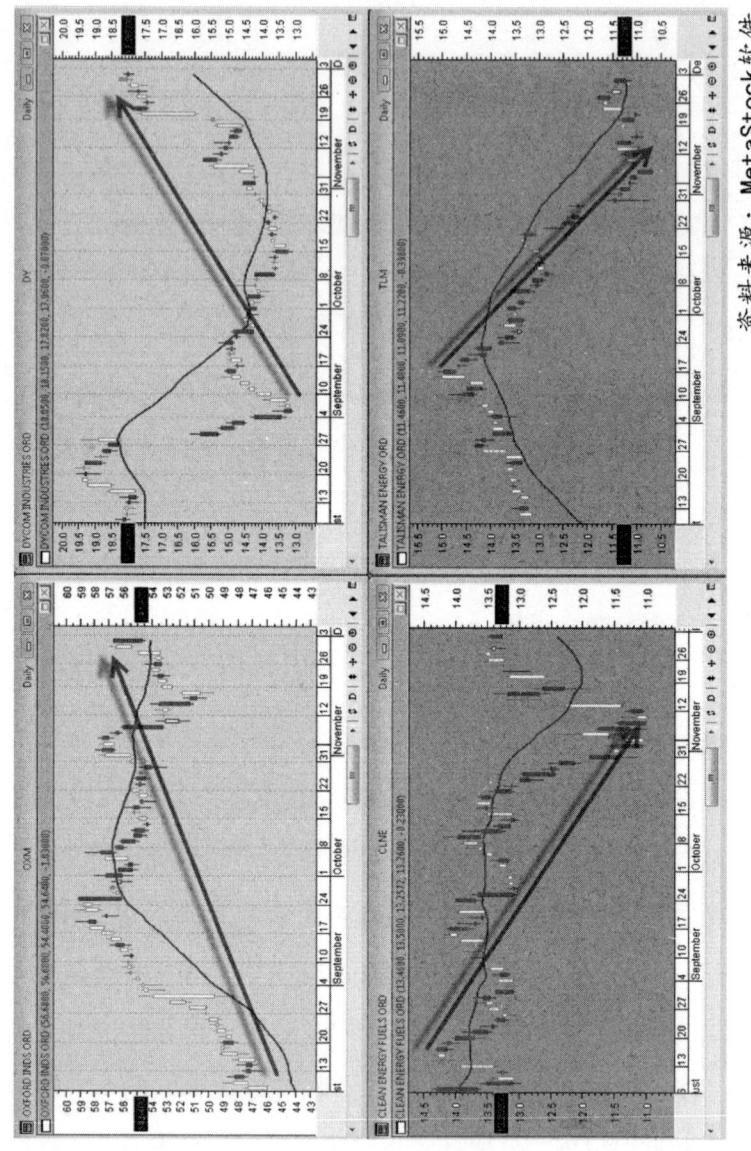

图6-5 卡尔9点评分系统短期回报率

资料来源：MetaStock软件

最后一个步骤，"辨识"，在这一步我们将把所有信息转换成开盘时段的可执行计划。在了解SOAR程序四个步骤中的前三步后，你现在应该已经知道总体股市近期可能发展的方向了，你面前也应该有一张新交易备选股的短列表，上面的股票都是按要求经过技术分析筛选和基本面分析筛选

— 110 —

出来的，现在剩下的工作就是从列表股票中"辨识"你想要开仓的新头寸。

所谓"辨识"，我说的是一种最终的依靠判断力的"直觉核查"，对象则是SOAR前三步的分析以后得到的那些结果。对我而言，辨识是出于一种近乎是发自内心的反应，一种感觉上的兴奋，那是一种"我知道我了解"下一步该对我的证券投资组合做些什么的兴奋。我将这一步称为"辨识"，它感觉上像是一种预知，仿佛那些方向是自然地从内心智慧之源涌上了心头；更准确地说，"辨识"是一种确认，确认对象是意识层面内潜意识中关于现实世界经验、对总体股市的深度分析，以及通过筛选器选出的交易备选股的综合结论。"辨识"让我有信心回答以下在股票开盘前需要处理的三个关键问题：

1. 目前的股市状态是否促使我想要改变我的多头空头组合？或者是否在下一个重新平衡期以前能确保市场中性？

2. 我目前持有的股票中，是否有些是需要重新平衡？或者在它们的图表分析或者基本面分析中，是否有一些变动会导致我们应该考虑替换掉它们？

3. 如果我手上有额外的资金，又或者有一些马上会平掉的头寸中获得的资金，是否有新的备选股能在今天开盘后入手？

一旦你掌握了判断力技巧，你就能"辨识"出第一个问题的正确答案。在任何不确定性形势下，你的默认头寸总是保持着多头空头 50/50 混合比的市场中性；或者，你可以用这种方法提前解释为什么选择另一种更有力的混合比。这些系统本身就能帮你回答问题 2。在重新平衡日，如果任何你目前持有的股票没有通过看图直接筛选出来，这预示着它们应该从你的证券投资组合上被删减掉。当然，你的判断力直觉总是优先于系统。例如，假设你看到一只生物技术类股票，这家公司正在期待食药监局的渠道将要发布的关于一种药物的决议，这只股票可能正在交易中处于价格销售比值，这使得它无法通过系统的价值筛选器；但是，你的调查表明食药监局非常可能批准这种药物，而且一旦它批准了，你的股票就会因新闻发布而强力反弹，这时，你的判断会告诉你这只目前定价过高的股票值得冒险持有，直到决议发布。因此，你可以对系统说"不"而对你的判断力说"好的"。你的判断也可能是错的，但还是要按照你喜欢的方式做选择。因为我们会从我们的错误中学到经验教训，也将会让我们的判断力在未来交易中变得更强。

至于第3个问题，稍后将讲述的系统筛选器，正是被设计用来在每个交易日中帮你选择做多和做空的新股票的股票池。在每个新的再平衡的时期，你都会得到大量可交易备选股等待你进行进一步的判断力分析。你第3个问题的答案将在这些分析中得到。即使你决定对所有可能的交易备选股说"不"，还是坚持持有你目前持有的股票，或者选择让你资本的一部分保持现金状态，这些都是完全可以的。一个非常好的原则就是："怀疑的时候，不出手。"你应该留着资金用来购买那些让你心跳加速和热血沸腾的股票；换句话说，最好只买那些没买时比买了以后更让你关心的股票。

头寸规模和管理建议

一旦你拥有了一天的交易指令，你的最后一项任务就是选择买入和卖出多少股。你在这项任务上的默认分配方案，永远是将你的交易资金等额分配到头寸中，算出每个头寸该分配的百分比，然后在这个百分比上买入或者卖出。你可能也会想将现在持有的股票中，那些明显高于或者低于这一百分比的股票有规律地恢复平衡，这样，你就会保持在一个始终如一的盈利再投资状态，因为一个不断增长的账户中相同的投资组合百分比，自然意味着将更多的资金分配到每个新头寸上。此外，至少对你的多头头寸来说，从盈利的股票里取走利润，你也将降低风险，你也将通过增加那些目前价格低于你初次买入价格的多头头寸，来增加潜在盈利能力。

你的空头头寸是另一回事儿。当它们比你的标准分配额高出一定百分比时，这意味着它们在朝与你期望相反的方向发展——你目前在那些头寸上浮亏。这是在强势上涨行情中时常发生的情况。这时增加资金到浮亏头寸是非常合理的选择。毕竟，这些股票无论从技术分析角度还是在基本面分析角度来看，都是强势交易备选股。你有很多理由不想去增加损失中的空头头寸。我一般在再平衡时缩减损失中的空头头寸的规模，保持盈利的空头头寸的规模，即使它们目前表现出低于平均值的分配百分比。为了填补这个缺口，尤其是在强势下跌行情的市场，我宁愿选择增加新的空头头寸。这种盈利可能性通常出现在新组合中，而不是出现在那些已经朝着对你有利方向运动的组合中。

大多数人都能算出，开立多少的头寸使系统运行得最好（同样，还有交易资金分配到每个头寸的百分比是多少），与此同时，还有多少个系统将有多少头寸分配其中。总的来说，头寸的数量越多（因此每个占总资本的百分比越少），同时头寸使用的系统数量越多，风险就越低；头寸的数量越少，涉及的系统数量越少，回报就越多。因此，你个人的组合取决于你的风险承受度。

我告诉我的受训客户们这样一个规则：每个人都应该使用至少两个系统进行交易，一个出自基于基本面分析的系统列表，另一个出自基于技术分析的系统列表，另外同时至少持有 8 种头寸，这一般意味着每个系统有两个多头和两个空头头寸。然而，所有本书提及的系统都是可升级的。如果你的交易金额是 1 亿美元，因此需要持有大量头寸来避免变成某公司的股东，你就可以升级系统。这些系统都很灵活，只要运行这七个系统进行筛选就行，比如，在多头和空头中各选出前 10 位，或者前 12 位，这样，你就能在每次再平衡时有 70—100 只股票供你选择了。

深入了解这些系统

现在剩下的就是向你介绍这些交易系统的内容了。前面提到的内容已经让你有能力获得剩下的知识了。你可以运用这些系统产生的作为交易备选股的股票，来构建你的投资组合，以降低市场风险，同时增加潜在获利。接下来，我们将详细介绍这些交易系统。

第三篇

Beta：基本面交易系统

第7章 皮尔托斯基F评分系统

> 有证据显示，市场很难做到及时在价格上完整地体现出历史信息。
>
> ——约瑟·皮尔托斯基

现在我概括一下接下来介绍七种交易系统的章节的大概结构。首先，通过概括出这个系统想要寻找的股票，我会描述一下这些系统的一般工作原理，我同时也会给出为了让你能够更深刻理解这些原理你需要去阅读了解哪些资源的建议。然后，我会给出我在自己运行程序时设置的变量以及参数，同时，我会给出一些配合这些系统使用的观察股票的工具。由于这七个系统都是基本原理和技术的结合，这几个股票搜索系统也会同时牵涉一个或者数个观测或者分析工具，你就能按部就班地看到如何让这些观测或者分析工具合理高效地运行。最后我们将得到一些该系统所选出股票的图形案例。

系统简介

在第3章中，我已经向大家介绍了约瑟·皮尔托斯基教授，在这里，我要详细地介绍一下教授曾经在芝加哥大学商学院的金融杂志上发表的2000页的著作是如何拯救了我的交易生涯，那一篇名为《价值投资：运用财务报表历史数据区分好股票和坏股票》的文章，很好地概括了皮尔托斯基的统计分析，他对根据重要会计指标购买或者卖出股票的情况进行统计分析。

很多基于基本面分析的交易系统，都是被一些有着 MBA 背景的金融人士开发出来的。皮尔托斯基教授在 1994 年完成了印第安纳大学的 MBA 课程，在 1997 年获得密歇根大学的博士学位，同时在斯坦福大学的学位是关于财务的，这些经历让他对投资有了一个独特的全景观点，这些独特的观点让他的系统更加强大。

皮尔托斯基教授在拿到自己的商学院学位时，是一个非常年轻的小伙子，那么说明他现在也非常年轻——是的，他比我还年轻。玩笑到此为止，说这个是为了证明我们采用的理论依据是跟得上现代社会的节奏的，是顺应潮流并且与时俱进的。

皮尔托斯基 F 评分系统可以被认为是一个"价值"系统，这意味着被检验的公司的一个显著特征就是他们会因为股价与一个或多个基本面指标如收益、销售额、现金流、现值等的比值，而被低估，同时也意味着这个系统会像其他别的价值系统一样在多变的市场中大有作为。我们的版本，还能在此之上通过我自己的一些技巧性公式，使其能在所有的市场类型中进行交易。

这个 F 评分系统的核心是皮尔托斯基偏爱的股票定价公式：股票价格（SP）/每股净资产（BV）（这同时也是本·格雷厄姆最喜欢的公式——有些东西永远都不会过时），其中每股净资产 =（总资产−总负债）/流通股股数。所以当某公司扩张运营、减少负债或者回购股票时，每股净资产就会增大，这个公式的结果就会变小，因为净现值处在分母的位置。这个较小的数值结果是体现了公司做了一些有利自己基本面指标的事情，当然这些事情并没有暴露在监测之下，其股票价格仍然处于一个低位；另一方面，一个低的 SP/BV 数值也有可能显示了该公司的股价由于一些无关于净现值的理由处在一个非常危险的较低价位。所以,皮尔托斯基发现一个相对偏低的SP/BV数值可能表明两种结果:其一,该公司正要显示自己的真正现值,股价会拉升;另一种就是该公司在比较好的情况下仍然处于股价较低的位置,并且会持续一段时间。

在我写作本书时,有超过1200家上市公司的SP/BV得分处于底部的20%的范围内,皮尔托斯基F评分系统就是为了筛选出其中哪些股票是值得购买,而哪些是最好不要介入的(在不考虑做空的情况下),这个分数是根据关于公司财务信息的9道测试题得出的:通过测试的得1分,没通过测试的得0分,8分或9分可以被认为是一个较高的F分数,表明了该公司的实力以及潜在价值。以下为9道测试题:

- 上一个会计年度的资产回报率是否为正?
- 上一个会计年度的经营性现金流是否为正?
- 上一个会计年度的资产回报率(比如,净销售收入/总资产)是否大于前年会计年度里的资产回报率?
- 上一个会计年度里的经营性现金流是否大于税后利润?
- 上一个会计年度的长期负债率是否小于前年会计年度的长期负债率?
- 上一个会计年度的流动比率是否大于前年会计年度的流动比率?
- 上一个会计年度的平均流通股是否小于或等于前年会计年度的平均流通股?
- 上一个会计年度的毛利率是否大于前年会计年度的毛利率?
- 上一个会计年度的资产周转率(销售收入/总资产)是否大于前年会计年度的资产周转率?

看了这些问题,你们一定会觉得好像在读一本会计学教科书吧?这只是任何一名优秀的会计人员来到堆满一家公司的账本的桌子前需要考虑的问题而已。事实上,皮尔托斯基发现某些在这个测试中显示出有7

项或者更多的回答不令人满意的公司就算不宣告破产，也在慢慢地走下坡路。他发现几乎所有在第 11 章里面提到的、在测试中表现不好的公司都逃不出这个命运；另一方面，那些在测试中表现良好的公司几乎与会计预警绝缘。所以，F 评分系统可以被看作高质量的可用于交易的信息。

图 7-1 很好地体现了这 9 个问题包含了多大的信息量。从 1998 年开始，美国独立投资者协会就开始追踪在 F 评分系统中成绩优异（有 8—9 分）的股票的价格走向。对比那些处于低 SP/BV 值的公司（中间的线）和 S&P500 指数（底部的线），你就能看到这些公司的表现有多么优秀了（顶部的线）。

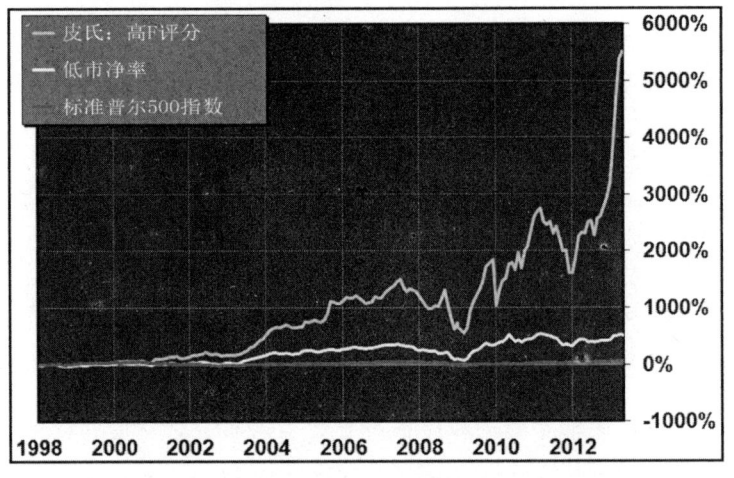

资料来源：美国独立投资者协会

图 7-1　皮尔托斯基 F 评分系统——15 年前至今的表现

接下来介绍一下我们如何操作 F 评分系统。在运行这个系统时，我们将 F 评分系统套用在我的一个强大的技术分析工具中。这个技术形态就是看多的"蓝天突破"以及看空的"蓝海突破"。这是两个互相可逆的技术形态，因为其中的看多形态和看空形态的参数都是一模一样的，而其中的看空形态（蓝海）能将上行趋势中的变化逆推应用到下行趋势中。蓝天系统搜寻那些价格创近期新高，同时 OBV 指标也创近期新高的股票来进一步确认。蓝海系统搜寻那些价格创近期新低，同时 OBV 指标也创近期新低的股票来进一步确认。

我们采信皮尔托斯基 F 评分系统的基本面分析结果，而且需要这些股票通过价格强度的技术分析测试，并在成交量上获得进一步的支持，这样就覆盖了我们分析的基础。我们当然乐意购买一些有着健康财务数据指标的股票——因被低估而可能会吸引投资者的注意从而将股价推向短期新高。我们也会因为某公司的财务数据不是很好，同时显示出强大的卖出压力的信号，而开始出售其股票。这就是如何将市场中性化。

对系统的进一步研究

据我所知，皮尔托斯基教授还没有把他的系统以书本的形式公开发布，然而已经有不少书籍借鉴引用他的系统以及这 9 道财务实力测试。最好的原始资料源于教授发表在杂志上的 2000 页的文章。如果你对此感兴趣并且希望得到更多的关于约瑟·皮尔托斯基教授的 F 评分系统的知识，请参阅以下论文和书籍：

- 《价值投资：运用财务报表历史数据区分好股票和坏股票》，这是约翰·皮尔托斯基教授 2000 年发表在《会计研究杂志》上的原始资料，不过我更推荐阅读他的最新修订过发表在芝加哥大学商学院官方网站（www.chicagobooth.edu.）上面的版本。我想这两者应该是一样的。
- 《投资大师》，约翰·李斯和杰克·福尔汉德的作品，在该书第 12 章里详尽介绍了皮尔托斯基博士的系统。
- 皮尔托斯基博士的 F 评分系统在卫斯理·加里和托拜厄斯·克莱尔的作品《量化价值》的第 8 章中也有提及。

更多的关于"蓝天突破"和"蓝海突破"设置的相关材料，在我的

《以趋势交易为生》一书中有所阐述。我还将两份描述多头版本（蓝天突破）发布到了 YouTube 上，你只需要搜索"Dr Stoxx"就能找到它们。在这些大概一个小时时长的材料里，你会看到关于"蓝天突破"形态如何用 Metastock 中的趋势交易工具箱进行工作。如果你想得到更多的详细信息，你也许会对我们在 www.DrStoxx.com 上提供的在线研讨会感兴趣，它们的主题分别是"如何购买到破新高的股票"以及"如何卖空下行趋势股票"，这里面包含了所有你希望知道的关于多头以及空头系统的相关知识信息。

运用皮尔托斯基 F 评分系统进行交易

如果你打算用该系统进行交易，请先阅读以下的免责声明，我将其放在了所有系统的前面：

接下来我所说的这些，是和其他所有别的交易系统一样的，一个按部就班的寻找符合系统交易要求的目标的过程，但是我不敢保证这个系统能把所有因为某一个或者更多的理由不该被通过的股票全部否定，所有的筛选系统都是有瑕疵的，不可能完全避免选中错误的股票，这就是为什么我们会经常提到用审慎性分析方式来衡量筛选出来的目标结果，同时在这里我也无法保证这个按部就班的程序一定会带来收益。系统适用于我，但是未必适用于你，甚至将来可能也不会适用于我自己。

在免责声明过后，让我们开始进入正题，下面是使用该系统进行交易需要用到的工具：

- （必需工具）股票投资者专业版
- （可选工具1）附带斯托克趋势交易工具箱加载项的 MetaStock
- （可选工具2）预编"蓝天突破"和"蓝海突破"设置的 Stock-chart.com 订阅版

运行多头版本

第一步：打开股票投资者专业版（SIP）。如果你没有最新数据（每周更新一次），软件会自动更新最新市场数据。更新完成之后，点击"工具"菜单并且选择"筛选编辑器"下拉菜单。

第二步：在"名称"菜单中选择"皮氏高分"，会出现针对该系统的四行过滤器。在第四行里，将数字 8 改成数字 7，然后点击"应用"运行筛选。此时你至少需要拥有 30 家通过测试的公司，如果达不到 30 个，那么请将这个数字 7 改成 6（但数字不能小于 6）再点击"应用"（见图 7-2）。

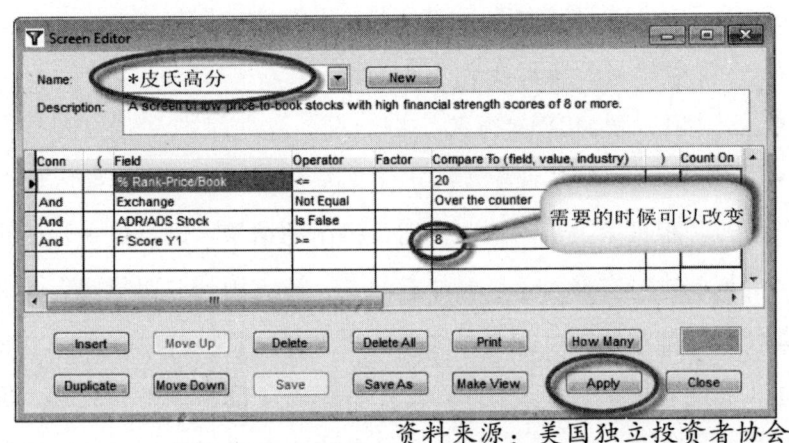

资料来源：美国独立投资者协会

图 7-2　SIP 检测编辑器——皮尔托斯基 F 评分系统

第三步：在"文件"菜单下，选择"输出数据"选项。在对话框中，选择"以 Excel 格式保存"，然后将其保存到桌面或者或该系统所在的文件夹。

第四步（或选 MetaStock）：把这些股票代码作为一个新的列表从 Excel 电子表格导入 MetaStock（MS），然后针对列表运行 TTTK——趋势交易工具箱中的"蓝天突破搜索"。如果搜索结果为空，那么请每天重复第一步至第四步。当你建立了一个大量的拥有高 F 得分的股票列表后，你找到一个适合购买的股票的机会就会增大。如果系统显示近期没有出现蓝天突破信号的皮式高 F 评分股票，那么你可以将 TTTK 中的"多头蓝天突破专家顾问"系统应用在这些列表之中，它会展示出所有的追溯到几年前的关于这些股票的买入信号。20 个交易日内，如果信号出现时的实时价格低于当日收盘价，则将该信号视为有效信号。

第五步（或选 **StockChart**）：如果你没有使用 MetaStock 去运行这个系统的技术分析部分，你可以从你的 Excel 电子表格导入股票代码到另一个类似 Stockcharts.com 的技术分析筛选工具，然后在观察列表上运行"蓝天突破"筛选工具，你可以通过在 StockChart 的高级筛选工具中编辑如下规则来建立自己的"蓝天突破"筛选工具：

- 一个 40 天的价格新高点
- 一个 40 天的 OBV 新高点
- 一个 40 天的动量指标新高点（比如 MACD 或者顺势指标 CCI）

第五步：根据第一步到第四步运行得出的结果，进行进一步的审慎性分析，并据此进行交易。这里要注意的是，被应用到股票投资者专业版里的皮尔托斯基筛选器有可能会筛选出一些"细价股"（penny stock，指股价低于 1 美元的股票——译者注），或者一些成交量非常小的股票。你可以在 SIP 软件或者 StockChart 软件上选择安装一个成交量过滤器，甚至你可以在进行审慎性工作时将它们删除。

第六步（**头寸管理**）：皮尔托斯基 F 评分系统和这本书里提到的很多其他系统一样，并没有要求止损，作为一种替代，你只能让系统自己来退出交易。在每一次再平衡的时期，只需简单地重复第一步和第二步就能完成。如果你的持仓头寸不再能够通过皮尔托斯基系统的筛选，即使降到 6F 评分，它们就得平仓，并用那些能够通过筛选的新头寸取而代之。

图形案例

接下来的例子，都是在皮尔托斯基 F 评分系统中达到 8 分或者 9 分的股票，同时它们也在价格列表中显示出"蓝天突破"信号。第一张图是

Aegean Marine（ANW）——一家船舶燃料销售公司的。该公司在 2013 年 1 月份显示了非常强烈的入场信号，然后其股价立即从原来的 5.73 的入场点上涨至 7.88，在 6 个星期的时间内增长了超过 37%。事实上，ANW 公司的股价仍然持续上涨，以至于后来触发了很多个"蓝天突破"信号。就在本书撰写过程中，该公司股价已经超过了 10 美元，在 5 个月的时间里增长了将近 75%（见图 7-3）。

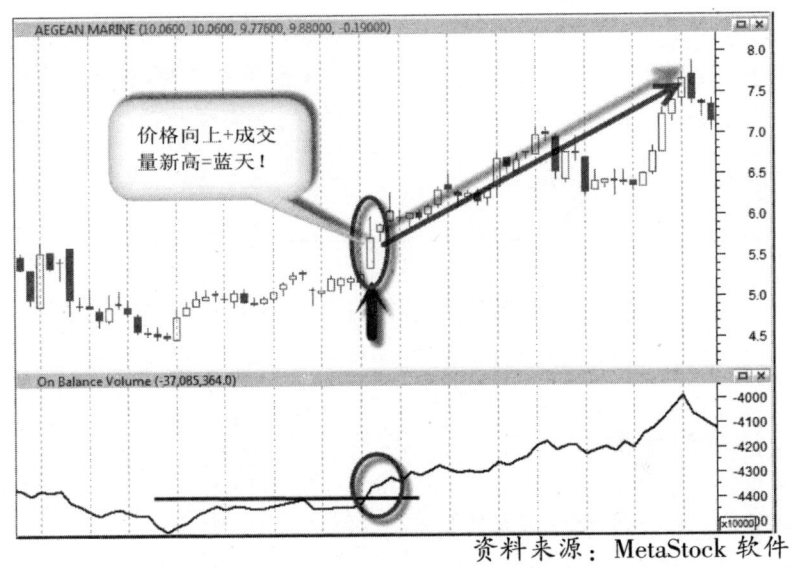

资料来源：MetaStock 软件

图 7-3　ANW 公司股票在皮尔托斯基系统中的显示

下一个图例可能会更加直观（见图 7-4）。美国天西航空公司（SKYW）是一家小型航空公司，它使用更大体量的航空公司所提供的航线，它的商业模式是建立在从庞大的交通枢纽中获益却无需花销任何广告和空港维护经费。与大型航空公司不同，其财务状况始终良好。

在 2012 年 8 月中旬，SKYW 好于预期的利润收入让其在皮尔托斯基系统里面出现了"蓝天突破"信号，同时得到了 9 分满分的 7 分。就从那个时候开始，其股价在 6 个月的时间里翻了一倍。

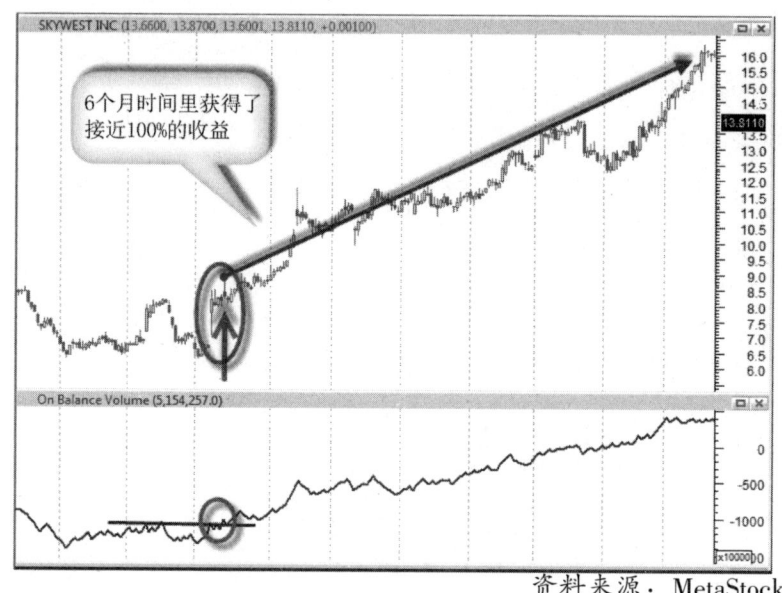

资料来源：MetaStock

图 7-4　美国天西航空公司股票在皮尔托斯基系统中的显示

运行空头版本

第一步：打开股票投资者专业版（SIP），如果你没有最新数据（每周更新一次），软件会自动更新最新市场数据。更新完成之后，点击"工具"菜单并且选择"筛选编辑器"下拉菜单。

第二步：在"名称"菜单中，选择"皮尔托斯基：高 F 得分，会出现针对该系统四行过滤器。在第四行里，将运算符号>=（大于等于）改成<=（小于等于），然后将数值从 8 改成 2。点击"应用"运行筛选。这时应该至少有超过 30 只股票通过该筛选，如果没有的话，请把数字 2 改成 3（数字不要大于 3）再运行。

第三步：在"文件"菜单下，选择"输出数据"选项。在对话框中，选择"以 Excel 格式保存"，然后将其保存到桌面或者该系统所在的文件夹。

第四步（或选 **MetaStock**）：把这些股票代码作为一个新的列表从 Excel 电子表格导入 MetaStock（MS），然后针对列表运行 TTTK——趋势交易工具箱中的"蓝海突破搜索"。如果搜索结果为空，那么请每天重复第一步至第四步。当然前提是你不删除其中已经列出的候选目标。当你建立了一个大量的拥有低 F 得分的股票列表后，你找到向下突破股票的机会就会增大。如果高 F 评分的皮尔托斯基系统观察列表中的股票，经过搜索没有满足"蓝海突破"系统用于交易的，那么你可以对列表里的每一只股票运行 TTTK 中的"多头蓝海突破专家顾问"系统，它会显示出在过去的若干年中所有的"蓝海突破"信号。只要当前价格高于信号日收盘价，在过去的 20 个交易日内出现的信号都被视为有效。

第四步（或选 **StockChart**）：如果你没有使用 MetaStock 去运行这个系统的技术分析部分，你可以从你的 Excel 电子表格导入股票代码到另一个类似 Stockcharts.com 的技术分析筛选工具。在观察列表中运行"蓝海突破"筛选工具（关于该筛选工具的详细信息参见以《以趋势交易为生》）。你可以通过编辑 StockChart 的高级筛选工具，来创造一个属于你自己的"蓝海突破筛选器"，基本参数设置如下：

- 一个 40 天的价格新低点
- 一个 40 天的 OBV 新低点
- 一个 40 天的动量指标新低点（比如 MACD 或者顺势指标 CCI）

第五步：根据第一步到第四步运行得出的结果进行进一步的审慎性分析，并据此进行交易。其他注意事项请参见上一部分多头系统第五步中提到的信息。

第六步（**头寸管理**）：皮尔托斯基 F 评分系统和这本书里提到的很多其他系统一样，并没有要求止损，作为一种替代，你只能让系统自己来退出交易。在每一次再平衡的时期，只需简单地重复第一步和第二步就能完成。如果你的持仓头寸不再能够通过皮尔托斯基系统的筛选，即使评分高于 3 分，它们就得平仓，并用那些通过筛选的新头寸取代之。

图形案例

接下来的例子都是在皮尔托斯基 F 评分系统中获得较低分数的公司，同时它们都在图表中出现了"蓝海突破"信号。第一张图是来自乐骋制药公司（AVEO）的，这是一家在食品药品管理局（FDA）受过认证的肿瘤药研究公司。我通常不喜欢卖出这些具有发展潜力的医药公司的股票，因为这些公司的股票经常会因为哪怕一点点小的关于生产线的利好而快速上涨。只有一种情况会让我做出例外的举动，那就是当它被皮尔托斯基系统检测到会是一个被 FDA 除名甚至面临破产的公司。像很多实验药物制造厂商一样，AVEO 的财务数据并不是那么出色。在 2012 年 10 月，该公司的股价放量下跌至一个新的低点，随后在 5 个星期内立即下跌超过 40 个百分点。在这本书撰写的过程中，9 个月以后的现在，AVEO 的股价只剩 2 美元，下跌了将近 300%（见图 7-5）。

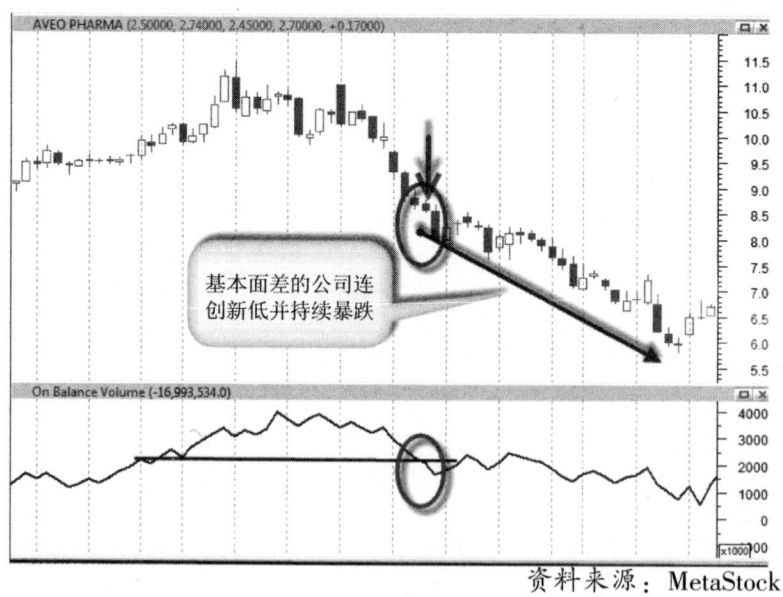

资料来源：MetaStock

图 7-5　乐骋制药公司股票在皮尔托斯基系统中的卖空信号显示

我们的第二个例子是美国钼矿业公司（MCP）公司，这是一个波动极大的对于短期投资者非常有吸引力的股票。MCP 是一个开采稀缺资源并将其加工成为工业原料的公司。MCP 的各项财务指标差得让其在 F 评分系统中只获得了 1 分。在 2012 年 4 月，MCP 显示了一个"蓝海突破"信号，在接下来的 4 个月中，它的股价立即从 27 美元下跌至不超过 10 美元。在这本书撰写的过程中，MCP 的股价已经下跌至 7 美元，曾经一度达到 4.7 美元的低点，跌幅超过 450%（见图 7-6）。

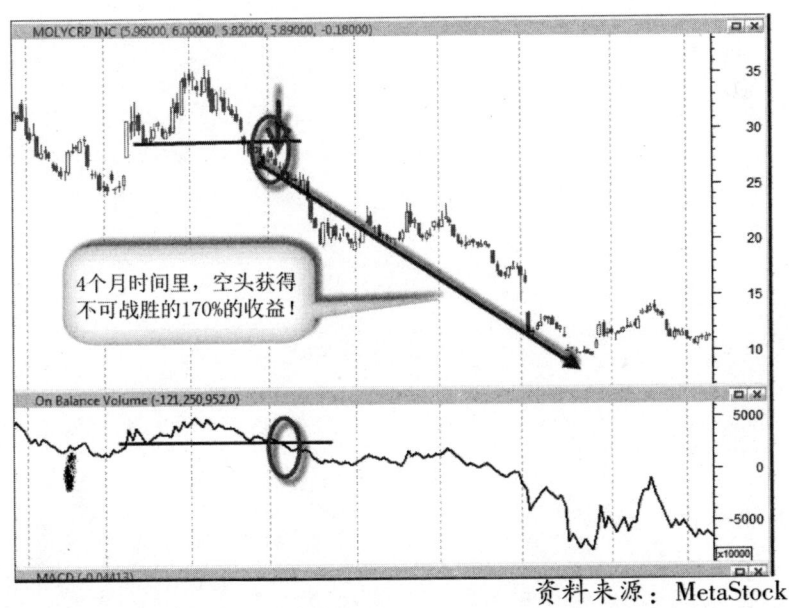

资料来源：MetaStock

图 7-6 美国钼矿业公司股票在皮尔托斯基系统中的卖出信号显示

第8章　盈余预测修正系统

通常来说，分析师修改他们的参数或是投资建议后的影响不会立刻反应在股票的价格变动上，在此期间，你可以设计新的投资组合。

——兰·扎克斯博士

在第3章，你初识了我讲述的盈余预测修正交易系统之父，兰·扎克斯博士。我描述了他的论文与皮尔托斯基教授的理论如何进行股票价格预测，将我的交易的冲动从萎靡的"随机漫步"泥潭中拉出，并让我沐浴现实世界的统计之光。正如兰·扎克斯博士和皮尔托斯基教授声称的那样，只要给定某些关键的数据，股票价格的变动可以可靠地被预测，该观点可以用确凿的证据来证明。对皮尔托斯基教授来说，正如我们在上一章中看到的，数据包括股票价格（SP）和每股净资产（BV）的比例，以及9个诸如会计相关问题的答案。对扎克斯博士来说，推动未来的股票价格运动的基本数据，包括公司和分析师们对该公司未来每股收益估值做出的调整。简单地说，当公司和分析师们提高盈余预期，该股的股票价格通常会在短期内上升到一个新的预期价位。出于同样的原因，当调低盈余预测，股票的股价通常会在短期内下降。

系统简介

兰·扎克斯博士在麻省理工学院时期研究发现,通过多种方法进行的定量研究可以用来制定成功的股票价格预测模型。兰·扎克斯博士凭借在一个大型经纪公司作为定量研究部门负责人的工作经验,发表了一篇论文,并轰动了整个投资界。扎克斯博士的论文《每股收益(EPS)预测——仅仅准确性是不够的》,1979年首次出现在《金融分析师》期刊上。在此之前,每股收益(EPS)一直被认为是对一个公司最重要的信息。一个公司或是拥有每股收益,或是没有;如果他们拥有每股收益,则抑或是成长或是相反;其与股价的比率(市盈率)要么是低估要么是高估的。在扎克斯博士发表他的研究成果之前,大部分公司的基本面都是这样被测量的。扎克斯表明重要的不是每股收益,而是收益如何在前瞻性预测下随着时间的变化而变化。公司本身可能会亏钱,但是如果它能使分析师们相信,明年他们将有收益,或者至少好于目前不盈利的状况,则股价通常会在短期内上升。

这些前瞻性的预测来自哪里?首先,来自企业自身,然后来自那些跟踪这些公司和经常评论它们未来收益前景的券商分析师。它通常是这样运作的:假设 ABC 设备公司,给市场带来一个最新研发的产品。相似的产品是由 ABC 设备公司的竞争对手制造的,公司确信这个新产品版本有数个核心竞争力,并且会使得它成为一个强大的卖家。通过一轮大范围的广告宣传活动,初步销售数据显示,ABC 设备公司很有可能从竞争对手中夺取3%的市场份额。该公司财务状况的提升,意味着它在最近的一次电话会议提出的盈余预期现在需要被修正。目前有7个大型券商分析师跟进着 ABC 设备公司,他们每个人都会收到来自公司投资主管有关该事件信息的电话。第二天早上,ABC 设备公司会收到两个投资评价升级,三个预估修正和一个新的明显高于预期的一致的目标价格。你知道故事的其余部分：ABC 公司股价大幅跳空高开，以排山倒海之势上涨了数天，其间，空方急得像热锅上的蚂蚁，股价在下一次盈利公告之前持续创新高。

兰·扎克斯博士通过研究找到一种方法，可以在公司做重大声明之前介入该股票，以抓住像 ABC 这样的大牛股。正如扎克斯博士分级系统用于分析股票排名方面的成功（详细信息请参阅第 3 章），该策略方法拥有十分明显的优势。扎克斯博士开发出一种基于严格测试的系统，只需输入以下四点的数据：分析师之间的一致的观点，他们的修订预测的幅度大小，他们过去估计的准确性，以及他们过去收益超出预期的幅度。这些数据收集于超过 150 个由扎克投资研究院跟踪的证券经纪分析师，最终结果是一个从 1 到 5 的排名系统，所有公开交易的前 5% 公司以 "1" 的排名，这意味着强烈推荐买入，数字 5（意味着强烈推荐卖出），代表排名最低端的 5% 的股票。此 "强烈推荐买入" 的提示是相当具有先见之明的，它从 1988 年以来，每年都产生了年平均 2000 基点（1 基点代表 0.01%——译者注）的 alpha 收益。

自从 1998 年开始，美国独立投资者协会（AAII）就一直追踪扎克斯的排名系统。美国独立投资者协会测试下的系统，虽然与扎克斯评级系统所用的专有算法不完全一致，但其使用了四个关键成分中的三个：一致观点，修整幅度大小，超预期幅度。下面的图表显示了这些结果是如何通过 15 年的回测来表现的（图 8-1）。最顶部的线代表了 5% 以上的向上修正或者至有少五大分析师的一致共识，中间的线是向上修正的所有的股票，底部三根缠绕在一起的线包括了 S&P500 指数和已经修正并下调盈余预测的股票。

跟皮尔托斯基的 F 评分系统一样，该盈余预测修正系统有着一个相同的反向版本。我们将使用一个该系统的修改版本来找寻适合做空的备选股票。反向系统筛选那些被大型券商分析师们向下修正的达成共识股票盈余预测的股票。图 8-2 是来自 www.AAII.com 的数据统计，结果显示单这一个因素就足以导致与 S&P500 指数间的走势的差距。图 8-2 代表了那些被至少 5 位主要分析师向下修正不低于 5% 盈利预期的股票的收益率。

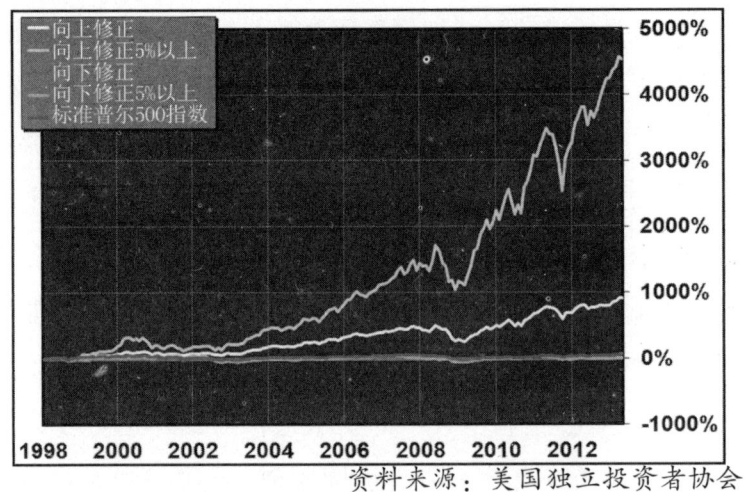

资料来源：美国独立投资者协会

图 8-1 盈余预测修正系统——15 年前至今的表现

	向下修正5%	标准普尔500指数
年收益率	9.3%	12.0%
5年收益率	0.4%	2.9%
10年收益率	4.9%	5.7%
初值	0.2%	10.8%

日期：2013年4月30日

向下修正5%代表的是美国独立投资者协会对投资方法的理解，而不是由原始的投资策略决定的。"通过的公司"里是假设的投资组合，用来跟踪图表上的价格走势

资料来源：美国独立投资者协会

图 8-2 盈余预测修正系统（做空）——表现

这里我们来讲如何操作盈余预测修正系统。有两种方式可以用来在前端系统（基本面方面）筛选过滤股票。我们可以使用已经预编入"股票投资者专业版"（SIP）的筛选程序，它模仿扎克斯的排名系统，或者，我们可以利用扎克的排名系统在"研究向导"中来创建一个筛选程序。我不能透露用于 SIP 的具体的参数，因为这只对付费订阅用户开放。本书向您展示的是用"研究向导"筛选的，由于组成扎克斯评级系统的专有公式是该筛选程序的核心，在这里也没有被披露。

通常情况下，股票通过这两种过滤器中的任意一个就已经在一定程度上显示出势头了。与其追逐股票的起起伏伏，我宁愿选择我自己的入场时机。出于这个原因，在系统的技术分析方面，我们增加最常用的和最喜爱的设置："上涨回调"（做多）以及它的逆向设置，"下跌反弹"（做空）。"上涨回调/下跌反弹"设置能够识别价格趋势动量——上升看多以及下跌看空，在不违反主导趋势的情况下，这个也产生了显著的回调支持（买入），或反弹的压力位（做空）。在这一点上我们有完美的时间和技术入场点，通过采取减弱一些价格动量来降低风险，并且通过在触及阻力或支持前给股票更大的空间，来增加潜在获利。

对系统的进一步研究

有关盈利预测的资料，尤其是扎克斯评级系统，已经被一些资源公开了。扎克斯博士发表于 1979 年的论文不是那么容易被发现，但是你可以通过 http：//www.CFApubs.org 网站在线复制该论文，点击浏览出版物，然后单击《金融分析师》期刊。通过该操作你会在页面的右手边看到一个搜索栏，然后输入 Leonard Zacks。然后将弹出题目为"每股收益

（EPS）预测——仅仅准确性是不够的"的论文，它将花费你 15.00 美元作为再版的费用，除非你碰巧是 CFA 协会的成员。

扎克斯博士有一本书《股票市场异常现象手册》，该书第 3 章描述了他基于盈利预测修正的工作。你可能还想去访问与这本书相关的网站（www.hema.zacks.com）。另一本书《走在市场前面》，是由创始人的儿子米奇·扎克斯写的，这是一本描述分析师的预测和修正是如何影响股票价格的书。它是一本很好的书，我强烈推荐它。我还推荐凯文·马特拉斯的《猎取最牛股》。马特拉斯是扎克投资研究所的副总裁、前大宗商品经纪商。虽然他的书是研究向导用户的入门书籍，但是，对那些希望建立自己的股票筛选程序的人而言，马特拉斯通过扎克斯评级来描述各种价值和动量的股票筛选程序，是极其宝贵的工具。

网站 www.Zacks.com 是建立在兰·扎克斯博士核心观点基础之上的投资研究公司的信息中心。网站上的教育页面（www.zacks.com/education）包含了大量的关于扎克排名的信息资料，你也会找到一个扎克斯博士描述他研究的视频。

关于"上涨回调"和"下跌反弹"形态的描述，请参阅我的书《以趋势交易为生》。你也会在我的另一本书《日内微趋势交易》的第 5 章找到一个关于日内交易系统的方法，在那里我所称之为"面包和黄油系统"，就是因为这是两个强大的入场时机测算工具。为了更详细的研究，你可能会对我在 www.DrStoxx.com 网站中提到过的两个网络研讨会感兴趣，题目分别为"如何在回调时购买"和"如何做空"，它们包含了我知道的关于这一对形态如何在做多和做空中运用的所有信息。

运用盈余预测修正系统进行交易

让我们回到正题。这里是该系统交易所需的工具：

第8章 盈余预测修正系统

- 你会需要（可选工具1）股票投资者专业版（SIP），或者（可选工具2）研究向导（RW）。
- 你还会需要（可选工具1）MetaStock以及斯托克博士的趋势交易工具箱（TTTK），或者（可选工具2）成为预装"上涨回调"和"下跌反弹"形态的Stockcharts.com的订阅用户。

运行多头版本

第一步（或选**股票投资者专业版**）：打开股票投资者专业版（SIP），如果你没有最新数据（每周更新一次），软件会自动更新最新市场数据。

第二步：你不需要编辑这个页面，所以你的下一步骤是去"投资组合"窗口。下拉 * EPS Est Rev 5%。注意，SIP也有一个ESP Est Revisions Up的标签，但你不需要那个标签。选择这个界面，它将打开一个显示所有通过过滤器筛选的股票清单的记事本（Notebook）和一张Excel表格。每次运行应该能得到20至40只股票。

第三步：在SIP的"文件"菜单下面，点击"数据输出"。在对话框里，保存为一个Excel电子表格。将电子表格保存到桌面或该系统所在的文件夹。

第一步（或选**研究向导**）：打开研究向导（RW）。最新的市场数据将会自动更新（夜间下载）。点击"筛选"按钮。打开SoW（按周筛选）文件夹，点击"已经被过滤的扎克斯评级"界面。

第二步："已经过滤的扎克斯评级"一个集中显示"扎克斯评级"为1的非常简单的界面，但我们需要改变它来适应我们的目的。我建议在此基础上做以下改变：

- 增加：成交量（20天平均）>100 000

- 增加：股票现价>5
- 删除最后一行（第三行）
- 将第二行的">0"变成"排名前40"

在此基础上，我建议你做一些回溯测试，并将基本面筛选工具调整为一个稳健的公式。无需任何进一步的变化，修改后的筛选程序从2003年到2013年间已经表现良好，但从图8-3可以看出，为期两周的调整时期，它还是具有很大的下行风险。可以通过增加空头操作，并使用"下跌反弹"形态决定市场时机，来降低部分风险。如果增加基本面过滤器，可能会进一步地熨平净值曲线。一个带有设定在低估水平阈值的过滤器——比如说，市销率或市盈增长率等——通常可以减轻净值的回撤。前面提到的凯文·马特拉斯的书中提供了大量关于在运用RW构建筛选时如何做到效果最好的一些优秀建议。

第三步：在RW的"数据"菜单，按下"导出到Excel"按钮。在对话框里，保存为一个Excel电子表格。保存到桌面或者系统所在的文件夹里。

第四步（或选**MetaStock**）：把这些股票代码作为一个新的列表从Excel电子表格导入MetaStock（MS）。然后针对列表运行TTTK：趋势交易工具箱里的"上涨回调搜索"。如果没有筛选结果，则对列表里的每一只股票运行"多头上涨回调专家系统"。这将会显示在过去的若干年中所有的"上涨回调"信号。只要当前价格低于信号日收盘价，在过去的20个交易日内出现的"上涨回调"信号都被视为有效。

第 8 章 盈余预测修正系统

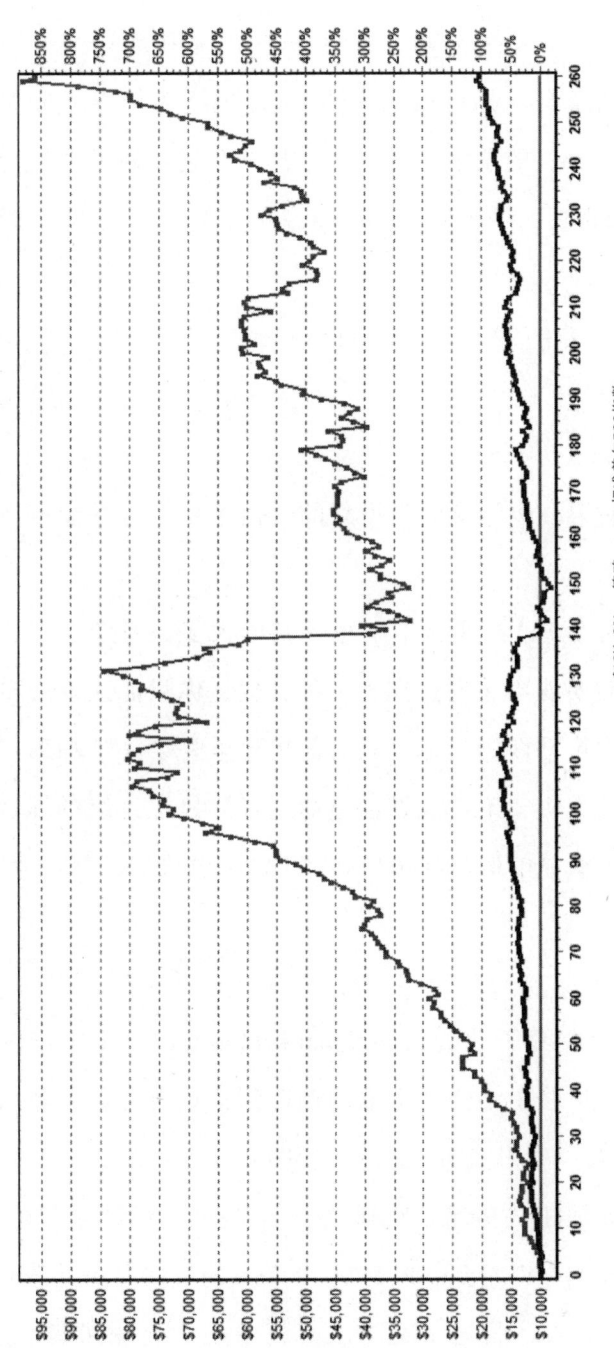

图8-3　盈余预测修正基本面（买入）——表现

资料来源：Zacks

第四步（或选 **StockCharts**）：如果你没有使用 MetaStock 去运行这个系统的技术分析部分，你可以从你的 Excel 电子表格导入股票代码到另一个类似 StockCharts 的技术分析筛选工具。在观察列表中运行"上涨回调"（详细参数设置，请见《以趋势交易为生》）。"上涨回调"的基本参数设置如下：

- 股票处于上升趋势，同时 50SMA 向上。
- 股价在 50SMA 线之上。
- 随机指数（5）<25。

第五步：针对第一步到第四步得到的任何结果做进一步审慎性分析并据此进行买卖。

第六步（头寸管理）：像这本书里涉及的大多数系统一样，盈余预测修正系统，不需要使用止损。作为一种替代，你只能让系统自己来退出交易。在每一次再平衡的时期，只需简单地重复第一步和第二步就能完成。如果你的持仓头寸不再能够通过盈余预测修正系统的筛选，你就需要平仓，并用那些能够通过筛选且满足上涨回调设置的新头寸取代之。

图形案例

在图 8-4 中莫霍克工业公司（Mohawk Industries，MHK）的图表显示了当预期盈余向上修正结合"上涨回调"形态所确定的入场时机，盈利能力是多么强大。莫霍克工业公司（MHK）是世界上最大的地板公司，只要人们不断地建造房屋，MHK 的股票应该会继续增长。在 MHK 股价走势图中，我们可以看到一段为期 12 个月的价格温和上涨阶段，期间股价上涨接近 100%。将趋势交易工具箱中的"上涨回调专家系统"应用到这个图表，我们可以发现 8 个策略入场点，每一个在短期内均可获利。事实上，MHK 股价的价格持续上涨到每股 120 美元的水平（2013 年 5 月），在 20 个月内实现了 167% 的回报率！

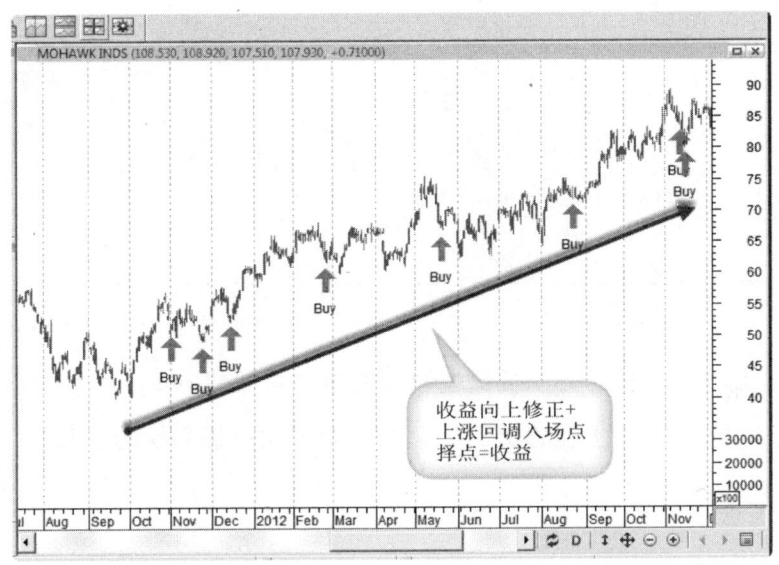

资料来源：MetaStock

图 8-4　MHK——运用了"上涨趋势回调"的盈余预测修正系统的多头

在图 8-5 中我们看到优比快科技有限公司（UBNT）股价走势图，其中展示了使用这个系统的两个漂亮的入场点。优比快科技有限公司是一家相对来说并不起眼的无线通讯公司，在其产品线上，拥有一些非常酷的产品，他们能够盈利，并且收益已经在近几个季度以三位数的比率速度增长。运用"多头上涨回调专家系统"，我们可以在收益公告意外增长之前看到两个很棒的进入点。短线交易员也可以获得 40% 到 45% 的利润。相应地，在 4 个月的持有期内，长期头寸交易员会有 78% 的回报。

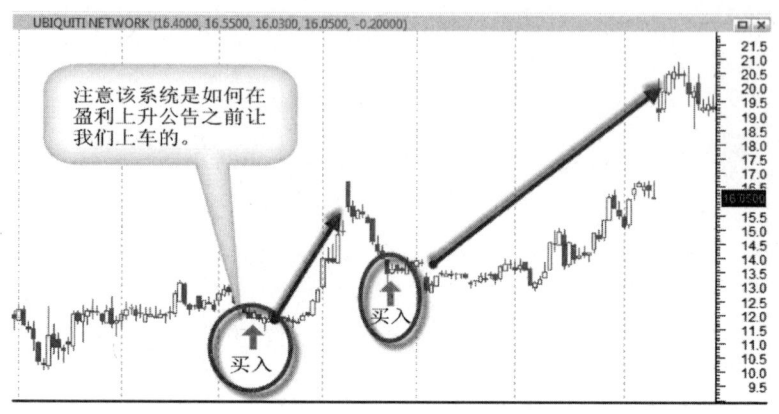

资料来源：MetaStock

图 8-5　优比快科技有限公司股票——运用了"上涨趋势回调"的盈余预测修正系统的多头

运行空头版本

第一步（或选**股票投资者专业版**）：打开股票投资者专业版（SIP），如果你没有最新数据（每周更新一次），软件会自动更新最新市场数据。

第二步：你不需要编辑这个页面，所以你的下一步骤是去"投资组合"窗口。下拉 * EPS Est Rev Down 5%。注意，SIP 也有一个 ESP Est Revisions Down 的标签，但你不需要那个标签。选择这个界面，它将打开一个显示所有通过过滤器筛选的股票清单的记事本（Notebook）和一张 Excel 表格。每次运行应该能得到 20 至 40 只股票。

第三步：在 SIP "文件"菜单下面，点击"数据输出"。在对话框里，保存为一个 Excel 电子表格。将电子表格保存到桌面或该系统所在的文件夹。

第一步（或选**研究向导**）：打开研究向导（RW）。最新的市场数据将会自动更新（夜间下载）。点击"筛选"按钮。点击打开 SoW（按周筛选）文件夹。点击"已经过滤的扎克斯评级"界面。

第二步："已经过滤的扎克斯评级"，一个集中显示扎克排名为 1 的非常简单的界面，但是，既然我们要反过来看，你需要将"扎克斯评级"改为"5"。我建议在此基础上做以下改变：

- 增加：成交量（20 天平均）>100 000
- 增加：股票现价>5
- 删除最后一行（第三行）
- 将第二行的">0"变成"排名后 40"（Bot #40）

在此基础上，我建议你做一些回溯测试，并将基本面筛选工具调整为一个稳健的公式。该筛选程序从 2007 年到 2013 年间已经表现良好，尤其在不稳定的年份这个筛选器更能发挥优势。"扎克斯评级"为 5，没有任何进一步的调整，仅做空筛选就获得了 79% 的收益，而同期的标准普尔 500 的收益率为 32%。这代表每年超过 850 个基点的 alpha 收益率！

像多头筛选程序一样，这部分的"盈余预测修正系统"可能经历相当长的亏损时期。然而，可以通过额外增加多头操作以及使用"下跌反弹"形态确定入场点，来减轻大部分的亏损，甚至可以通过添加某些基本面的过滤器，来使得曲线更加平坦。和前面类似，在空头版本的系统中，我们会添加估值过滤器，但是使用被高估的阈值。同样，前面提到的马特拉斯的书在这一点上是有价值的，尤其是标题为"熊市中的做空策略"这个章节（第 16 章）。

第三步：在 RW 的"数据"菜单，按下"导出到 Excel"按钮。在对话框里，保存为一个 Excel 电子表格。保存到桌面或者系统所在的文件夹里。

第四步（或选 MetaStock）：把这些股票代码作为一个新的列表从

Excel 电子表格导入 MetaStock（MS）。运行 TTTK：趋势交易工具箱列表里的"下跌反弹搜索"。如果没有筛选结果，则对列表里的每一只股票运行"空头下跌反弹专家系统"，这将会显示在过去的若干年中所有的"下跌反弹"信号。只要当前价格高于信号日收盘价，在过去的 20 个交易日内出现的"下跌反弹"信号都被视为有效。

第四步（或选 **StockCharts**）：如果你没有使用 MetaStock 去运行这个系统的技术分析部分，你可以从你的 Excel 电子表格导入股票代码到另一个类似 StockCharts 的技术分析筛选工具。在观察列表中运行"下跌反弹"（详细参数设置，请见《以趋势交易为生》）。"下跌反弹"的基本参数设置如下：

- 股票处于一个下降趋势，同时 50SMA 向下。
- 股价在 50SMA 线之下。
- 随机指数（5）>75。

第五步：针对第一步到第四步得到的任何结果做进一步的审慎性分析，并据此进行买卖。

第六步（**头寸管理**）：像这本书里涉及的大多数系统一样，盈余预测修正系统不需要使用止损。作为一种替代，你只能采用让系统自己退出交易。在每一次再平衡的时期，只需简单地重复第一步和第二步就能完成。如果你的持仓头寸不再能够通过盈余预测修正系统的筛选，你就需要平仓，并用那些通过筛选的新头寸取代之。

图形案例

美国医疗保险公司（AFAM）供应家庭健康护理服务，包括护理以及康复治疗，其股价被低估，AFAM 的收益在数个季度中一直处于收缩模式。一只两年前"扎克斯评级"为 1 的股票，现在评级下降至 5 的范围。

第 8 章 盈余预测修正系统

在我们运用 TTTK "下跌反弹专家系统"的图形示例图 8-6 中，我们看到几个标记漂亮的入场点，其中两个是在负面盈余公告之前出现。第一个信号在不到 8 周内从高峰到低谷回报了 56%。第二笔交易，如果按照较早的入场信号，会在不到 3 个月时间内，获得 45% 的收益。

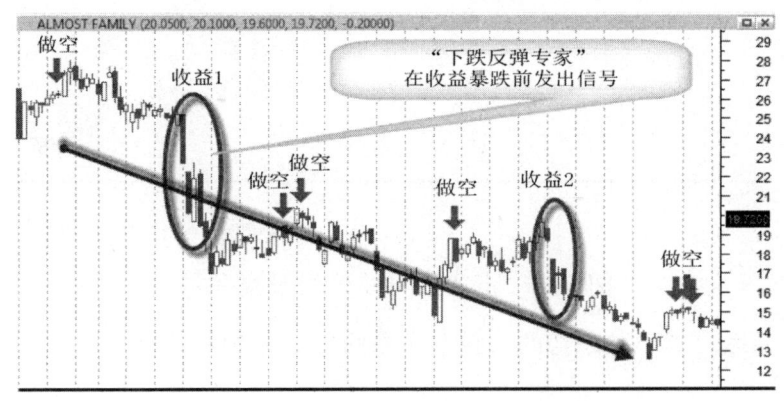

资料来源：MetaStock

图 8-6　美国医疗保险公司股票——
运用"下跌趋势的反弹专家顾问"的盈余修正空头系统

卢比孔科技公司（RBCN）生产蓝宝石晶体，用于发光二极管（LED）和光学产业，股票因其波动性深受短线交易员的青睐。在 2012 年，该公司的收入从该年年初的每股 1.75 美元到年底变为了负数。这种收缩的赚钱能力已经在其股价上有所体现：股价遭受重创。请注意，在图 8-7 中，运用"下跌反弹专家顾问"的盈余修正空头系统让我们能够提前捕捉到这个大动作。事实上，卢比孔科技的股价在 2013 年 2 月以每股 5 美元的价格，给有耐心的短期持有者在 21 个月内以 440% 的回报！

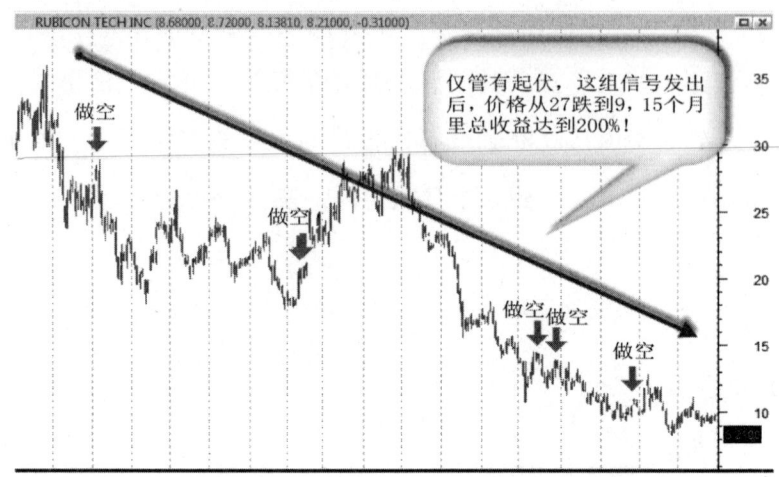

资料来源：MetaStock

图 8-7 卢比孔科技公司股票——
运用"下跌趋势的反弹专家顾问"的盈余修正空头系统

第 9 章 欧尼尔的 CAN-SLIM 系统

> 经验告诉我们，同市场讨价还价是不值得的，不遵从市场就会付出沉痛代价。
>
> ——威廉·欧尼尔

接下来介绍的这一系统，尽管有一定的历史，但是依然好用。该系统最初产生于 20 世纪 80 年代中期，这比我开始从事交易还早整整 10 年。该系统演进中经过一系列改进与迭代，形成了涵盖支持者、反对者、使用者和痴迷者的巨大的亚文化圈。

正如大家所熟知的，CAN-SLIM 系统是首个综合了技术分析和基本面分析的交易系统，也是我早在 1998 年（投资失败两年后）转向系统交易时研究的第一个系统。我确信，我接触该系统所播下的种子，现在正通过本书给大家带来收获。

本书前面第 2 章和第 3 章介绍了开发 CAN-SLIM 系统的威廉·欧尼尔，对他本人无需再进一步介绍。他所著的畅销书《如何在股市赚钱》（亦名《笑傲股市》），已经发行了至少四版，销售量超过 200 万册。该书如此成功，以至于激发欧尼尔一些信徒们开发出《如何在 XXX 中赚钱》系列丛书。就我个人而言，非常喜欢欧尼尔的书！每次拿起这本书，心里就有点像喝了咖啡因的沉醉感，激起我探求市场之谜的兴奋。每个想在市场中赚钱的人都应该阅读两本书：第一本也是最重要的是本·格雷厄姆的《聪明的投资者》（2006版附有杰森·茨威格的评论）；读完这本书后，接下来你就应该读《如何在股市赚钱》。

1960年最早开发出CAN-SLIM投资方法时，欧尼尔还是一名哈佛商学院学生。3年后，也就是在30岁时，欧尼尔凭借该方法成为所在公司最优秀的经纪人，并购买了纽约证券交易所席位（创下拥有纽约证券交易所席位的最年轻者记录），并建立了第一家信息化证券研究公司——威廉·欧尼尔公司，该公司转而主办了欧尼尔研究成果的出版物。1984年，该出版物演变为《投资者商业日报》（IBD），这是一份媲美《华尔街日报》的热销刊物，它在业界确立了众多交易商和活跃投资者"必读"刊物的地位。目前，同其他平面媒体一样，该报发行量因受网络传媒竞争的影响而下降，但在其巅峰时期，IBD宣称拥有"近一百万"的阅读者。幸运的是，IBD印刷版并没有消失，只是大部分读者转到网上进行阅读。该报纸的出版大部分换成在投资者网站（Investors.com）上发行。网站上有公司全部重要研究成果，同时有按CAN-SLIM标准（我们的系统中会使用）进行分类的大量图表、评注、股票行情表，以及各种各样的投资和教学工具。投资者网站（Investors.com）还有一个评级工具，在本书中我们将借助该工具使用其他两个系统进行交易。

系统简介

欧尼尔的名著向投资界介绍他的系统，该系统可能是第一个将技术分析参数和基本面参数相结合的交易系统。CAN-SLIM系统以七个关键词首字母命名而广为人知，其交易策略以三个主要动态变量为核心：强劲的收益增长、机构投资者的认同和相对强度。有趣的是，欧尼尔所声称的发现 CAN-SLIM 的方式，和我尝试发现新动量策略的方式一样。还记得我在第 2 章介绍的"500 只股票实验"吗？也许在我提出那个观点时，他的书已经存在我的脑海中。正如我努力开发一个"超级系统"一样，欧尼尔通过选取过去 500 只表现最好的股票，并分析"它们有什么共性"，来构建 CAN-SLIM 的基础；他的理由和我的一样，就是它们的共性一定是其成功的原因。因此，那些具有这一特性的股票很可能成为下一个 10 年中的牛股。

当然，欧尼尔的推理和我的一样具有相同的致命缺陷。成功的股票具有共同特性，但并不意味着这是它们获得成功的原因。还好，欧尼尔没有停留在只研究 500 只股票，后来他借助自己的第一台计算机，分析了过去 100 年里的 1000 多只股票。基于更强大的数据分析，欧尼尔锤炼出一套超级系统，该系统不仅为他自己创造了财富，也不断为他人创造财富。众多知名交易商、投资者以及基金经理把 CAN-SLIM 作为研究的基础，并且该队伍日益庞大。欧尼尔信徒们著作的推广，使 CAN-SLIM 系统的边界随着时间的推移日益模糊，但是同所有永久性真理一样，它会继续硕果累累。

CAN-SLIM 投资方法建立在七大基本面和技术分析条件之上，根据欧尼尔的研究，这些条件是所有表现优异股票的共同基础。CAN-SLIM 的七个字母分别代表如下含义：

C：当期利润。尽管不必要求公司从持续经营中实现盈利，但需要表现出净利润季度环比的持续增长（至少 25%）。此外，最近几个季度净利润需要加速增长。

A：年度收益，最近 3 年每年年度收益增长率应达到 25% 或以上，此外，年度净资产收益率应达到 17% 或以上。

N：新产品或新服务，是指公司需要有某种新的想法或理念，支持前两部分提到的收益的增长。这种产品或服务应帮助公司获得新的定价能力和更高的品牌认知度，对此可以想一下苹果公司的 iPad 产品，或星巴克将早餐三明治加入菜单的做法。

S：供给和需求。股票需求指数可以从股票成交量的增减中显现出来，尤其在股价上涨和回调阶段。股价上涨时成交量应上升，而股价回调时成交量应下降。

L：领先股或落后股。欧尼尔推荐买入"领涨板块的龙头股"。尽管没有真正客观的方法来衡量这一做法，但欧尼尔建议使用股价相对强度评级方法，这一专有标准用来衡量过去 12 个月股票价格相比于市场其他股票的运行情况。

I：机构持股状况，是指共同基金及专业资产管理机构的持股状况。当共同基金、对冲基金及投资银行等机构大量囤积某股票时，其最近几个季度机构持股百分比则会显著上升。

M：市场走向，通过下列主要指数来衡量：标准普尔 500 指数、道琼斯工业平均指数、纳斯达克指数以及纽约证券交易所综合指数。欧尼尔更喜欢在这些指数上涨趋势确立后进行投资，因为四分之三的股票与大盘走势一致。当市场处于下行趋势中，欧尼尔建议持有现金，而对更有经验的投资者而言，可以进行空头操作。

CAN-SLIM 投资策略本质上是成长型股票过滤器，依靠它可以剔除长期表现不佳的股票，系统可筛选出行业龙头中的高成长公司。然而，有时那些处于行业领先地位的公司，也可能上涨乏力转而业绩下行，因为逐利性的竞争对手公司会蚕食市场份额，或者公司为支撑其扩张而承担的债务会侵蚀利润。有时公司并没有犯错，但是一旦人们的"风险厌恶"情绪冲击经济时，市场主力往往偏好价值型股票。下面的关于 CAN

-SLIM 方法中的收益图（图 9-1）清晰地展示了这种现象。首先，我们看到 CAN-SLIM 是一个强有力的盈利系统；但我们也看到，有时系统净值也难免有较大回撤（标准的 CAN-SLIM 线由图中最上方的曲线表示）。

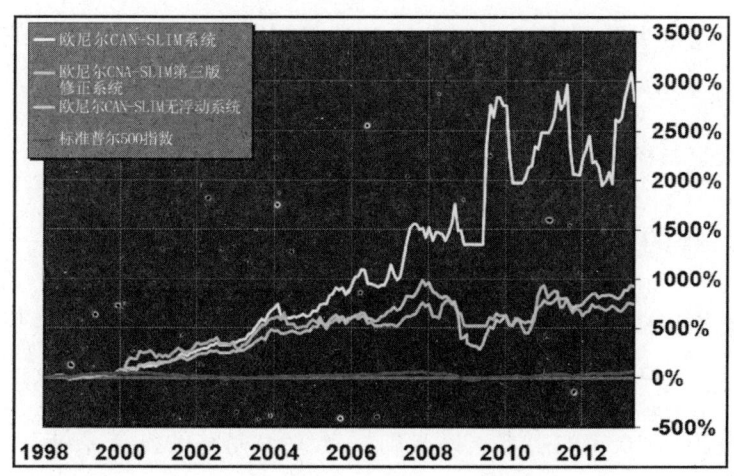

资料来源：美国独立投资者协会

图 9-1　CAN-SLIM 系统——过去 15 年的表现

欧尼尔提倡只购买 CAN-SLIM 系统中价格创新高的股票，我们将打破这一规则。为帮助清除这一系统涉及的一些风险，我们在基本面多头分析中增加两个主要技术性指标过滤器：一个简单的容易识别的价格形态设定（"上行突破"）和一个成交量指标。这里增加的第一个指标，可以确保我们只在增长型公司股票价格突破支撑点附近的价格整固区时买入它们，而不是在股价加速上涨突破创新高时买入，从而避免交易中的某种风险。所增加的第二个指标实际上可以保证，在大资金进场时我们才介入，因为那些大资金才有实力支持突破。

在我们的系统中还提到现有 CAN-SLIM 系统存在的另一个问题：只

是通过简单的反转 CAN-SLIM 参数来形成做空筛选系统——比如把每股收益（EPS）增长 25% 变为每股收益下降 25%，等等——这样形成的系统无法选出很好的做空标的。增长率、机构支持以及相对强度范围都处于最底端时的股票，正是那些见底回升的股票，它们下行的可能性很小，而空头逼仓的风险很高。因此，对于系统的做空方面，我们将放弃常用的"倒转参数"方法，并施加更多的限制，这样就形成了本书中最令人兴奋的卖空系统之一。

对系统的进一步研究

如果你想研究 CAN-SLIM 系统的复杂性，最好从威廉·欧尼尔的畅销书开始。该书已经出版了好几个版本。我较喜欢的是麦格劳-希尔教育出版集团 2010 年的版本，该版副标题为"完整的投资系统"。该版在投资者网站（Investors.com）提供一个月免费订阅，在网上我们能使用该系统进行交易，同时获得《投资者商业日报》一个月免费在线阅读权限。该书还提供一张 DVD，向你介绍投资者网站的所有可用工具。

除了欧尼尔的代表作，我推荐由欧尼尔两大信徒吉尔·莫拉莱斯和克瑞斯·卡彻撰写的一本书，书名非常诱人：《像欧尼尔信徒一样交易：令我们在股市大赚 18000% 的策略》。第 1 章提供了 CAN-SLIM 系统的简介，第 6 章解释了如何使用该系统做空股票（从这章中我获得了一些启发），第 8 章提供给我们欧尼尔的投资"十大戒律"，第 9 章回顾了一些在 20 世纪 90 年代互联网泡沫及接下来一段时间与交易系统创建者一起工作的精彩回忆，第 10 章包括了一些在"新时期"（暂时没有更好的称谓）学习投资的参考书目，但是我并不推荐：尽管我真的为交易"全神贯注"，但这也不应该以牺牲精神健康为代价——我并没有对作者不尊

第 9 章 欧尼尔的 CAN-SLIM 系统

重，只是我个人认为他们在这章中指出的一些教诲对精神是有危害的[①]。幸运的是，作者们将这章留在最后，没有对前面别的提供信息的和有趣的内容造成影响。

在系统的多头操作方面，我们增加一个技术性指标设置，我把它称作"上行突破"。这一设置包括一个基本的图形形态和一个技术指标，平衡交易量（即累积能量线 OBV）。该设置找出那些处于较长期上涨趋势但回调至某一关键支撑位，并在该点显示出价格整固的股票。价格整固通常意味着几个交易日的股票价格波动幅度（高点至低点）变得越来越窄。这种整固通常形成一种可识别形态，我们称作"看涨基准"。最常见的看涨基准形态有矩形、各种三角形（上升、下降、对称）、下降楔形、倒头肩（头肩底）以及双底或三底。关于价格形态的更多信息以及排行榜，参见托马斯·波考斯基的经典著作《价格形态百科全书》[②]。在金融影像网（Finviz.com）上也可以查询第 4 章提到过的"高级图形"特点，因为该网会提供用计算机画出的价格形态。记住，我们要找到的是在价格支撑区域或附近的整固形态，这种支撑可以来自于主要移动平均线（MA50、MA100、MA200）、先前的关键低点、布林线下轨或沿近期低点画出的趋势线。

当我们发现 OBV 指标升高至大多数近期关键高点的趋势线以上时，"上行突破"设置会提示我们入场。如果你喜欢得出更客观的结论（剔

[①] 例如，教学上引用的内容，其成功与否是要看我们做事时候的喜悦感强弱，而且这种喜悦和感觉良好，通过"让整个宇宙能够如我所愿"来发挥"吸引定律"的作用。我们选择的决定权来自情感，我估计，如果不是彻底的灾难，情感就是我们失望的良药。

[②] 《价格形态百科全书》，尽管值得放到交易图书馆的书架上，但是还是太贵了一些。在美国主要城市的公共图书馆中我们可以看到此书。然而，同一主题还可以看一些更短更便宜的书籍，比如，托马斯·巴尔寇斯基的《投资图形技术入门》。

除关键高点的做法艺术性要高于科学性），你可以用三期简单移动平均线（SMA）平滑累积量能线（OBV），然后与更长期限如21期的简单移动平均线（SMA）叠加。新的买入信号在两个移动平均线第一次金叉时触发。请注意，只是股价突破基准还不够，同时要由OBV线确认突破。理想的状态是OBV线突破关键高点以上的同时股价还位于整固区，这意味着尽管股价变动不大，但价格上涨预期正在积累，因此，该设置更适合命名为"预期上行突破"。我们的目的是在大涨的股票突破之前搭上车，从而乐享全程，而不仅仅是赶上个尾巴。关于看涨基准突破设置的详细解释及更多图例，请翻阅我的著作《以趋势交易为生》。

运用欧尼尔CAN-SLIM系统进行交易

让我们开始操作。使用该系统需要的工具有：

必要工具：订阅投资者网，每月大约15美元。请注意，股票投资者专业版（SIP）内置了CAN-SLIM投资策略，但它的筛选条件很严格，以至于每周只能反馈几只股票，甚至有些星期一只也没有，因此，它不符合我们的目标要求。

可选工具1：含有"斯托克博士趋势交易工具箱"（Dr. Stoxx Trend Trading Toolkit）插件的MetaStock软件。

可选工具2：订阅具有"看涨基准突破"设置程序的股票图系统（StockCharts）。

运行多头版本

第一步（**Investor.com**）：登录投资者网站（Investors.com）。在主页的右侧你能看到有你注册名的菜单，如图9-2所示，点击"Screen Center"选项。

第 9 章 欧尼尔的 CAN-SLIM 系统

资料来源：投资者网站

图 9-2　投资者网站上的页面中心

第二步：在"页面中心"（Screen Center）找到标有"Screen of the Day"的标题。在它的右侧，找到并点击 CAN-SLIM Select 选项（见图 9-3），这样会列出一列按字母排序的 60 至 100 只股票，这些股票通过了绝大多数 CAN-SLIM 参数的初选。

第三步：点击"Export"选项卡（在列表上面右侧），将列表导出至 Excel 的电子表格。在工作表中，按照每季度和每年度预期每股收益涨跌幅整列按照升序（点击 Data 选项卡，然后点击"Sort"）对股票清单排序。注意，对于某些版本的 Excel 表格，需要在对各栏排序前拆分所有合并过的单元格。排序后，删除列表榜首的显示为负值或非法字符（N/A）的股票。在图 9-3 的例子中，需要删除股票 ABT、ACAS、BBRY、CINF 和 CIT。用这种方法我们去掉了根据先前的系统可能取得较低"扎克斯评级（Zacks Rank）"的股票。

CAN SLIM® Select

Powered by NorthCoast Asset Management

The CAN SLIM® Select stock list tracks market-leading stocks that in general show strong earnings growth, positive institutional sponsorship, excellent industry strength, and solid sales growth, profit margins and return on equity. Stocks must also meet minimum price and volume levels. More

View by: Fundamentals

Symbol	Company Name	EPS % Chg (Last Qtr)	EPS % Chg (Prior Qtr)	Sales % Chg (Last Qtr)	EPS Est % Chg (Current Qtr)	EPS Est % Chg (Current Yr)	Tools
AAN	Aaron's Inc	5	12	2	6	7	
ABT	Abbott Laboratories	5	4	2	-64	-55	
ACAS	American Capital Ltd	0	8	-11	-57	-17	
AEIS	Advanced Energy Inds	81	1500	6	6	47	
AFCE	AFC Enterprises Inc	14	42	14	15	12	
AMCX	Amc Networks Inc	42	-48	17	39	73	
AOL	AOL Inc	95	28	2	39	14	
ARRS	Arris Group Inc	32	33	17	4	45	
AZZ	AZZ Incorporated	39	54	14	24	32	
BBRY	BlackBerry	-73	N/A	-36	111	N/A	
BGFV	Big 5 Sporting Corp	3300	280	13	67	75	
C	Citigroup Inc	32	63	-18	23	34	
CACC	Credit Acceptance Corp	30	17	16	20	21	
CINF	Cincinnati Financial	63	29	12	159	-5	
CIT	CIT Group Inc	N/A	472	-22	360	N/A	

资料来源：投资者网站

图 9-3 在投资者网站上运用 CAN-SLIM 系统筛选出的股票

第四步（或选 **MetaStock**）：将剩余股票列表输入 MetaStock 系统的观测名单文件夹。从斯托克博士趋势交易工具箱（Dr. Stoxx Trend Trading Toolkit）中选出 CAN-SLIM 股票观测名单，运行长期看涨基准突破点程序浏览器（Long-Bullish Base Breakout Explorer）。如果浏览器没有反馈结果，将你列表清单中的每只股票用到看涨基准突破点专家顾问（Bullish Base Breakout Expert Advisor）系统中。这样会显示出过去几年全部看涨基准突破点设置的提示信号。只要当前成交价格低于提示日收盘价格，过去 40 个交易日（注意这是比其他系统更长的回溯周期）里的看涨基准突破点设置，都可以被看作是有效的。

第四步（或选 **StockCharts**）：如果你没有使用 MetaStock 软件来操作该系统中的技术部分，你可以将股票代码从本地 Excel 电子表格导入其他技术性筛查程序中，比如 StockCharts 软件。运用看张突破（"Bullish Based Breakout"），扫描监测名单。虽然这种筛查的基本参数很难嵌入大多数筛查程序，但是下面的情况可以操作：

- 具有长期上涨趋势的股票。
- 当前价格处于某种盘整模式。
- 盘整模式（矩形、三角形、双底等）处于支撑点附近。
- OBV 成交量指标高于由最近高点形成的趋势线。

第五步 用看涨突破（Bullish Based Breakout）浏览器对任意结果进行进一步自行分析，或进行相应筛选和交易。

第六步（**头寸管理**）：欧尼尔 CAN-SLIM 系统和本书大多数其他系统一样，系统并没有要求使用止损措施，但是，你可以参照这个系统进行平仓，每次平仓之后，简单重复第一、二、三步即可。如果你的任意当前敞口头寸，一旦因负面预计变化被过滤掉，不能显示在 CAN-SLIM 选择列表中，就需要平仓并用列表中的新仓来代替。

图形案例

Big 5 体育用品公司（BGFV）是一家零售体育用品连锁企业，网点超过 400 个，且大多位于美国西部地区。该公司股票是过去一年中我们选出的看涨的最成功股票之一。正是本系统最先提示我注意该股票：早在 2012 年 7 月，该股票出现在投资者网站的 CAN-SLIM Select 窗口中，不仅显示出交易数量的巨大增长,还有相当引人注目的价值型指标,比如低于1.0的单位股价的主营业务收入(每股主营业务收入/股价),以及高达8的皮氏F分数(简单地说,皮氏F分数就是利用历史数据,找出价格偏低但基本面很好的公司。这种方式找出来的公司,或许大家都没听过,但根据皮尔托斯基教授的研究,投资这些公司,投资报酬率可以打败市场指数——译者注)。在图9-4的图形中,你可以看到我们最初的介入点。在前期的价格支撑区构造出漂亮的双底形态后,我一直提到BGFV在我们的观测清单中。该形态提供给我们所需的"看涨基准"整固形态。一旦OBV线向上穿过阻力趋势线,介入信号就会出现,这从图形中可以看到。

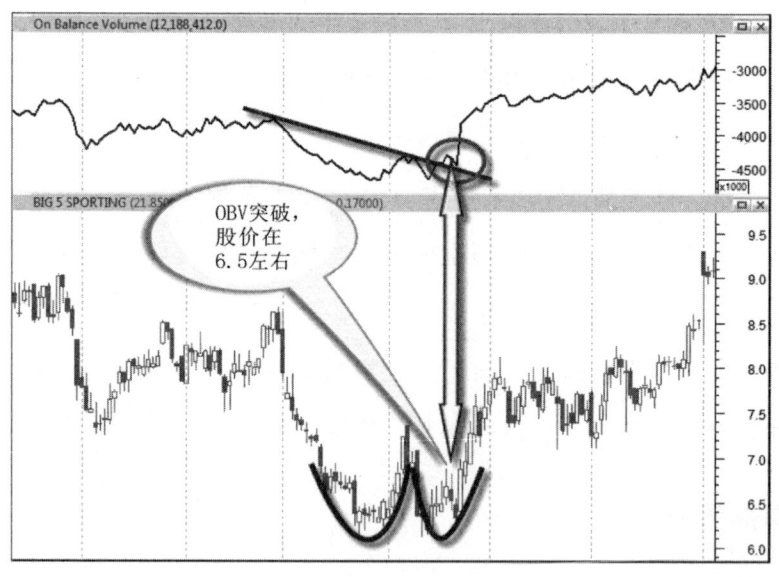

资料来源:MetaStock

图9-4 BGFV股票——CAN-SLIM发出多头买入信号

在图表中,BGFV股票似乎在每股9美元附近时已经不具有投资价值。但实际上，这才刚刚开始。现在该股票的交易价格在每股22美元左右，与最初购入价格相比增长了240%！注意，这一过程中还出现了其他四个看涨突破买入的时机（见图9-5）。当价格盘整在MA50附近并伴随交易量的增长时，买入时机接踵而来。

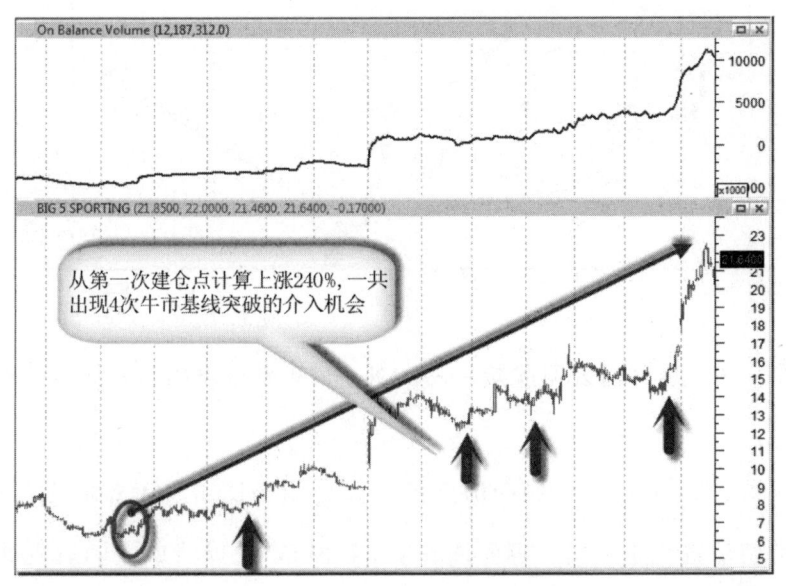

资料来源：MetaStock

图9-5　BGFV股票——CAN-SLIM系统发出多次多头买入信号

第二个企业对于那些更偏好于交易熟悉股票的投资者而言更适合，比如著名的基金经理、坚持"买你所熟知"原则的彼得·林奇。惠而浦公司是世界上最大的家用电器制造商，它拥有许多著名的品牌，包括美泰克、尊爵和阿玛纳等。该公司市盈率增长比率（P/E-to-growth）和销售价格比低于1.0，而且，5年预期增长率近30%。这是一只值得交易的好股票，在本书写作时，该股票的β值高于2.0，这意味着它的波动率至少是标准普尔500指数波动率的两倍。

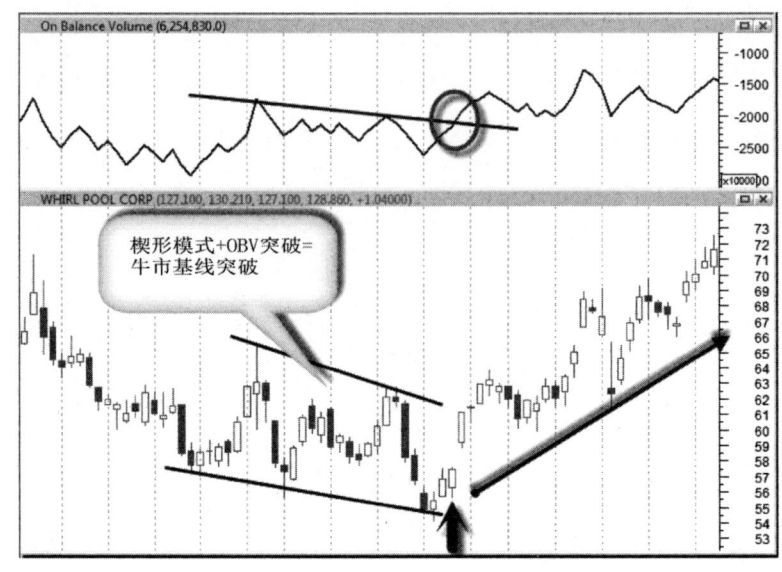

资料来源：MetaStock

图 9-6　惠而浦公司股票——CAN-SLIM 系统发出多头买入信号

在 2007—2009 年市场崩溃之后，该公司经历了其困难时期，但是，一旦消费信贷稳定之后，惠而浦在 CAN-SLIM 选择清单上的表现回归正常。该股票的第一次和唯一一次的向上突破，出现在 2012 年 6 月末，其价格刚好高于 2011 年形成的底部，该底部恰好构成支撑（见图 9-6）。从那时起，该股票价格一路上涨，在 11 个月内，达到每股 134 美元，并实现 133% 的潜在回报！

另外，被纳入 CAN-SLIM 选择清单的股票，基本上表现很稳定，这些股票可能几年都在清单之上。较好的例子是惠而浦（WHR）。我较为喜欢的股票操作方式是，当预期波动率仍然很高时，买入股票前出售无保护看跌期权（平值，一个月期），这种方式特别适合当看涨基准突破信号出现在大量卖出之后。当然，你需要承担被行权的风险，但是，行权价格较开仓时的股价已有相当的折扣。因为你知道公司的基本面非常

第 9 章 欧尼尔的 CAN-SLIM 系统

健康，这些股票通常是你想持有的股票。当期权到期，看跌期权权利金也降低直至为零，我将会转向持保认购期权。总而言之，这是一个在股票牛市时不需要大量资金就能够赚钱的很好的方式。

运行空头版本

首先，初步声明：正如前面所说，我们不能通过简单地反转 CAN-SLIM 屏幕上的多头版本参数而获得一个较好的空头组合。实际上，对于我们中的反向投资者而言，利用反 CAN-SLIM 页面来寻找欲卖空的反转备选股票，并不是坏事。所以，下面我们阐述如何利用该系统进行空头操作。我们将要使用投资者网站上的另外一个研究工具箱去筛选股票，这些股票的所有表现均显示很难再有继续上涨的理由，并显现出掉头的迹象。我们想要寻找在投资者网站的基本面表格中在顶部显示的所有股票，而不是仅仅一只股票，进行空头操作。有些公司的基本面存在很严重的缺陷，但由于某种原因，也出现在表格顶部。我们要找的是股价上涨乏力的时刻，此时股票价格已经反映出所有推动股票价格上涨的利好消息，并且已经出现庄家开始获利了结的信号，我们的目标是踏上这波下跌行情，直到股票价格重回合理价位。

下面说明我们如何利用欧尼尔的 CAN-SLIM 系统进行空头操作。

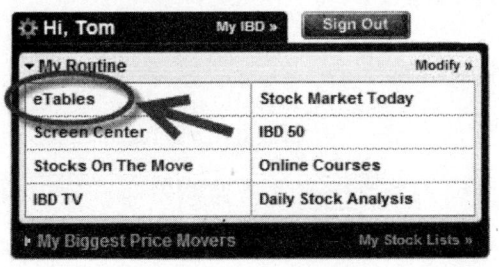

资料来源：投资者网站

图 9-7 投资者网站的中心屏幕

第一步（Investors.com）：登录投资者网站，在主页的右侧你会看到在顶部显示有你注册名的菜单，如图9-7所示。点击"eTables"选项。

第二步：在eTables的页面中，点击"Main Table"标题。之后，根据表头上选择的标准，会出现多达300只的一系列股票清单。当你第一次登录该页面时，默认排序是智能选择综合评级（Smart Select Comp Rating）。这是投资者网站的专有排序工具。该表格显示了根据这种综合指标排序的顶部300只股票。在标题栏下面，你会发现两个分类选择：第一分类和第二分类。将第一分类设置为RS排序并且切换为递减排序。RS（相对强度）评级衡量了该股票与其他所有股票相比的价格表现。RS排序99意味着该股票的表现优于其他99%的股票。然后，将第二分类设置为SMR评级，并切换为递增排序。SMR代表销售增长，利润率和净资产收益率。投资者网站使用专有的计算程序对所有股票上述三个指标的财务优势进行排序。基于上述三个指标的财务优势，一个股票给予评级A，意味着该股票在所有股票中位于最优20%，给予评级E，意味着该股票位于最差的20%。在这里，我们寻找评级为C或者更低的股票。因为所有这三个指标都是CAN-SLIM系统的基础，所以，这是我们反转该系统多头版本的方式。

设置好主要和次级排序后，点击"排序"（Sorts）按钮，就可以得到一个类似图9-8的表格。我们将使用排序表格的上方股票来构建一个空头入场的监测清单。为了构建这个监测清单，我们需要观察第三个指标：表格中第六列的Acc/Dis排名。该指标起初由《投资者商业日报》独家设计。该指标基于一只股票在过去13周机构的买入（吸筹）和卖出（派发）程度而设计的。Acc/Dis指标为A，意味着过去13周机构投资者大量买入该股票；Acc/Dis 指标为 E，意味着过去 13 周，机构投资者大量卖出该股票；指标为 C，表示机构投资者买卖基本平衡。机构投资者增加卖出，通常会对价格产生向下的压力，这正是我们寻求的卖出信号。我们的目标就是找到这些 Acc/Dis 排名靠前且价格有一个或两个跳空缺口的股票，这些缺口代表有大量的集中抛售。

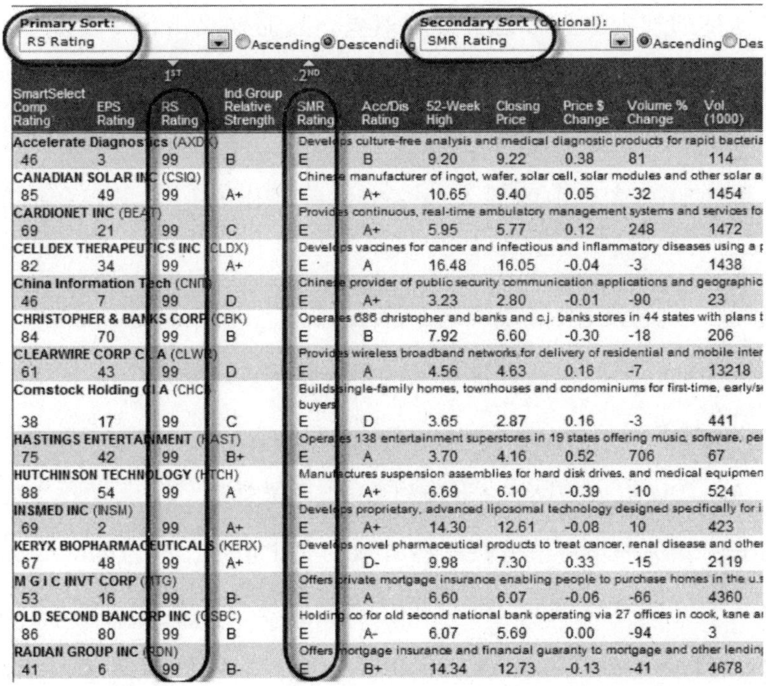
Primary Sort: RS Rating　Ascending　Descending　Secondary Sort (optional): SMR Rating　Ascending　Des

SmartSelect Comp Rating	EPS Rating	RS Rating (1ST)	Ind Group Relative Strength	SMR Rating (2ND)	Acc/Dis Rating	52-Week High	Closing Price	Price $ Change	Volume % Change	Vol (1000)
Accelerate Diagnostics (AXDX)				Develops culture-free analysis and medical diagnostic products for rapid bacteria						
46	3	99	B	E	B	9.20	9.22	0.38	81	114
CANADIAN SOLAR INC (CSIQ)				Chinese manufacturer of ingot, wafer, solar cell, solar modules and other solar a						
85	49	99	A+	E	A+	10.65	9.40	0.05	-32	1454
CARDIONET INC (BEAT)				Provides continuous, real-time ambulatory management systems and services fo						
69	21	99	C	E	A+	5.95	5.77	0.12	248	1472
CELLDEX THERAPEUTICS INC (CLDX)				Develops vaccines for cancer and infectious and inflammatory diseases using a						
82	34	99	A+	E	A	16.48	16.05	-0.04	-3	1438
China Information Tech (CNIT)				Chinese provider of public security communication applications and geographic						
46	7	99	D	E	A+	3.23	2.80	-0.01	-90	23
CHRISTOPHER & BANKS CORP (CBK)				Operates 686 christopher and banks and c.j. banks stores in 44 states with plans t						
84	70	99	B	E	B	7.92	6.60	-0.30	-18	206
CLEARWIRE CORP CL A (CLWR)				Provides wireless broadband networks for delivery of residential and mobile inter						
61	43	99	D	E	A	4.56	4.63	0.16	-7	13218
Comstock Holding Cl A (CHCI)				Builds single-family homes, townhouses and condominiums for first-time, early/s buyers						
38	17	99	C	E	D	3.65	2.87	0.16	-3	441
HASTINGS ENTERTAINMENT (HAST)				Operates 138 entertainment superstores in 19 states offering music, software, pe						
75	42	99	B+	E	A	3.70	4.16	0.52	706	67
HUTCHINSON TECHNOLOGY (HTCH)				Manufactures suspension assemblies for hard disk drives, and medical equipmen						
88	54	99	A	E	A+	6.69	6.10	-0.39	-10	524
INSMED INC (INSM)				Develops proprietary, advanced liposomal technology designed specifically for i						
69	2	99	A+	E	A+	14.30	12.61	-0.08	10	423
KERYX BIOPHARMACEUTICALS (KERX)				Develops novel pharmaceutical products to treat cancer, renal disease and other						
67	48	99	A+	E	D-	9.98	7.30	0.33	-15	2119
M G I C INVT CORP (MTG)				Offers private mortgage insurance enabling people to purchase homes in the u.s						
53	16	99	B-	E	A	6.60	6.07	-0.06	-66	4360
OLD SECOND BANCORP INC (OSBC)				Holding co for old second national bank operating via 27 offices in cook, kane a						
86	80	99	B	E	A-	6.07	5.69	0.00	-94	3
RADIAN GROUP INC (RDN)				Offers mortgage insurance and financial guaranty to mortgage and other lendin						
41	6	99	B-	E	B+	14.34	12.73	-0.13	-41	4678

资料来源：投资者网站

图 9-8　按照 EPS 和 SMR 排名进行排序的单元表

第三步：在投资者网站上，从这些排名上升到单元表顶部的股票中，选出符合以下条件的股票清单：

- 第三列的 RS 排名指标在 99 以上；
- 第五列的 SMR 排名指标为 C、D 或者 E；

- 第六列的 Acc/Dis 指标为 A 或 A+；
- 第八列的每股价格大于 5 美元；
- 第十一列的每日成交量在 10 万股以上。

通过以上条件，每次运行单元表排序时，大概可以得到 10 到 20 只股票，也许会更多。通过点击单元表中每只股票右边的"+"按钮，可以将这些股票保存到一个监测列表，选择你的列表后，这些股票便可以立即加入你的列表。要想查看你的列表，只需要点击位于主表右边，单元表顶部的"My eTables"按钮即可。这些是我们需要每天监控入场信号的股票清单。我建议每周运行两次单元表，并将新的备选股加入股票清单。你的股票清单中的股票越多，你等待做空信号出现的时间就会越短。

第四步：监控股票清单中各股票的变化。一旦满足以下两个条件，股票清单中的任何股票便发出有效的做空信号：

* RS 排名指标从 99 下降到 98，或者更低。
* Acc/Dis 由 A 或者 A+ 下降到 A- 或者更低。

第五步：进一步审慎分析这些有效的卖出信号，并做相应的交易。

第六步（**头寸管理**）：和本书中的大部分交易系统一样，欧尼尔的反 CAN-SLI 交易系统并不要求止损。但是，你可以参照该系统进行平仓。开仓时，每日或者每周监控股票的 RS、Acc/Dis 和 SMR 指标。在开仓后，监控损失的频率不要超过每周一次。但是一旦下列条件之一满足，必须在第二天开盘平仓空头头寸：

* RS 指标上升到 99。
* 自从入场后，RS 指标从其最低点上升达到 10 点以上。
* Acc/Dis 上升到 A 或者 A+。
* 自入场后，Acc/Dis 指标从其最低点上升达到 6 级以上（如，从 D

+上升到 B)。

* SMR 上升到 B。

在运用反 CAN-SlIM 系统进行做空时,有一点需要注意的是,我们所运用的单元表突显出那些价格强力拉升,但是基本面却不怎么样的股票。一旦相对强度指标下降,同时机构派发迹象出现,我们认为股价将停止上涨,我们便开始做空它,这种方法并不意味着我们在价格顶部进行空头开仓。有时,看似一个价格顶部形态,之后却被证实仅仅是一个更陡峭上涨的小幅回调。我们的平仓策略通常会在造成更大亏损之前,让我们中止交易,但是,这的确意味着在我们成为大赢家之前,该系统可能让我们遭受多次损失。我们经常会在某一只股票大幅下跌,甚至是公司破产之前做空股票,如果你有耐心,在入场数周内,你终将看到股价经历两位数的下跌后,股票落入低价股行列的情形。

图形案例

上述反 CAN-SLIM 做空策略经常会将一些研发新药的公司选入做空监测股票清单。我已经说过,我本人并非热衷于做空制药公司,但是,这个系统将常会识别出那些利空出净且股价上升至不可持续的高位的公司。通常在这种情况下,就是做空的主要时机。除少数特例外,多少情况下,一个生物技术研发公司没有盈利、毛利率为负、通过不断的暂搁发行(Shelf Offering:美国证监会的条款,容许发行人注册新证券发行,但无须马上出售所有证券——译者注)来反复地融资(此举将稀释股权)。这类的公司经常出现在 SMR 评级为 E 的公司中。这种在利多消息兑现后的财务窘境,极易导致股价的波动,此时,我们的反 CAN-SLIM 模型做空策略就会大放异彩。

以无限制药公司(INFL)为例,该公司在 2012 年晚些时候到 2013

年 3 月中旬，公布了一系列看上去大有前途的研究实验结果，股价随之从 17 美元快速拉升，并在 2013 年 3 月 15 日达到 50.51 美元，这令该股票进入我们的监测清单。在经历数周跌宕起伏的研发历程，我们捕捉到做空的信号，因为该公司的实验结果不能保证会在短期内获得美国食品药品监督局（FDA）批准的事实已经越发清晰；同时，一系列的股票增发增加了股票的抛售压力。截至本书撰稿时，该股票的空头头寸仍在持有，从入场至今，已经获利 164%（见图 9-9，注意图中的双头形态）。

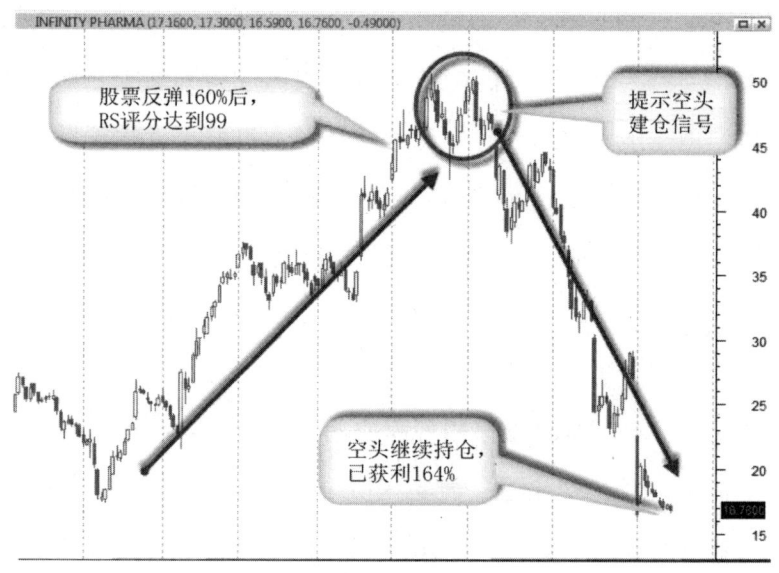

资料来源：MetaStock

图 9-9　无限制药公司股票——CAN-SLIM 系统做空策略

另一典型的 CAN-SLIM 做空策略案例是阿托莎基因公司，该公司专注于乳腺癌诊断产品的研发与生产，公司名称来源于全球首例乳腺癌确诊患者——公元前 520 年，波斯帝国时期大波士一世的阿托莎王妃。该公司在签署一份关键的销售合同时，其两项主要的诊断实验吸引了媒体的广泛关注，并推动股价连续拉升，至 3 月份，股价超过 12 美元。在此期间，该股票净流入资金达到 5600 万美元。然而，后来投资者发现公司所签署的合同并没有披露更为详细的内容，公司年报显示其年销售收入只有大约 25 万美元。依据反 CAN-SLIM 系统，做空该股票的时机已经成熟，投资者据此可以在 10 周内获得 121% 的利润（见图 9-10）。

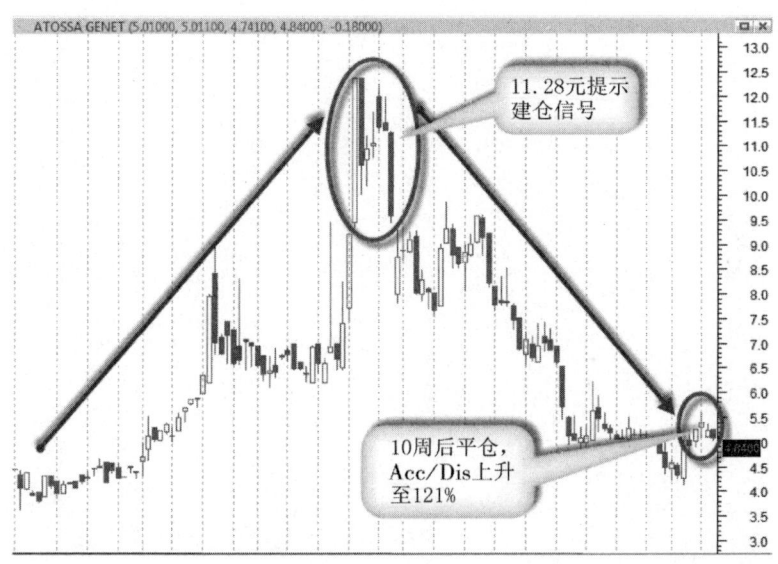

资料来源：MetaStock

图 9-10 阿托莎公司股票——CAN-SLIM 系统做空策略

第 10 章　卡尔混合系统

> 既然在清晨时分播下了种子，那么在傍晚时刻就该好好照料它们中的每一个，因为你不知道它们之中哪些会丰收，是这颗还是那颗，或者全部都会长势喜人。
>
> ——《旧约传道书》

每个分析系统都至少含有一个来自其他系统的信息，比如策略思想、专业提示、财务标准等。我没有接受过那种教育，也不会那种编程技巧，在交易系统发展领域内，我无法完全原创出一个新的系统，因此，我只能依赖其他人的伟大成就。皮奥特洛斯基博士给我们带来了 F 评分系统，扎克斯博士给我们扎克斯评级系统，威廉·欧尼尔则给了我们可精简系统。即使是本书下一部分中将要讲到的那些专业分析系统，也和我前两本书中提到的一样，可以最终追溯根源到这一行的策略先锋：约翰·马吉、约翰·墨菲、约翰·柏林杰、托马斯·巴尔克斯基、尼古拉斯·达瓦斯、约翰·雷恩以及我那些活跃在交易培训领域和投资顾问领域的伙伴们。

如果在市场中性交易中存在一种真正可以被称为原创的系统，你会认为它就是这里描述的这个，这个以我的名字命名的系统。然而说实话，在我这个系统中唯一真正原创的地方,就在于它混合了所有的要素,而这些要素,大部分都来自比我更有能力的人。即便是这种混合方式本身我也不能说完全是我独创的,我相信当我合成这种分析系统时,我得到了来自上天的帮助。

请允许我解释。曾经有几年,我一直致力于研究一种我自己认为是原创的、适用于多头和空方的、融合了技术分析和基本面分析的系统。我在追寻属于我自己的 CAN-SLIM 系统,这个开创性的系统为我创造了财富,帮助我发起了数个对冲基金,它将使我拥有一种改变世界的影响力。在多年的实践过程中,我们经历了很多错误的开始,其中一些造成了巨大的经济损失。然而,有一种系统却逐渐崭露头角了,这种系统在反复测验中表现优异,尽管远远达不到传奇的程度。

在快到试验期尾声的时候,有一天晚上发生的一件事彻底改变了一切。一位客人光临我们教堂,他在我们的周二夜咨询服务中发表讲话。然后,他给了我一个预言,他将双手放在我肩膀上,说:"你是一个商人。"这话本身就让人震惊,因为彼时我还是一个宗教研究方面的终身教授。

那时候,辞去教授的职务、开始像现在一样全职从事股票交易及培训交易学习者,还只是一个遥远的梦想。那个人继续说:"你现在处于一个不知所措的位置上。你已经开始专研一套交易公式(这是他的原话),但是还欠缺一些内容。上帝说,他会将欠缺的内容传达给你。"

第二天,我去跑步,一边跑,一边回想起上一个晚上的经历,想知道这对我到底意味着什么。紧接着,就在一瞬间,一个我不懂什么意思的短语跳到我的脑海里,这个短语是:自由现金流收益(FCFY)。我知道什么是自由现金流,它指的是去除成本以后剩余的经营获利。我也知道什么是收益,它指一项资产产生的收入。但是,我不懂"自由现金流收益"指的具体是什么。我去查找它的含义,发现至少有三种方式可以描述自由现金流收益:(1)你可以用自由现金流除以股价得到它,(2)你可以用自由现金除以发行的股本来描述它,(3)你也可以用自由现金流除以净利润得到

第 10 章 卡尔混合系统

它。我将这三种方式逐一嵌入我的系统，然后据此给股票分级：将最佳自由现金流定为多头，将最差自由现金流定为空方。没有得到什么幸运的结果。回报并没有像期待的那样有什么明显的提升，但是我想，没有什么比得到神的启示更具价值了。

那一晚，我收到一封来自一个金融博客的电子邮件。我每周都会收到这样的邮件，一般都是丢进回收站，然而这次，一个标题抓住了我的注意力。这篇文章是关于自由现金流的，我立刻带着极大的兴趣点开链接阅读。这个作者声称运用一种非标准方式来计算自由现金流，就可以比用标准模式更加精准地衡量一家公司的盈利能力。我采用了他的公式，为它创造出一种计算表达，然后把这种表达添加到系统当中。当我对多头选股系统进行回测时，我简直不敢相信我的眼睛——效果好得就仿佛是我原来的公式被注射了兴奋剂一样：在 10 年回测期内，投资年回报率从 13.2%上涨到 23.6%，涨幅超过 77%，同期标准普尔 500 指数显示投资年回报率仅为 8.1%。在这一点上，卡尔系统中多头走势的统计和跟踪记录，可见图 10-1 和图 10-2。

STATISTICS ex.: $10,000 start	Strategy	S&P 500
from 04/11/2003 to 04/12/2013 1 week holding period		
Total Compounded Return %	741.8%	118.5%
Total Compounded Return $	$84,184	$21,851
Compounded Annual Growth Rate %	23.6%	8.1%
Win Ratio %	54%	58%
Winning Periods/Total Periods	282 of 523	302 of 523
Avg. # of Stocks Held	3.0	
Avg. Periodic Turnover %	72.1%	
Avg. Return per Period %	0.6%	0.2%
Avg. Winning Period %	4.5%	1.7%
Largest Winning Period %	26.5%	12.1%
Avg. Losing Period %	-4.0%	-1.9%
Largest Losing Period %	-21.4%	-18.1%
Max. Drawdown %	-77.1%	-54.7%
Avg. Winning Stretch (# of Periods)	2.2	2.2
Best Stretch (# of Periods)	9	9
Avg. Losing Stretch (# of Periods)	1.9	1.6
Worst Stretch (# of Periods)	9	6

资料来源：研究向导（RW）

图 10-1　卡尔混合系统回测结果统计——多头

市场中性交易

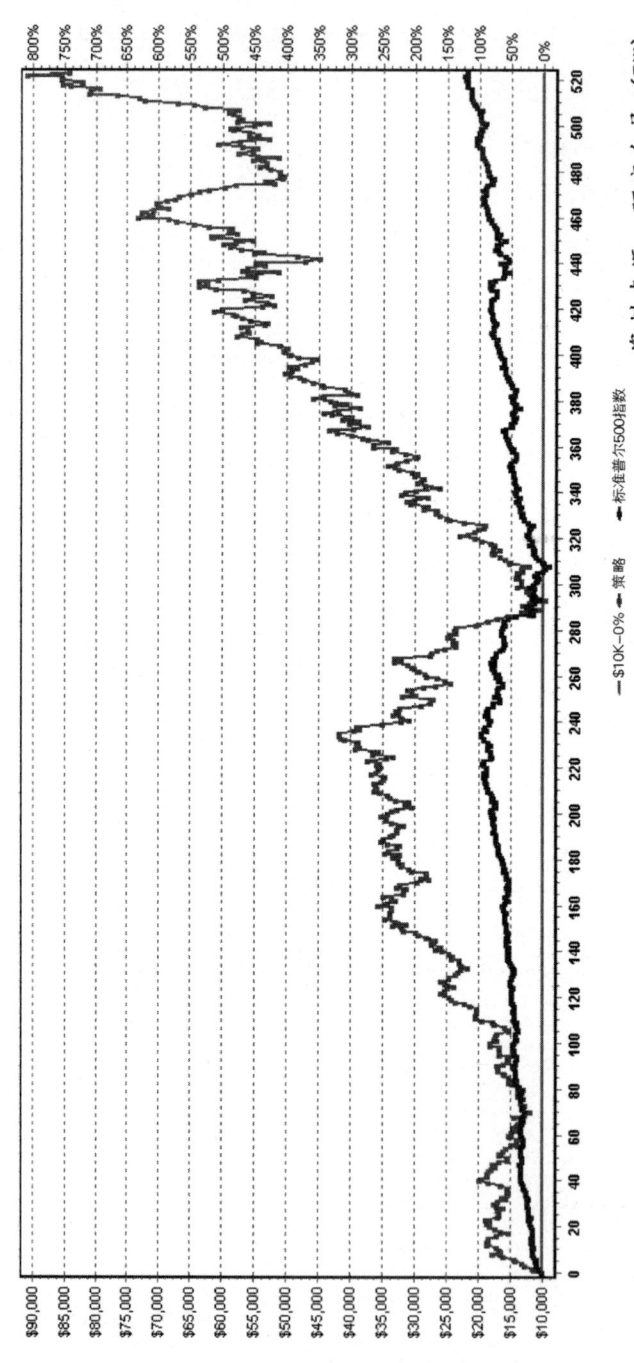

图10-2 卡尔混合系统回测投资回报率曲线——多头

第 10 章 卡尔混合系统

开发这一系统的空头方面花费的时间更多一点。虽然单纯将多头面参数进行反转也是有效的,但是却没有什么提升的空间。经过一些研究和实验之后,我发现一种互补的空方选股方式可以让投资年回报利润增长 17%(见图 10-3 及图 10-4)。假设全部利润都用于空方投资,这种方式就可以给出这个系统的总利润,年化投资回报率超过 40%!试着将你的账户余额插入电子表格,然后在过去 10 年内,每年将它乘以 1.4 倍,你就能看到这个系统是一个多厉害的赚钱高手了!

记住,这个卡尔混合系统,无论多头还是空方,都是在基于"研究向导"(RW)的基础上构建和测试的。如我们在第 4 章中探讨过的一样,RW 一向在测试表现和实际盈利表现之间有一定的差别,至少我使用时是如此。不过,不论是考虑到这一系统强势的表现,还是考虑到在工作中如何慎重选择一只股票,这一系统都值得一用。当然,我并不是说这一系统是天赐的——它离一个完美的系统还有很长的距离,但我的确对它出现的过程满怀真挚的敬意。

STATISTICS ex.: $10,000 start	Strategy	S&P 500
Total Compounded Return %	379.0%	118.5%
Total Compounded Return $	$47,902	$21,851
Compounded Annual Growth Rate %	16.9%	8.1%
Win Ratio %	50%	58%
Winning Periods/Total Periods	264 of 523	302 of 523
Avg. # of Stocks Held	3.0	
Avg. Periodic Turnover %	62.3%	
Avg. Return per Period %	0.4%	0.2%
Avg. Winning Period %	3.5%	1.7%
Largest Winning Period %	18.7%	12.1%
Avg. Losing Period %	-2.8%	-1.9%
Largest Losing Period %	-11.1%	-18.1%
Max. Drawdown %	-44.1%	-54.7%
Avg. Winning Stretch (# of Periods)	2.0	2.2
Best Stretch (# of Periods)	12	9
Avg. Losing Stretch (# of Periods)	2.0	1.6
Worst Stretch (# of Periods)	7	6

from 04/11/2003 to 04/12/2013 1 week holding period (SHORT)

资料来源:研究向导(RW)

图 10-3 卡尔混合系统回测结果统计——空头

市场中性交易

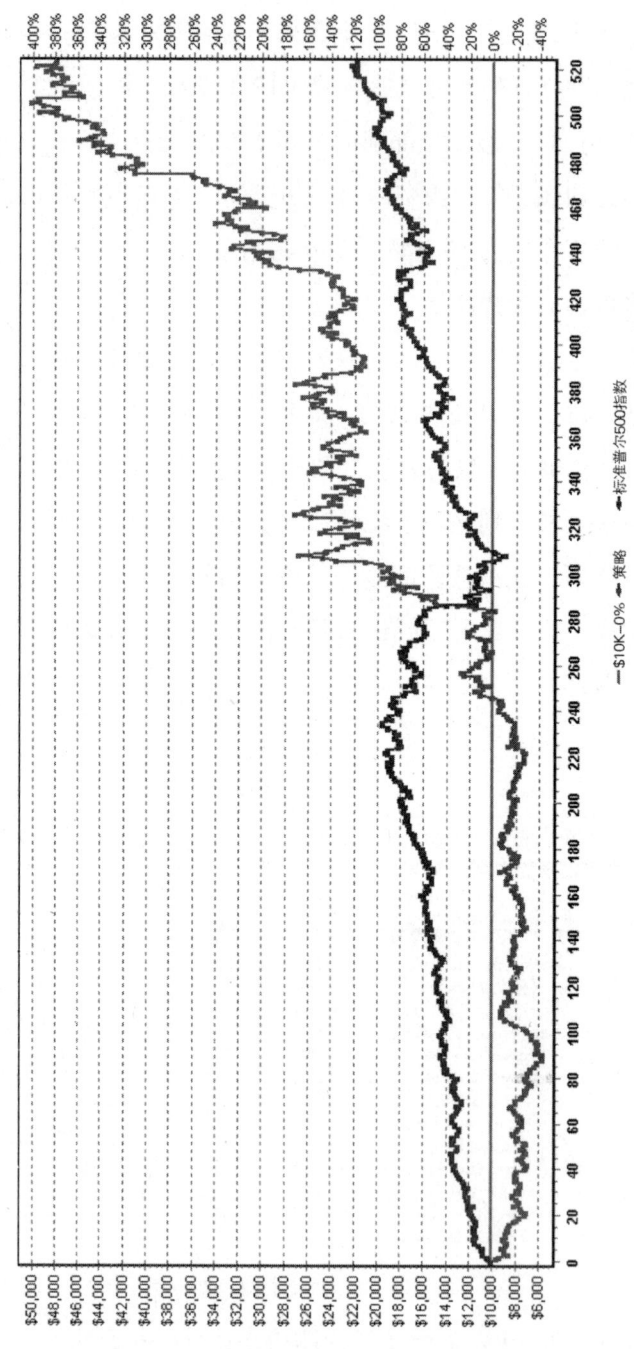

图10-4 卡尔混合系统回测投资回报率曲线——空头

资料来源：研究向导（RW）

系统简介

卡尔混合系统的多头走势是建立在四个关键参数上的：我们将坚持认为这些股票会表现出高 β 系数（换言之，它们比标准普尔 500 更加不稳定）。如许多分析人士宣称的那样，在年度财务预测上，这些股票近期表现出净正向的转变（第 8 章中我们曾从盈余预估修正系统中对此情况有所提及）。这种股票有强大的现金流盈利，在下一部分我们将对此进行精确解释。对比同期通过相同筛选的其他股票，这种股票的交易价格近期内的表现并不那么强势（我们不想购买任何超买的股票）。运行这个选股系统，我们可以得到一个不长的多头备选股短清单——除了一个相对强度过滤指标，不需要其他的技术指标过滤。

多头筛选系统可以精确到满足你的特别要求。我曾对我的所有股票进行回测，从每周 3 只股票到每月 10 只股票，它们全部都是盈利的。如果你增添更多股票到列表上的话，应适当减少回测的次数或者增长回测的周期。每次运行这一系统时，除非你看到了与结果对立的好理由，你应该关闭所有无法通过系统筛选的股票头寸，然后用那些通过筛选的股票来替代它们（多空转换的概率大概是 70%）。

如前文所述，这一系统的空头方面，并不完全是多头面的逆转。为了提高业绩，我们需要修改几个过滤器。这种空方扫描也是建立在四个关键参数上：我们会寻找那些缩减盈利预估的公司，相较于同行业内的其他公司，它们表现出迟缓的利润增长，它们被过高估价，并且被过度买入。当我们将我们的目标限定聚焦到中小型企业时，我们也能通过这种扫描找到最佳获利股。小市值股票被认为是投机投资，因此它倾向于在回调时最快速下跌。不像那些资本雄厚的企业，大企业在市场变幻无常时被认为是投资的避险天堂。

我自己交易时使用的筛选系统是在 RW 中建立的，我从它编入软件中的一个仅适用于多头的系统中选取了一些提示，这一多头系统是由扎克斯投资研究机构副总裁凯文·马特拉斯开发的[①]。凯文的小盘股增长选股方法，在他名为《寻找最牛股》这本书中被提到。我发现，当小盘股增长参数被反转，将系统作为空方用途进行回测，盈利能力非常强大。当我对这些参数进行稍微调整，它们的赢利能力变得更强。

使用卡尔混合系统进行交易要求不高，只要运行多头及空头筛选程序，然后按照程序筛选出来的股票结果进行买卖就可以了。就如在第 5 章中解释过的那样，无论如何对筛选结果进行进一步检验都是最好的，这可以确保你拥有最好的备选股和最好的入场点。添加了 MetaStock 的斯托克趋势交易工具箱可以在走势图中突出牛市和熊市的技术形态，这些信息可以帮你选择合适的时间进场。

那些有很强读表能力的人，可以很容易地直接分析一组好的专业图表。保持这样慎重的行动态度是基本技能，它为沉默的交易增添一点艺术的韵味，正如我们以前说的，这是想要多头保持交易成功的人所需具有的基本素质。

对系统的进一步研究

卡尔混合系统多头方向的核心，是一组盈利预估修正过滤器。如在第 8 章中提到过的一样，它搭配有一个非常独特的估值过滤器：一套自由现金流盈利的非标准版本（至少我认为是这样）。这套自由现金流盈利布局的灵感源自一个财务博客作者写的一篇文章。从 2011 年起，这位作者的博客就不再更新了，所以我猜他可能不再做交易者了。我希望，他不是因为

[①] 在"研究向导"（RW）里的周文件夹显示栏上，可以找到"小盘股增长"，另外可参见马特拉斯的《寻找最牛股：筛选、回测和时间验证策略》。

某些原因隐藏了自己。因为他可能不想引得大众的关注，所以我不会透露他的名字。后面你会看到他计算自由现金流盈利的公式。

想要理解卡尔混合系统背后的基本原理，最好的方法就是去读关于多头系统方面的内容，因为这是该系统的基础。这方面，你可以读马特拉斯的《寻找最牛股：筛选、回测和时间验证策略》，其中关于"筛选、回测和时间验证策略"的内容。马特拉斯系统的基本核心是两个过滤标准：扎克斯评级在1或者2，同时盈利增长率较高。在这种情况下，因为我们曾经将这个加入空方系统，因此我们应该寻找扎克斯评级在4或者5的，同时盈利增长率又很低的股票。关于扎克斯评级的更多信息，请看第8章。如果要完全弄懂关于盈利增长的问题，以及为什么它能助力股票价格的问题，我建议你读一读在本杰明·格雷厄姆的《明智投资者》一书中杰森·茨威格的"第12章解说"。茨威格是《财富》《时代》等杂志的财经专栏作家，同时也是出版编辑。他在2006年对1973年经典版格雷厄姆价值导向理论的章节解说进行了更新。

运用卡尔混合系统进行交易

开始工作。以下是你在这一系统中需要用到的工具：

可选工具1：选用研究向导（RW）工具。你需要在这一系统中的多头两个方向都运行过滤器，但因为都用了扎克分级，那么RW正是这个系统的最佳选择，此外，它还运行了小盘股增长系统，因此将它转换为仅运行空方的版本其实非常容易（见后文）。

可选工具2：选择www.AAII.com上的股票投资者专业版（SIP），它有盈利预估版过滤器，我们可以用它运行多头和空头两种系统。然后，你需要在这个筛选程序中添加其他过滤器。

运行多头版本

第一步（或选**研究向导**）：打开研究向导 RW 系统，点击显示器。在标准显示区，建立一个多头筛选任务，选用以下的各参数：

- 平均成交量>100 000（根据需要调整）
- 平均价格>5（根据需要调整）
- β系数（60个月）>1.5
- 扎克斯评级<3
- 扎克斯评级中券商评级>4
- 扎克斯评级中过去四周对当前财年盈余上修>0
- 扎克斯评级中过去四周对当前财年盈余下修=0
- 四周相对强度指标=末35名
- F（1）Est. 改变百分比-12周=前21名
- （现金流/企业市值）排名百分比*100=前14名（这说明你需要使用计算编辑器来创建这个过滤器）
- 过去4周的股价相对变化率=末3名（根据需要调整）

第一步（或选**股票投资者专业版**SIP）：打开 SIP 系统，点击工具。打开显示编辑栏，拉出建立每股盈余向上修正5%显示栏。删除扫描栏的最后一行（EPS Est Y1-% Rev-Last Month），保存这一扫描栏，并重新命名。现在你可以以这个扫描栏为基础操作了，仅靠它，你就可以得到至少30只股票。这些股票中就算不是全部也会有大部分都符合扎克分级1或者2。在此基础上，再添加以下过滤条件，然后保存：

- 平均成交量>100 000（根据需要调整）
- 平均价格>5（根据需要调整）
- β系数（60个月）>1.5（根据需要调整）

- 分级%（现金流/企业估值）排名百分比×100≥90（注意你需要使用定制编辑器来创建这个过滤器，根据需要调整）
- 分级%4周相对强度指标≤50（根据需要调整，以便得到所需要数量的股票）
- 注意，用SIP不同于使用RW，你不能在任何分类中使用最大#和最小#关键字段进行搜索。

你只能过滤出每个分类中百分比百分级靠顶部和近底部的股票，因此，你可能需要调整分级百分比数据，以获得你想要交易的股票数量。

第二步：你可以在每一个再平衡周期运行该筛选程序，建议每周，但是每半个月甚至是每一个月运行一次，也同样可以赚钱。

第三步：对第一步到第二步得到的任何结果，都要进行进一步检验，然后按照检验结果交易。

第四步（**头寸管理**）：在每个重回平衡的时期运行这一筛选程序，你手中不能通过这一程序的所有股票，都应当被卖掉或者用任何可以通过这一程序的新股票替换掉。任何能通过最新筛选的原有持仓也应被再平衡，这样它就能与你分配给这一系统中每个头寸的资金百分比相匹配。

图形案例

卡尔混合系统的多头方向倾向于聚焦到有限数量的板块上。像服务业、金融业、房地产业的公司倾向于操纵更庞大的现金流，因此，它们比其他产业表现出更频繁的变动。这从第一张图富兰克林资源公司（BEN）上可以看出，这家共同基金管理公司旗下管理的资金量有3亿美元。BEN为基金和投资提供了一条富兰克林·邓普顿线。2012年6月到2013年6月间，在BEN走势图中，卡尔混合系统标记出3次独立交易。当相关强度过滤器因为某只股票显示的价格强度相对于其他合格股票来说过高而无法让那只股票通过筛选时,系统就会自动标记出场点,其中后两个入场点在价格回调后重新进入,因为过滤器重新允许它们通过筛选了(见图10-5)。

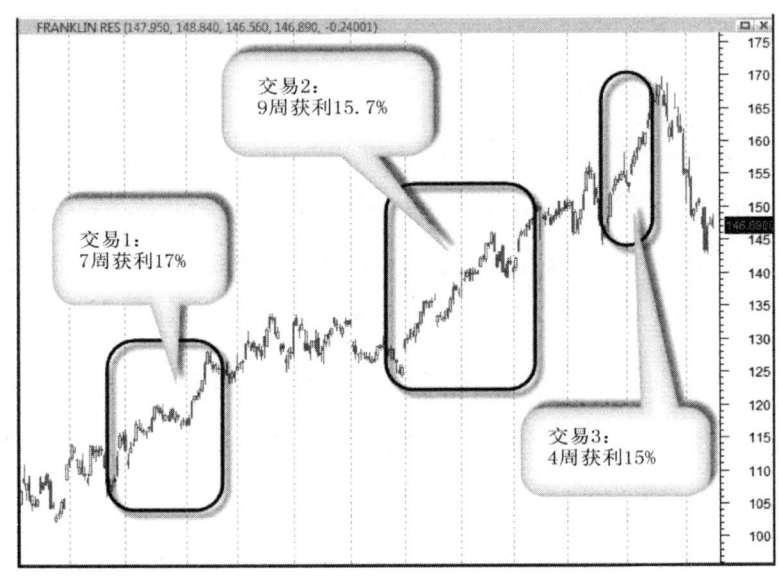

资料来源:MetaStock

图 10-5　富兰克林资源公司股票——卡尔混合系统多头

斯通里奇有限公司(SRI)负责研发和生产商用轿车及交通工具的电子零件,即使是现在,它每股的价格也将近 12 美元,它引人注目地打出让人印象深刻的估值数字,然后如预期一样猛增了 35%。2013 年,SRI 两次出现在卡尔混合筛选结果上:第一次是在一次牛市突围(见第 9 章)之后,第二次是在一次回撤期间。如你所见,两次交易都得到了快速、强势的结果(见图10-6)。

第 10 章 卡尔混合系统

资料来源：MetaStock

图 10-6 斯通里奇公司股票——卡尔混合系统多头

运行空头版本

第一步（或选**研究向导**RW）：打开 RW 系统，点击显示器。这里你有两个选择：第一，你可以打开小盘股增长页面或者单纯反转操作系统（例如，原来是>，反转为<），或者你可以创建一个筛选系统，像我这样将以下参数输入系统使之与多头版本相匹配。涉及参数包括：

- 平均成交量>100 000（根据需要调整）
- 平均股格>5（根据需要调整）
- 市值<10 亿美元
- 扎克斯评级>2
- 预估 1 年增长率<（行业中位数×0.8）
- 过去 4 周内的当年 EPS 向上修正次数＝0
- 过去 4 周内的当年 EPS 向下修正次数>0

- 4周相对强度指标=最大35
- 4周相关强度=最大#35
- F（1）Est. 改变百分比-12周=末21名
- （现金流/企业市值值）排名百分比×100=末14名（这说明你需要使用计算编辑器来创建这个过滤器）
- 过去4周的股价相对变化率=末3名（根据需要调整）

第一步（或选**股票投资者专业版**SIP）：打开SIP系统，点击工具。打开显示编辑栏，拉出建立每股盈余向下修正5%显示栏。删除扫描栏的最后一行（EPS Est Y1-% Rev-Last Month），保存这一扫描栏，并重新命名。现在你可以以这个扫描栏为基础操作了，仅靠它，你就可以得到至少30只股票。在此基础上，再添加以下过滤条件，然后保存：

- 平均成交量>100 000（根据需要调整）
- 平均股格>5（根据需要调整）
- 市值<10亿美元
- 扎克斯评级>2
- 预估1年增长率<（行业中位数×0.8）
- （现金流/企业市值值）排名百分比×100<40（这说明你需要使用计算编辑器来创建这个过滤器）
- 四周相对强度指标<70

第二步：你可以在每一个再平衡周期运行该筛选程序——建议每周，但是每半个月甚至是每一个月运行一次，也同样可以赚钱。

第三步：对第一步到二步得到的任何结果都要进行进一步检验，然后按照检验结果交易。

第四步（**头寸管理**）：在每个重回平衡的时期运行这一筛选程序，你手中不能通过这一程序的所有股票，都应当被卖掉，或者用任何可以通过这一程序的新股票替换掉。任何能通过最新筛选的原有持仓，也应被再平衡，这样才能与分配给这一系统中每个头寸的资金百分比相匹配。

图形案例

凌云逻辑半导体公司（CRUS）是一家为千家万户及工业应用制造高性能电路（例如，高端调光器开关）的企业。2012 年末，尽管销售人员尽最大努力一再重申和提升他们的目标，以撑住股价，但投资者对这家企业的投资态度仍旧恶化，造成股价遭受重击，这使得股价在接下来的 6 个月内低迷，这期间凌云逻辑半导体公司股票不断出现在空头版本的卡尔混合系统扫描中（见图 10-7）。

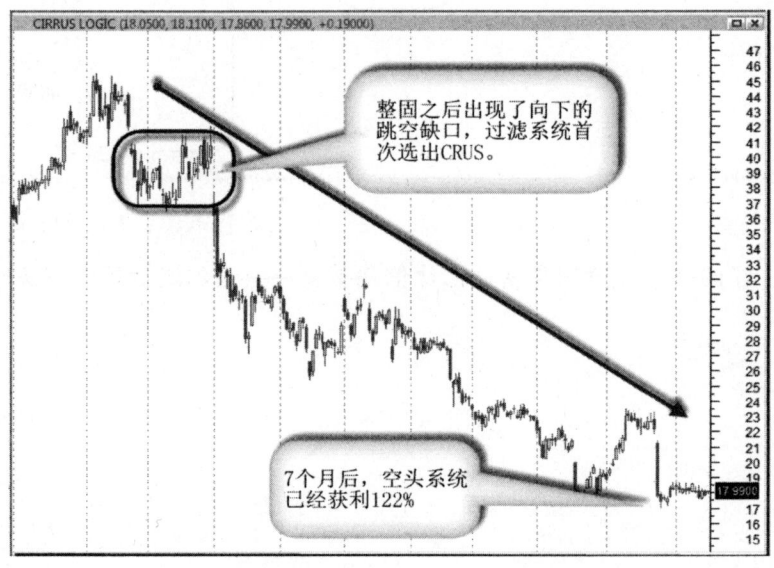

资料来源：MetaStock

图 10-7　凌云逻辑半导体公司股票——卡尔混合系统空头

我们第二个做空卖出范例，是关于桑德里奇密西西比信托基金（SDT）的，这是一家资助石油开采的基金机构。2012 年中期，这只股票在长达 18 个月的股市暴跌中经历了一连串下跌。SDT 付出了大笔的红利，它不是我们凭借自己可以做出的空方选择（红利冲销了利润），但是如图 10-8 所示，卡尔混合系统生成了一组空方信号的完美图形。

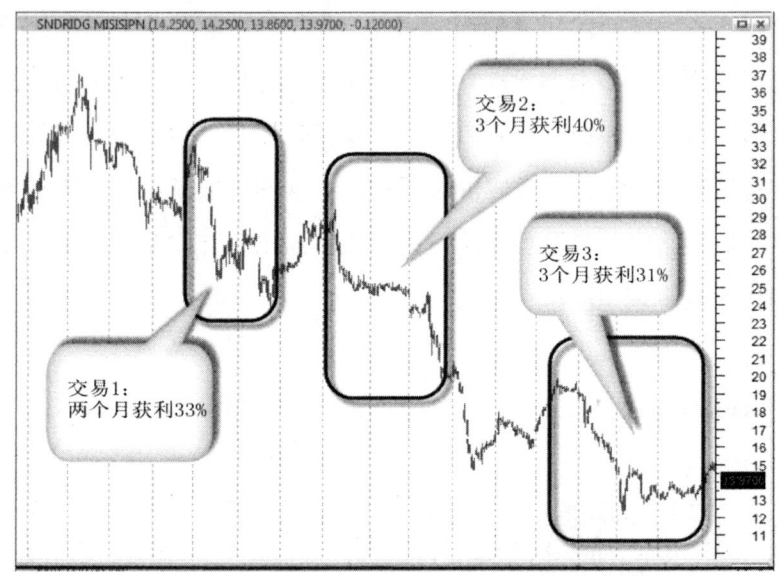

资料来源：MetaStock

图 10-8　桑德里奇密西西比信托基金——卡尔混合系统空头

第四篇

Gamma：基于技术分析的交易系统

第 11 章　蓝天/蓝海系统

不顾一切地滑垒是抵达下一垒最安全的方式，同时也是最迅速的方式。

——彼得·罗斯

第 2 章和第 3 章中所列出的重点概要，在经过多年钻研以后，目前我终于有实力可以用一种相对轻松的态度，来用专业语言诠释关于"基础分析"那些事儿。我开始教授网络课程，告诉我的客户如何判断一个公司的价值以及如何挖掘它的发展潜力。我为我的学员们示范，如何运用我在第 6 章中提到的"9 点股票评分工具"，那是一种依据最具预测力的基础面分析而打造的预测工具。现在我自己的交易也已经不像以前那样只是看着价格图表购买了，而是通过基础面分析预示的结果进行交易。当然，这仍旧是一场有利可图的冒险，但是为什么不通过周全的考虑来增加你的胜算呢？这是本书的论点，而这一论点将贯穿于七大交易体系之中。

接下来要讲的部分，可以说是我的"主场"。在这部分以及后续章节中将要讨论三大系统，在前段我们使用技术分析，而将基本面分析作为守车殿后。我们将用经过时间和盈利考验的三种筛选器，过滤出经过很好的技术分析定位的股票。下一步，我们将删掉列表上那些从基本面分析角度不够理想的股票。完成以上步骤以后，我们将得到一组经过彻底审查的优质交易备选股。当然，与从前一样，这些最终获得我们青睐的备选股也将再经过一轮最终的酌情分析。

系统简介

三个技术分析系统中的第一个，是从一套我是用了10余年的技术分析设置衍生出来的。经过时间的洗礼，一些参数有所改变，参数是通过轮流的变动，这样可以降低复杂度，但是推动价格和成交量的基础仍旧保持一致。就盈利百分比和亏损率调节来说，这是我最信赖的技术指标设置。尽管从每日的基础上来说，它不是盈利能力最强的设置，但它却具有最高的盈利潜力。如果你在寻找一种交易设置，它能在交易中以一种兼具低风险及稳定回报率的形式轻松管理，能让你在夜里安稳入睡，那你要找的就是它了。它技术指标稳固，基本面安全，很符合传统。它是可供新交易员使用的理想系统，同时也应该被加入到每一个资深交易员的"军火库"中。

我们已经见识过蓝天突破（Blue Sky Breakout）和蓝海跌穿（Blue Sea Breakdown）两种设置。这些都是我们在第7章中加入到F-评分系统中去的技术分析设置。蓝天突破是一种仅适用于多头的设置，它能筛选出创新高的股票，同时显示出那些股票有很强的量能积累。在此概括的交易系统里，我们同样确保这些股票其基本面价值和成长性度量被校正在新的更高交易范围内，同时也降低它们隐藏可能导致价格趋势急速反向波动的因素的可能性。蓝海突破是一种仅适用于空头的设置，它能筛选出能创新低的股票，同时显示出那些股票在这些地点具有很强的派发筹码的特性。我们同样把这些股票放到另一个过滤程序下，这个程序将帮助我们避免遭受被逼空的可能性，也就是说，避免由卖空者争相轧平头寸而引起的恐慌性买入。

技术分析的设置介绍完之后，我们将把一种简单但强大的两步筛选程序的备选股罗列在清单上，这种程序的目的就是去掉假突破。长远来看，我们将通过合理的高分来定义最佳备选股，评分标准一种是皮氏F评分，另一种是威廉·欧尼尔拥有专利的分级标准，他用在投资者网站上的股票筛选。F 评分测试更侧重于估值分析（低估值的公司得分更高），而"股票核对系统"更侧重于收益增长和股价相对强度指标（利润和价格上涨快的公司得分更高）。我们正在寻找这样的两种股票，如果有一只股票能同时通过这两种测验，那就更加好了。

在做空方面，我们寻找在 F 评分测试或者股票核查测试中得分低于平均值的股票，我们也同样喜欢那种不是被过度做空的备选股。如果有一只股票能同时满足三个标准，则更好。

这个系统有一个潜在的缺点，那就是当市场处于无论是上涨还是下跌的强势趋势中，你会发现一方比另一方有更多备选股可供选用。举个例子，如果当前市场处于牛市状态时，你会有大量的蓝天备选股可供选择，而关于蓝海备选股的选择则十分匮乏。对于那些想要 100% 保持市场中性的投资者来讲，这是个问题。然而这个问题有一个好处。在牛市中，和市场节拍不合并创出新低的股票，经常是很好的做空备选股；同样，在熊市中，屡创新高的股票也是存在的。更少的备选股供选择，并不一定降低系统收益的潜力，却更可能增强系统的盈利潜力。

对系统的进一步研究

在第 7 章中我们探讨了去哪里寻找蓝天和蓝海设置的信息，它们在我出版的《以趋势交易为生》的书中有着详尽的描述。另外，网上有 3 段免费发行的视频，描述了多头版（蓝天）：两段 You Tube 视频（搜索"Dr. Stoxx"）以及一个 Power Cycle Trading 网站（www.powercycletrading.com）上的一段在线研讨会视频。如果找不到，可以给拉瑞·盖恩斯发邮件，询问关于卡尔博士的突破点网络会议视频，他会将链接发给你。如前所述，在我们网站www.DrStoxx.com 上也有两个在线研讨会，那里有多头和空头两种设置的应用，并有着全面的解读。

另外，在 You Tube 视频中，你会听到我运用蓝天突破设置预测过几只股票，包括 GRPN，HLX，NILE 以及 PCS。视频完成时，这些股票才刚刚登上我这一系统的空头清单。在写本书不到 3 个月之后，这 4 只股票都创造了非常不错的收益：NLX 和 NILE 上涨了 12%到 25%不等，GRPN 高达 40%，第 4 只 PCS 则不少于 45%（PCS）。提醒一下：两段 You Tube 视频主要是关于斯托克博士趋势交易工具箱的广告，如果你能不被这些分散注意力而专注于课程的话，你就能发现一些能教你如何在表格中寻找设置，以及如何从众多股票中通过过滤来选择最佳备选股的好片段。

除了技术分析的设置之外，我们也将用到两种基本面分级工具用于该系统的多头部分。这些此前讨论过：皮氏 F 评分以及在投资者网站上的股票核查分级系统，它们都是基于威廉·欧尼尔的"CAN-SLIM"策略。我建议你去第 7 章进一步寻找关于皮氏的 F 评分系统，然后去第 9 章找关于威廉姆·欧尼尔的股票核查工具背后的理论知识。

运用蓝天/蓝海系统进行交易

现在开始工作。以下是本系统交易时所需的工具：

- （可选工具 1）使用 Metastock 的股票趋势交易工具箱（TTTK）：如果你不想在自己的过滤器上编程，你可以选择它。你会发现在这个系统中，不管是多头还是空头，都被提前编好程序，放在了 TTTK 的加载项上。你自己也可以编辑 Metastock 股票技术分析到筛选器上，但这要求对标准编程语言非常熟悉。

- （可选工具 2）如果你要运用 StockCharts 或者别的技术分析筛选工具，来选择满足蓝天或者蓝海设置的股票，你需要自己把各项参数输入到分析软件中，不过这种设置非常简单，StockCharts.com 这个网站的使用就更加简单了。

- 你也需要收藏以下这些网站——当任何股票要通过技术分析时，我们都将使用这些网站进行基本面分析过滤：

  ◎ www.vectorgrader.com/stockrank 上的皮式 F 分数分级工具（免费）

第11章 蓝天/蓝海系统

◎ 投资者网站上的股票检查分级工具（需要订阅，每月14美元）

运行多头版本（蓝天突破）

第一步（或选 **MetaStock**）：打开"MetaStock"，找到"超级控制台"。点击"浏览器"，选择 TTTK："多头蓝天突破"选项，点击"下一步"。从"待选列表"，找到供选择的美国股票（见图11-1），或者其他你想要筛选的列表。点击"下一步"点击"开始搜索"给所有通过分析的股票建立一个"监控列表"。

第一步（或选 **StockCharts**）：在 StockCharts 的高级筛选工具栏中，创建一个"蓝天突破筛选器"。根据第二步来创建一个关于筛选对象的总体描述。如果想要做一个更细致的蓝天突破设置描述，可以参照我的书《以趋势交易为生》。运行这个筛选器，并且为所有通过筛选的股票生成一个监控列表。

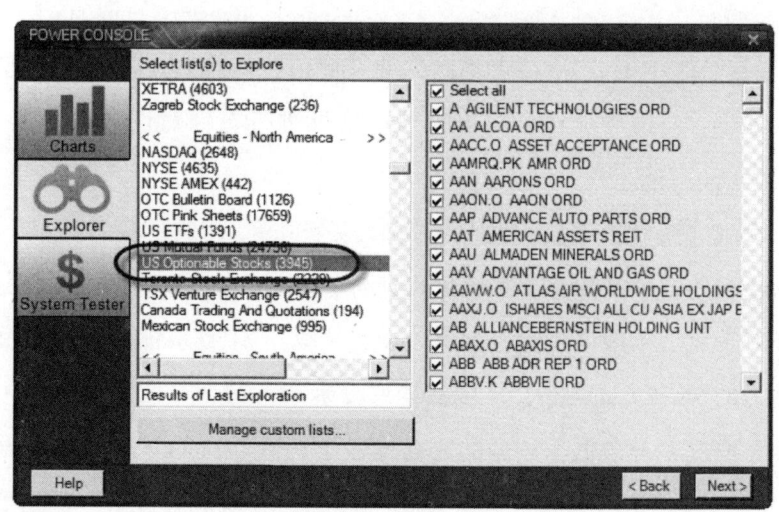

资料来源：MetaStock

图 11-1 在 MetaStock 中启动蓝天探测系统

第二步：有时候，那些可以通过这个筛选的图形可能是无效的"蓝天突破"。此外，不是所有有效的"蓝天"筛选结果都有同样的上涨潜力。因此，我们希望通过删除以下不达标的股票，来强化我们简短的股票列表：

- 价格创40天（2个月）新高
- OBV指标创40天新高
- 大量"蓝天"系统筛选出的股票现在价格突破点与最近压力点之间，这些压力点包括近期价格高点构成的趋势线、超过两个月的价格高点连线或者是200SMA（简单移动平均线）

第三步：在通过第二步筛选后得到的股票中任选一只。将每个代码输入"向量分级的皮博士分级评估工具"（www.vectorgrader.com/stockRank）。将所有得分在5或者以上的股票保留在列表上，得分越高越好，如果其中有哪些股票仅得了4分或更低，进入下面的第四步。

第四步：在没有通过第三步皮氏测验的股票中选择一只，将代码输入Investors.com上的Stock Checkup（www.research.investors.com/stock-checkup）。在百分制中得分60或者更高的股票保留在列表上，分数越高越好。

第五步：对第一步到第四步的筛选结果进行有针对性的进一步分析，然后根据结果交易。

第六步（**头寸管理**）：和本书中的大多数系统一样，"蓝天突破"系统不要求止损的使用，相反，系统可以让你摆脱交易。在每一个再平衡的新时期，对于每一个敞口头寸，都可以通过皮式F分数系统，或者通过投资者网站上的Stock Checkup，来核查某只股票是否符合要求。在任何一个敞口头寸，皮式F分数低于5分的交易或股票核查（Stock Checkup）分数低于60分的交易，都应该被平仓，取而代之的，应该是通过第一步到第五步检验的新的头寸。

图形案例

沛齐公司（PAYX）是一家在线资源公司，主要帮助各个企业解决薪资、税务、人力资源以及各种财务相关的问题，它在皮氏 F 评分中仅得 4 分，然而它在股票核查机制中得分却常常在 80 分左右。沛齐公司的股票在 2009 年股市崩溃触底后，股价开始反弹，并不断上升，直到在 2011 年它的股价稳定在 27 美元左右。如图 11-2 所示，沛齐公司的股票走势是一部符合"蓝天突破"设置的教科书式模板，它展示了股价从低位反弹到持续创造长达两个月新高的全过程。OBV 指标已经达到新高，证明在这种走势背后有足够的成交量。6 个月以后，沛齐公司股票的交易价已接近 34 美元，实现 23% 的收益（见图 11-2）。股价持续走高，直到 2013 年，当本书写作时，公司股价创出了 41.24 美元的新高，涨幅超过 50%。

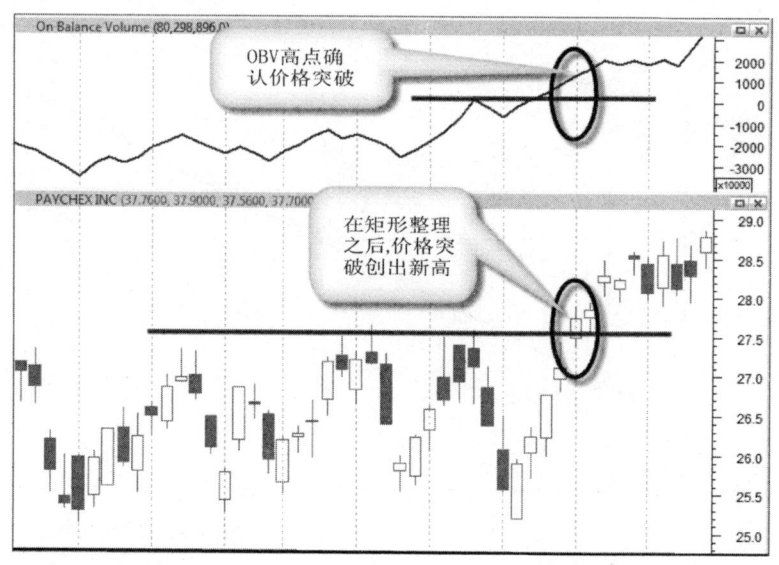

资料来源：MetaStock

图 11-2 沛齐公司股票——多头蓝天突破

Carriage Services（CSV）是一家主营殡葬服务的公司，仅自有品牌旗下，就涵盖 167 个葬礼中心和 33 个公墓，它的增长模式是号召更多夫妻经营的小型殡仪店加入到公司殡葬服务大家庭中。Carriage 在殡葬业的地位大致相当于沃尔玛在地方零售业的地位。如果说他们的股票价格象征什么的话，那就是公司业绩的狂热成功。CSV 是那种极少数的经常在皮氏 F 分数体系及股票核查体系这两个体系中都能得到高分（分别得分 6+、90+）的公司。尽管最近一段时间，这家公司因为负债财务问题而惹上了麻烦，但它的股价仍然火爆，在 2012 年年末到 2013 年第一季度中持续走高。在 2012 年 8 月中旬左右，这只股票第一次满足"蓝天突破"的指标，价位 8.85 美元。2013 年 4 月 1 日股价涨到最高点 21.74 美元，7 个月来涨幅达到 145%（见图 11-3）！

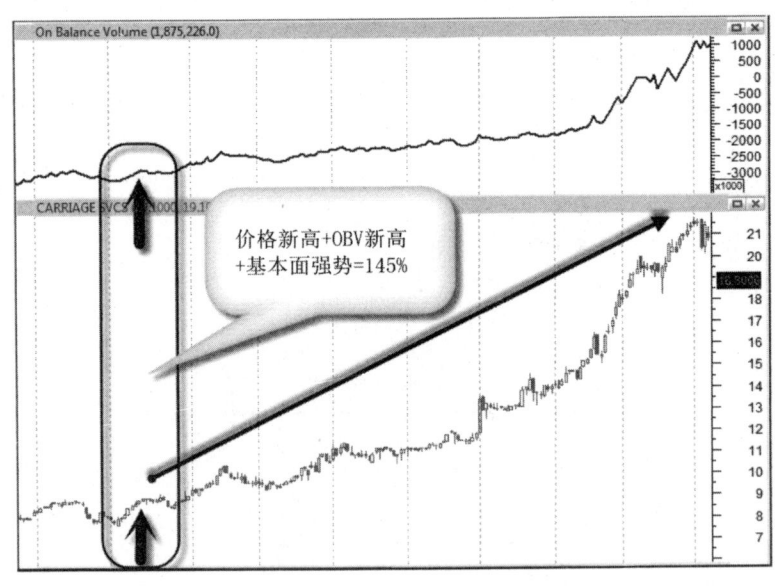

资料来源：MetaStock

图 11-3　CSV 股票——多头蓝天突破

运行空头版本（蓝海跌破）

第一步（或选 **MetaStock**）：打开"MetaStock"，找到"超级控制台"。点击"浏览器"，选择 TTTK。选择 TTTK 下的"空头蓝海跌破"选项，点击"下一步"。从"待选列表"，找到供选择的美国股票（见图 11-1），或者其他你想要筛选的列表。点击"下一步"，点击"开始搜索"，给所有通过分析的股票建立一个"监控列表"。

第一步（或选 **StockCharts**）：在 StockCharts 的高级筛选工具栏中，创建一个"蓝海跌破筛选器"。根据第二步来创建一个关于筛选对象的总体描述。如果想要做一个更细致的蓝海跌破设置描述，可以参照我的书《以趋势交易为生》。运行这个筛选器，并且为所有通过筛选的股票生成一个监控列表。

第二步：有时候，那些可以通过这个筛选的图形可能是无效的"蓝海跌破"。此外，不是所有有效的"蓝海"筛选结果都有同样的下跌潜力。因此，我们希望通过删除以下不达标的股票，来强化我们简短的股票列表：

- 价格创 40 天（2 个月）新低
- OBV 指标创 40 天新低
- 大量"蓝海"系统筛选出的股票现价在价格跌破点与最近支撑点之间，这些支撑点包括近期价格低点构成的趋势线、超过两个月的价格低点连线或者是 20SMA（简单移动平均线）

第三步：在通过第二步筛选后得到的股票中任选一只。将每个代码输入"向量分级的皮博士分级评估工具"（www.vectorgrader.com/stockRank）。将所有得分在 5 或者以下的股票保留在列表上。得分越低越好，如果其中有哪些股票仅得了 6 分或更高，进入第四步。

第四步：在没有通过第三步皮氏测验的股票中选择一只，将代码输入投资者网站上的 Stock Checkup（www.research.investors.com/stock-checkup）。将百分制中得分 40 或者更低的股票保留在列表上。分数越低越好。

第五步：对于那些仍旧留在观察列表上的股票，将它们的股票代码逐一输入到 www.finviz.com（见第 4 章）。检查它们的浮动空头特征。浮动空头特征描述浮动的百分比——即交易中股票的可购买数量——那些被空头持有的股票数量。浮动空头越高，卖空者就越需要购买更多股票来补仓。如果股票突然开始涨，短期卖家会快速补仓，从而引发一场突然的供给不足和迅猛的价格上涨，这叫做"逼空"。一只高度浮动空头的股票比一只低浮动空头的股票更能引起更高更快的"逼空"。因此，我们要从列表上剔除所有短期浮动超过 20% 的股票——这一数值越低越好。

第六步：对第一步到第五步的筛选结果进行有针对性的进一步分析，然后根据结果交易。

第七步（**头寸管理**）：和本书中的大多数系统一样，"蓝海跌破"系统不要求止损的使用，相反，系统可以让你摆脱交易。在每一个再平衡的新时期，对于每一个敞口头寸，都可以通过皮式 F 分数系统，或者通过投资者网站上的 Stock Checkup，来核查是否某只股票是否符合要求。在任何一个敞口头寸，皮式 F 分数高于 5 分的交易或股票核查（Stock Checkup）分数高于 40 分的交易，都应该被平仓，取而代之的，应该是通过第一步到第五步检验的新的头寸。

图形案例

LG 显示器有限公司（LGL），是韩国 LG 电子旗下的分公司，是一家以制造高清产品著名的公司。我曾使用过一台价值近 800 美元的 27 寸 LG 显示器，它一直非常好用，直到后来屏幕上开始出现彩虹纹。我喜欢彩虹，只是不喜欢它在我做股票交易时出现在我的显示器上。没人知道怎样修理它。今天，山姆会员店一台品质与 LG 相近的显示器只要不到 300 美元。我们也有一台 LG 冰箱，是 LG 最大的型号。5 年后，它也需要被替换了。我是这家公司的粉丝吗？很难说。2011 年 5 月，当 LGL 这只股票出现在"蓝海跌破"系统的筛选器上时,我太开心了,连忙做空了一些。这只股票在反弹之前最低价曾低至 8 美元(见图 11-4)。

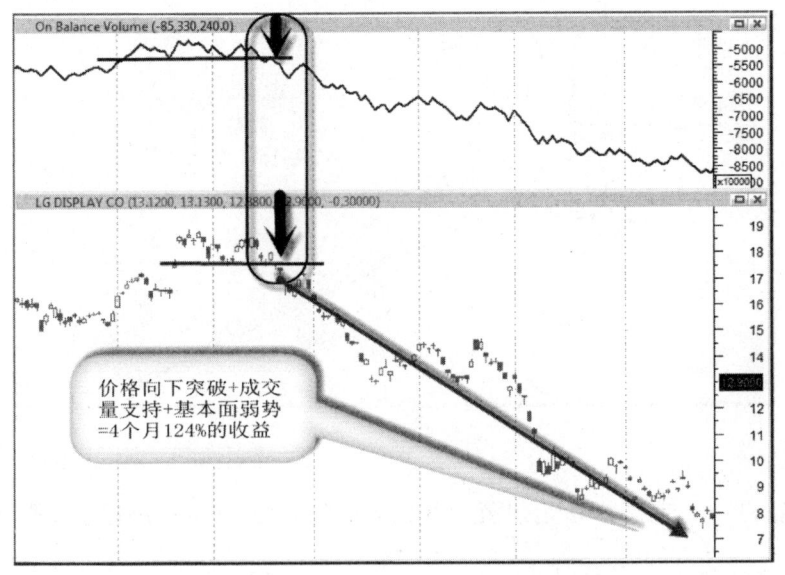

资料来源:MetaStock

图 11-4　LGL 股票——空头蓝海突破

内华达州黄金联合矿业公司(ANV)是一家矿业勘察开发公司,有着较差的基本面情况。从账面上看,它的增长规划十分动人,它的估值也还可以,但是由于金价暴跌,ANV 近期的股价已经跌到超于预期。投资者都知道,在 2012 年 10 月,这只股票最高时接近 40 多美元。股票开始下跌时,我的观点是:将 ANV 的股票进行核查,结果将要降到 30 多美元(现在是 9 美元),皮氏 F 得分为 4。从那开始,ANV 的股票价格跌到 1 位数。在空单回补的基础上,通过"蓝海跌破"看空系统交出一份获利 440% 的漂亮成绩(见图 11-5)。

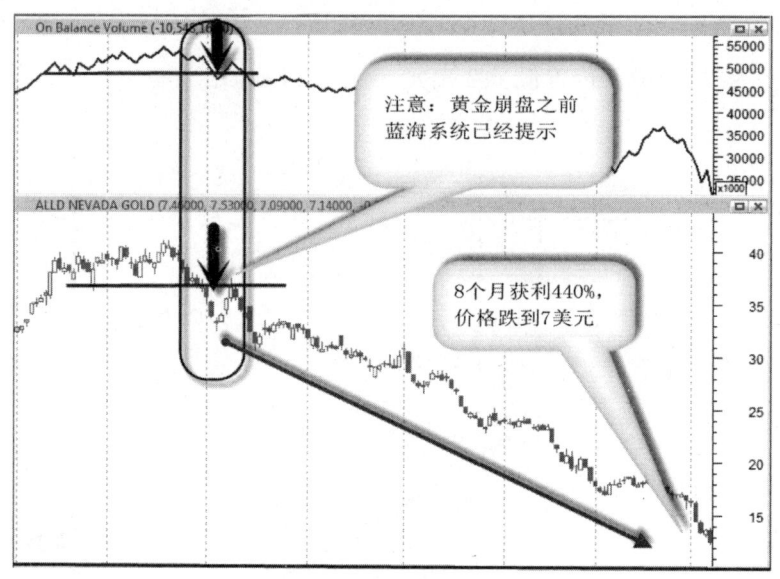

资料来源：MetaStock

图11-5 美国内华达州黄金联合矿业公司股票——空头蓝海跌破

第 12 章 上涨回调/下跌反弹系统

> 面包往下掉的时候,抹了黄油那面向下的概率和地毯的价值成正比。
>
> ——谚语

我们即将来说明我称之为"面包和黄油"的系统,这一称谓是基于这个原因:在我的整个交易生涯中,这个系统是我用得最多的,也对我的家庭收入做出了最大贡献。它可以运用到月线图或者分钟线图上,也可以运用到股票、指数、外汇及大宗商品上,它还可以运用在牛市、熊市和震荡市中。由于它源于最基本的常识,因此不管多少人用它,都不会影响我们获取利润。

对于建立这个系统的基础的技术滤波器,我并不拥有知识产权,而是属于一名职业交易员,他的名字在这里我不便提及,他在教我这套系统后不久就被捕了。我不能确定到底是什么原因,但是我也不想把我的更多精力放在他的困境上。不管怎样,他的系统是我学习的第一个技术系统,也是从那时起,我醉心于技术分析。尽管他本人在到道德上或许受到了质疑,但是他所创作的这套技术系统无疑是优秀的。

正如我们看到的"蓝天"/"蓝海"系统一样,上涨回调/下跌反弹系统在最开始的部分做技术分析,基本面分析放在后面作为过滤的最后一关。技术分析的设置其实挺简单:在上升趋势中,已经回调到技术上超卖程度的情况下我们买入股票，在下跌趋势中，已经反弹到技术上超买程度的情况下我们卖出股票。我们还在这个简单的技术设置上增加一层基本面过滤器，这个基本面过滤器在选择股票时能兼顾价值和成长性两个方面。对于多头（上涨回调系统），我们要找到那些价值被低估而且显示出销售收入和利润不断增长的标的。对于空头（下跌反弹系统），我们要找到那些价值被高估的而且显示出成长性放缓的标的。

系统简介

上涨回调/下跌反弹系统是一个多空系统，简言之，它试图买入财务稳健的公司，而且这些公司被超卖，还有交易上支撑；卖出财务不稳健的公司，而且这些公司被超买，还在交易上有阻力。这个技术设置还要有三个不同的指标，简单移动平均、趋势线、随机指标。我们利用移动平均来决定趋势的方向和强度。利用趋势线来确保回调依然在支撑线之上，超跌反弹依然在阻力线之下。利用随机指标来发现超卖超买水平。利用 K 线来是识别每个建仓位置的信号（阳线或者十字星，即这根 K 线的开盘价和收盘价很接近，这是回调系统的建仓信号；阴线或者十字星，是超跌反弹系统的建仓信号）。

回调系统/超跌反弹系统是这本书中唯一用到止损的系统。在每个新建仓的点位上，都会用单独的图表来设定一个止损，而且，在每个再平衡周期，如果头寸在一个新的价格高位进行交易，也会相应地调整止损。如果你期望在这个头寸上获得更大的收益，目标退出命令也能用在这个系统上。从长期来看，目标退出指令将不可避免地减少这个交易系统的潜在利润，因此我们推荐通过止损命令来退出交易。

对系统的进一步研究

对于回调系统或超跌反弹系统进一步研究的最好的资源，是我的书《以趋势交易为生》，特殊参数的设定及参数的运用各自都有讨论。通过我们网站 www.DrStoxx.com 还可以找到相关两场研讨会的资料，里面有关于

第 12 章 上涨回调/下跌反弹系统

这个系统的多空两个版本参数设置的详细介绍。另外，在我的材料中，你将会发现很多关于这方面的很精彩的博客文章和 You Tube 视频，只需要简单的搜索交易回调（trading pullbacks）你就能得到大量资源。

关于随机指标（stochastisc oscillator），你也可能有兴趣学习，这个单词本身来自希腊语 stochos，意思是目标。Stocbastics 意思是瞄准一个目标。随机指标背后的意思是某一时期股票价格（把它们想象成从一张弓里射出来的箭）倾向于停留在限定的范围之内（箭会扎在靶心，但是时不时也会有些偏离），如果这些偏离值接近这个范围的顶端，随机指标就会从基准值 50 上升到极大值 100，如果这个偏离值接近这个范围的底部，随机指标就会从基准值 50 向下降到极小值 0。不管是顶端还是底部，价格离这个范围越远，随机指标上升或下降得就越剧烈。一旦随机指标达到这个极端值，我们关注的这只股票就处在超卖或超买状态。

随机指标是我们讨论的第一个技术指标。普遍认为，乔治·莱恩是这一贡献的发明者，但是实际上发明者还包括其他人，这一指标起源于 20 世纪 50 年代，那时技术分析师还是通过铅笔和直尺手工绘图，还会有很多手写的数学公式进行分析。作为那一段财经史上很精彩的一章，乔治·莱恩发表在《股票和大宗商品技术分析》（1984 年 5 月/6 月）上的《莱恩随机》一文很值得一看。在一个叫知识库的网站（www.knowledgebase.mta.org）上，我们还推荐了一篇关于随机指标发展的摘要性文章——《随机指标的起源》，文章作者是乔治·谢德，他是特许市场技术分析师。

运用上涨回调/下跌反弹系统进行交易

现在开始交易，我们需要在交易系统中用到以下工具：
- （可选工具 1）：如果你不想自己编程的话，你可以使用软件 MetaStock 中斯托克博士趋势交易工具箱（TTTK）。你会发现在这个系统中，不管是多头还是空头版本，都被预编译到了 TTTK 的加载项上了。你也可以自己编辑 MetaStock 的技术分析筛选器，但是它要求对标准编码语言很熟悉。

- （可选工具 2）使用 StockCharts 或者其他技术分析筛选工具，去搜索那些符合上涨回调/下跌反弹设置的股票。你需要自己将参数输入到筛选软件，而且设置也很简单。StockChart 的筛选工具是非常好用的。
- 你同样需要收藏 www.Finviz.com 网站。我们将会用这个网站对那些已经通过技术分析筛选的股票，进行基本面的过滤。

运行多头版本（上涨回调）

第一步（或选 **MetaStock**）：打开"MetaStock"进入"超级控制台"。点击"浏览器"。选择斯托克博士趋势交易工具箱（TTTK）："上涨回调"然后点击"下一步"，从"待选列表"里，标记可供选择的美国股票或者任何其他你想要筛选的列表。点击"下一步"，然后点击"开始搜索"。给所有通过分析的股票建立一个"监控列表"。在牛市中，通过筛选你能够得到 10 到 20 只股票，或许更多，这取决于你用了多少选择菜单。在一个下跌趋势明显的市场，或者在熊市中，你可能得到很少的股票（如果有的话）。

第一步（或选 **StockCharts**）：使用 StockChart 的高级筛选工具中创建上涨回调系统的筛选器。上涨回归系统筛选器中大部分的参数如下：

- 20SMA>50SMA
- 50SMA 总体上处于上升趋势
- 随机指标<25（根据需要可以调低）
- 收盘价>50SMA
- 在第一根阳线或者十字星时入场

运行筛选器，并为所有合格的备选股的图表建立一个观察清单。

第二步：少量通过该筛选器的股票图形并不是有效的上涨回调形态，与此同时，不是所有的在上涨回调系统中的有效筛选出来的结果都具备同样的上升潜力。因此，为了强化我们简短的股票列表，我们删除图表不满足下列条件的股票：

第 12 章　上涨回调/下跌反弹系统

- 50SMA 在过去 10 个交易日明显上涨。
- 收盘价在 50SMA 以上，同时，收盘价在 20SMA 以上会更好。
- 收盘价在通过最近几个底部支撑低点连线而成的支撑趋势线上方。

下面举例说明最后一个要求的含义，看下面有关教育服务公司（ESI）的图形（图 12-1）。ESI 在 4 月底 5 月初出现一波相当可观的单边复苏上涨行情，而在 5 月底小幅回调到 20 日均线附近，在 6 月中旬的暴跌不管从哪个方面来看都是我们技术上的有效回调。20 日均线在 50 日均线之上，两者的移动平均都在上升，价格被锁定在 50 日均线以上的阳线 K 线上，随机指标显示已经超卖了。然而，价格已经跌破了从支撑低点画出的支撑线，支撑线现在也就变成阻力线了，也就是极大地降低了潜在利润空间，因此，我们应该放弃教育服务公司（ESI），并寻找在表中显示的其他备选股票。

资料来源：StockCharts

图 12-1　教育服务公司股票——回调系统的例外

第三步：把第二步筛选留下来的股票的代码输入网站 www.Finviz.com。我们利用有效的上涨回调系统排除那些经过筛选出留下的股票，再利用 Finviz 做基本面分析，以获得在技术分析上和基本面分析上来看都是最好的备选股票。在这一步，我们输入每一个股票代码，并检查在 Finviz 中的两栏数据：估值栏和成长栏。我们并不期待在每一栏上都能找到完美的牛股，我们要的只是我们最好的多头备选股票，坦率地讲，应该是那些在一方面显示出优势并且在另一方面没有缺陷，或者在两方面都有优势。

在估值栏，我们希望尽可能多地看到以下方面：

- 以前的 P/E<现在的 P/E
- P/S（市场价格/销售收入）<2.0（越小越好）
- P/B（市场价格/账目价值）<2.5（越小越好）
- P/FCF（市场价格/自由现金流）<30（越小越好）
- Debt/Eq（债务/权益）<0.3（越小越好）

在成长栏，我们希望尽可能多地看到以下方面：

- 当年的每股收益（EPS）增长率>20%（越高越好）
- 下一年的每股收益（EPS）增长率=正（越高越好）
- 下季度的每股收益估计（EPS）增长率=正（越高越好）
- 以后五年的每股收益（EPS）增长率=正（越高越好）
- 销售增长率 Q/Q（当季/上季）>10%（越高越好）
- 每股收益增长率 Q/Q（当季/上季）>10%（越高越好）

我们刚刚提到的这些阈值都是我们用的，关于它们没什么神秘的，都是从我的研究中整理出来的常用的数值。你认为合适的值也可以做相应的调整。我也支持你们忽略那些可能有问题的数据：因为这个公司有看涨的行情催化剂，而且你认为值得去冒险。这就是本书前文中强调过的审慎交易。但是所有的事情都是公平的,这里所讲的指导原则将会帮助你从有效的上涨回调系统中选出最好的备选股票。

下面举例说明第三步在实际中是怎么运用的,看下图(图12-2)"奇景光电股份有限公司"(HIMX),一个台湾的半导体制造商,拥有极好的基本面和相对强劲的价格走势。在2013前半年的上升趋势中,奇景光电给出两次明确的回调入场信号:一个是在3月中旬奇景光电走出上涨的吞噬线,一个是在4月底走出十字星。两次入场都可以获利,结果显示1个月时间可能的获利空间分别达到52%和45%,但是,在我们建仓奇景光电之前,需要研究它的基本面情况。

资料来源:StockCharts

图12-2 奇景光电股份公司股票——两次回调系统建仓信号

当我们在选择程序中进入第三步,并且把奇景光电的代码输入Finviz

中时，我们提取出以下的基本面分析结果（见图12-3）。从各种角度看，奇景光电都符合我们的要求，价值评分得到了满分5分，同时成长性评分也得到了满分6分，这种情况十分罕见。这个是高度不正常的，因为被低估的公司收入增长率达到了三位数还不被发现。反之亦然，高成长的公司通常需要投资人为股份支付一个很高的溢价。在估值和成长性方面都排在前面的公司奇景光电，被回调系统选出，并作为一个很好的备选股票，它是我排在表现最好的前40名股票之一，而这前40名的股票是我从MetaStock趋势交易工具箱中定期试用回调专家顾问系统选取的。一旦有新的股票入选，这样的做法便于我及时跟踪。

P/E	17.43	EPS (ttm)	0.30
Forward P/E	8.39	EPS next Y	0.62
PEG	0.70	EPS next Q	0.11
P/S	1.21	EPS this Y	400.00%
P/B	2.09	EPS next Y	47.28%
P/C	6.43	EPS next 5Y	25.00%
P/FCF	25.58	EPS past 5Y	-12.00%
Quick Ratio	1.90	Sales past 5Y	-4.30%
Current Ratio	2.30	Sales Q/Q	12.60%
Debt/Eq	0.17	EPS Q/Q	300.00%
LT Debt/Eq	0.00	Earnings	May 07 BMO
SMA20	-21.53%	SMA50	-20.05%

资料来源：Finviz.com

图 12-3 奇景光电股份公司——基本面可靠的股票信息

第四步：从第一步到第三步得到的结果做进一步的审慎性分析，并且依此做相应的交易。

第五步（**头寸管理**）：如前文所述，上涨回调/下跌反弹系统需要用到止损，我建议在所有的上涨回调系统中的头寸设置跟踪止损，关于怎样设置止损的详尽探讨，可以阅读《以趋势交易为生》，在上涨回调系统中我自己会用三种不同类型的止损，这主要取决于我们的交易情况：

- 百分比止损：从你建仓的价格上减去一个百分比（一般情况下是 8%到12%），把你的止损位设定在这个价格上，需要注意的是，走势不稳定的股票需要设定的止损范围更宽一些，当然承受更大的风险，相应要求更大的潜在收益作为补偿。

- 图表支持止损（我钟爱的方法）：从表中我选定一个我应该能够移动的区域。选定的方法通常包括：近期低点的连线、主要的移动平均线、尚未填补的缺口、支撑趋势线、布林带下轨，或者是前期的一个阻力位，我会把止损位设置在这些区域。

- 真实波动幅度均值止损：对于那些喜欢机械执行的人而言，你可以查看你建仓股票当日的真实波动幅度均值（ATR）。ATR 主要指某一固定的天数内（14 天是默认的周期天数，而且这个参数很好用）一只股票股价波动平均值的情况。高价的股票像苹果公司（AAPL）（10）或谷歌（GOOG）（15）在运用天数是两位数的 ATR 时，还是很有价值的，低股价的股票像奇景光电（HIMX）（0.40）应用天数小一些，止损可以设定在你买入价格的 3（ATR）之下，在你亏损之前这会给你 3 天时间卖出。如果你使用更大倍数的 ATR 参数，你就必须承担更大的风险。

如果整固区域已经自前次整固后顺利上升，而且相对于建仓点位已经创出新高，那么，所有回调系统仓位的止损点也应该相应上调。如果你愿意，你也可以加入目标退出指令，目标出场价可以设定在你的建仓价格之上，也可以使用我们前文讲过的止损系统来设定退出目标，只不过是要把止损系统的结果反过来使用而已；同时使用止损和目标退出指令将会使我们的管理系统能更有效，很多交易员都喜欢这么用，还有一些喜欢交易时不设止盈点位（即不使用目标出场指令），这样他们只会在止损时被动出局。从长期来看，交易中如果不设置目标出场指令，一些持仓股票会有更大利润，但是它可能意味着需要持有盈利头寸更长的时间，这会降低这个系统整体的单位时间收益。总之，设置目标出场命令是在积极证券组合管理成本和长期持有成本之间维持均衡。

值得说明的是，斯托克博士趋势交易工具箱（TTTK）的使用者能够让系统自带的"专家顾问"帮助他们选择"止损"和"目标出场点位"。对于每个新出现的上涨回调系统信号，每个入场点和两个止损及目标出场点位都是自动决定的。

图形案例

下面是一个很突出的例子，来说明这个能自行做决定的机械系统怎样帮助你提高获利水平：Pharmacyclics（PCYC）是一家生物制药公司，研究并生产治疗癌症、免疫系统疾及其他多种老年病症的药物。该公司股票由于价格呈现非常强的趋势性波动，已经成为每个活跃的交易者必须关注的股票，从 2012 年下半年到 2013 年第一季度，PCYC 发出了四次回调买入信号，每个信号都证明是可以获利的。

从交易的基本面来看，PCYC 也是很好的一个说明材料。截至本文写作之时，公司报道上年每股收益增长率达到三位数，预计未来 5 年的增长率能达到 43%，销售收入每个季度达到 47%，这些数据本身足够使这只股票从"可能"提升到"适合的"备选股票。从估值方面来看，像大多数生物医药公司，PCYC 被关注。对这个公司股票的所有关注在于其成长性，而不是作为格雷厄姆-巴菲特式的股票。尽管自由裁决的交易者会对增长的数据动心，但是他们也会深度挖掘价格数据背后，以发现这个公司即将浮出水面的重要的有利因素。这些因素包括第二阶段和第三阶段的药物实验结果，以及美国食品药品管理局（FDA）的药物指定情况。总之，这只股票受到大型投行的追捧，一些大型对冲基金也正在积极跟进。

运行空头版本（下跌反弹）

第一步（或选 **MetaStock**）：打开"MetaStock"进入"超级控制台"。点击"浏览器"，选择斯托克博士趋势交易工具箱（TTTK）："空头下跌反弹"然后点击"下一步"，从"待选列表"里，标记可供选择的美国股票或者任何其他你希望筛选的列表。点击"下一步"，然后点击"开始搜索"。给所有通过分析的股票建立一个"监控列表"。在熊市中，通过筛选你能够得到 10 到 20 只股票，或许更多，这取决于你用了多少选择菜单。在一个上涨趋势明显的市场，或者在牛市中，你可能得到很少的股票（如果有的话）。

第一步（或选 **StockCharts**）：使用 StockChart 的高级筛选工具创建下跌反弹系统的筛选器。下跌反弹系统筛选器中的大部分参数如下：

- 20SMA<50SMA
- 50SMA 总体上处于下跌趋势
- 随机指标>75（根据需要可以调高）
- 收盘价<50SMA
- 在第一根阴线或者十字星时入场

运行筛选器，并为所有合格的备选股的图表建立一个观察清单。

第二步：少量通过该筛选器的股票图形并不是有效的下跌反弹设置，与此同时，不是所有的在下跌反弹系统中的有效筛选出来的结果都具备同样的下跌潜力。因此，为了强化我们简短的股票列表，我们可以删除图表不满足如下条件的股票：

- 50SMA 在过去 10 个交易日明显下降。
- 收盘价在 50SMA 之下，同时，收盘价在 20SMA 之下会更好。

- 收盘价在通过最近几个顶部高点连线而成的阻力趋势线下方。

下面举例说明最后一个要求的含义，看下图（图12-5）领英公司（LNKD），领英是一个为求职者和互联网从业者服务的社交媒体网站。在2013年6月，领英公司股票给出了两个下跌反弹信号：信号1应该进场，因为它是在阻力线下被触发的，阻力线是通过前期的两个高点画出来的；然而，信号2不应该进入，因为其触发是在阻力线之上。尽管，从图上看得不是很清楚，但是，与前一周相比，信号1的50SMA在下降，但是信号2的50SMA较上一周是在上升，因此没有把它作为一个有效的信号。事实上，在发出无效的信号2之后，在本文写作之时，领英公司股价已经达到近期的高点257美元。但是从长期来看，为安全起见，你可以把做空筹码仅仅押注在股价在阻力线之下的股票上。

资料来源：MetaStock

图12-5 领英公司股票——两个下跌反弹信号

第12章 上涨回调/下跌反弹系统

第三步：把第二步筛选留下的股票的代码输入网站 www.Finviz.com。我们利用有效的下跌反弹系统排除那些经过筛选留下的股票，再利用 Finviz 做基本面分析，以获得在技术分析上和基本面分析上来看都是最好的备选股票。我们将会用到和上涨回调设置一样的数据栏，只是我们的阈值发生了改变。

在估值栏，我们希望尽可能多地看到以下方面：

- 以前的 P/E>现在的 P/E
- P/S（市场价格/销售收入）>2.0（越小越好）
- P/B（市场价格/账目价值）>2.5（越小越好）
- P/FCF（市场价格/自由现金流）>30（越小越好）
- Debt/Eq（债务/权益）>0.3（越小越好）

在成长性栏，我们希望尽可能多地看到以下方面：

- 当年的每股收益（EPS）增长率<20%（越高越好）
- 下一年的每股收益（EPS）增长率=负（越高越好）
- 下季度的每股收益估计（EPS）增长率=负（越高越好）
- 以后五年的每股收益（EPS）增长率=负（越高越好）
- 销售增长率 Q/Q（当季/上季）<10%（越高越好）
- 每股收益增长率 Q/Q（当季/上季）<10%（越高越好）

可以按照自己决定合适的值调整阈值的大小，我同样支持你忽略这样的做法，那将可能是一个看涨的数字：一个公司已经开始显现看跌的迹象并且你认为值得冒险。这就是这本书所倡导的审慎交易。但是万事都是公平的，这里列出的指引能够帮助你找道最好的符合下跌反弹系统的备选股票。

资料来源：StockChart

图 12-6　西部炼化公司股票——两个下跌反弹信号的图表

下面是一个例子来说明第三步是如何在实际中运用的：西部炼化（WNR），一家石油冶炼和运营商。在 2013 年上半年延长的回调期间，在 5 月中旬，WNR 给出来两次明显的下跌反弹入场信号（见图 12-6）。两次入场都可以获利的，结果显示在 1 个月的获利分别达到 10% 和 23%，第二次交易还没有平仓。然而，在我们入场 WNR 之前，我们还需要分析其基本面情况。

一旦我们进入选股过程的第三步，在 Finviz 中输入 WNR，分析其基本面数据，我们就会从估值上看到，西部炼化（WNR）的财务状况显示了一些上升的特征，报告显示 P/S 和 P/FCF 都非常低，在这个会计年度收入增长好于预期。然而，四项关键性的负值，把它列入到了我们空头的备选股票名单：之前的 P/E 比现在大，下年的增长预期收缩，季度的销售收入数据不理想，很高的负债权益比（见图 12-7）。

P/E	5.14	EPS (ttm)	5.40
Forward P/E	7.33	EPS next Y	3.79
PEG	0.67	EPS next Q	1.35
P/S	0.26	EPS this Y	176.90%
P/B	2.62	EPS next Y	-8.44%
P/C	9.69	EPS next 5Y	7.70%
P/FCF	6.98	EPS past 5Y	2.50%
Quick Ratio	1.20	Sales past 5Y	5.40%
Current Ratio	1.70	Sales Q/Q	-6.50%
Debt/Eq	0.79	EPS Q/Q	204.50%
LT Debt/Eq	0.61	Earnings	May 02 BMO
SMA20	-14.33%	SMA50	-14.33%

资料来源：Finviz.com

图 12-7 西部炼化公司——基本面较差的股票信息

第四步：从第一步到第三步得到的结果做进一步的审慎性分析，并且依次做相应的交易。

第五步（**头寸管理**）：如前文所述，上涨回调/下跌反弹系统需要用到止损，我建议在所有的下跌反弹系统中的头寸设置跟踪止损，这可以利用前面在上涨回调系统第五步中提到的三种方法来决定，唯一的区别是止损应该设置在入场价之上而不是之下。如果把目标出场指令设置在入场价之下，则说明交易员想在这个位置上获得更大交易额。正如前面提到的，对于每个新的下跌反弹信号，MetaStock 的斯托克博士趋势交易工具箱（TTTK）能够自动确定止损和目标出场点位。

图形案例

在 2013 年前半年一个不寻常的单边牛市行情中，安赛乐米塔尔公司（MT）是我们持有的为数不多的能够在空头端稳定获利的股票中的一只。同高尔 GOL（最大赢家）和微软 MS（目前来看是输家）一道，安赛乐米塔尔公司（MT）是我们"2013 年 3 家最值得做空的公司"公告的之一，公告于 2013 年 1 月 1 日发布。第二天，安赛乐米塔尔公司（MT）开盘价在 17.64 美元。在写作本文之时，MT 的成交价低至 10.83 美元。在这期间，斯托克博士趋势交易工具箱（TTTK）的"专家顾问"提醒我们两项很好的下跌反弹形态：第一个信号显示很强的获利的可能性，第二个信号由于它激发时在价格阻力线之上不会被采纳，这让我们幸免于 3 周的横向盘整行情（见图 12-8）。

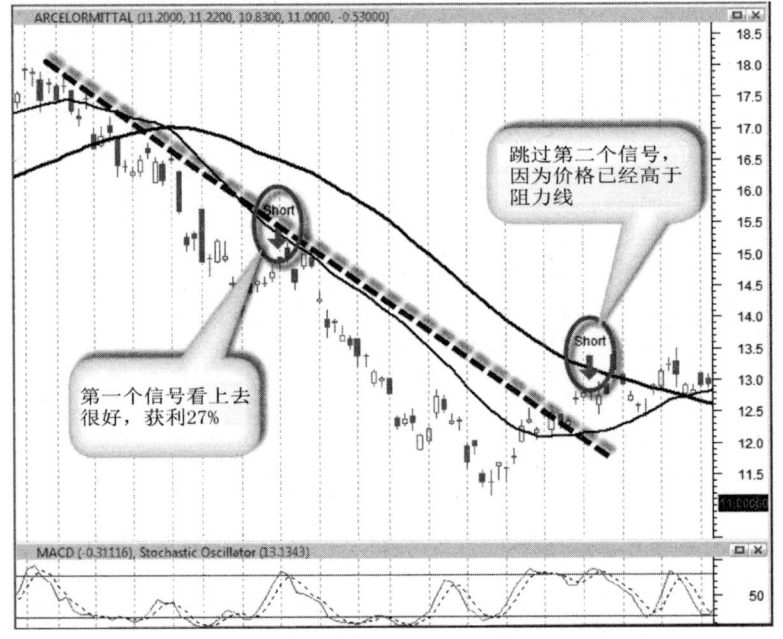

资料来源：MetaStock

图 12-8　安赛乐米塔尔公司股票——两个下跌反弹信息的图表

第 13 章　均值回归系统

成功就是在你跌落谷底后，能够再次回弹的高度。

——乔治·史·巴顿

我们现在来到了本书中最后的交易系统。你可以说我把最好的留在了最后：这是我最喜欢的交易系统，也是我最赚钱的，同时它也是高风险的，而当操作不适当的时候，它可能是最使人感到挫败的，也是导致系统交易员增添白发的原因。

有这样一种说法：均值回归系统有无可挑剔的表现，它的不同版本被那些最出名和最成功的技术派交易员和分析师们所使用，它已经被能够想象到的各种方式所验证，它已经被证明在所有市场条件下和所有证券类型和衍生工具下获利。如果均值回归系统操作适当，就不会再有更令人兴奋、更有利可图的机械化的交易系统存在了。

均值回归系统的核心理论，是股票在交易过程中价格和均价存在统计上显著的距离（在我们的案例中使用移动平均值进行测算）的趋势，一旦达到平衡点，立刻返回到平均值。我们在这个理论基础之上加上限制条件，股价运行远离均值时的两种情况，一种是具有很强的上涨潜力（可以做多），一种则是缺乏这种上涨潜力（可以做空），这样我们可以显著增加成功反转的胜率。

系统简介

理查德·唐奇安（1905—1993）是每一个交易员都应该知道的名字。唐奇安是管理型期货基金业之父，共同基金的创始人，以及现在被称为"趋势跟踪"的交易风格的先锋；然而，他在市场技术分析派人士中更加被广为熟知的是，他开发的叫做"唐奇安通道"的技术指标。唐奇安通道指标看似简单：在过去的 N 周期内，分别在最高价的上方和最低价的下方绘制两条平行线。这个目的是，只要交易价格在创建的这两条平行线的通道内运行，就在通道内的区间交易。一旦它向上突破或者向下突破通道时，通道线也将会据此上升或下降。通道线上升意味着股票创造了新的高点，同时也是在一个看涨的趋势当中。通道线下移意味着一个下跌的趋势。通道线变窄表明这个紧致缠绕的市场将会突破，不是向上即是向下。通道线日益扩大表明，要么是波动性的增加要么是强劲的趋势运动（见图13-1）。

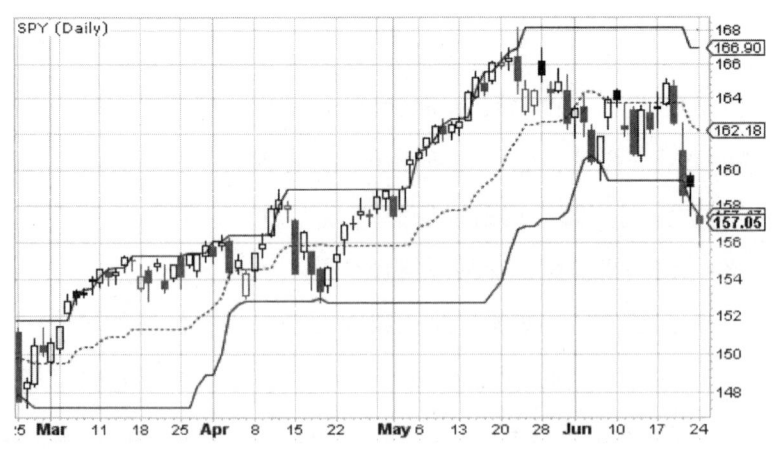

资料来源：StockCharts

图13-1 叠加了唐奇安价格通道（20）的SPY基金价格走势图

在1960出版的《如何通过商品赚钱》一书中，查尔斯·肯特纳把唐奇安通道做了进一步的提升。代替使用高低点价格确定通道的价值区间，他采用通过2次叠加10周期的ATR（平均真实波动）得到的20周期的指数平均数指标（EMA）。因为EMAs和ATRs每一个交易日都会变化，肯特纳的通道工具比唐奇安通道对价格方向性细微变化更加敏感并做出及时的调整。然而，由于ATR比价格高点和低点变化少，通道往往保持大致相同的距离。因此，肯特纳通道比唐奇安通道能呈现出一个更加可辨认的趋势模式（见图13-2）。

资料来源：StockCharts

图13-2 叠加了肯特纳价格通道（20）的SPY基金价格走势图

约翰·布林格引领交易渠道的概念进入到成熟的应用阶段，他是市场技术派人士、财务分析师，更确切地说，也是技术与基本面综合分析的先驱者之一。布林格把唐奇安的ATR和指数平均数指标换成了标准差（2.0）和20周期的简单移动平均线。通过这一修改，布林格创建的布林带交易通道，不仅包括了大部分时间价格的变化，还可以充分显示波动性和方向性的动态变化（见图13-3）。

资料来源：StockCharts

图13-3 叠加了布林带（20）的SPY基金价格走势图

均值回归系统，我们在本书中教给读者使用的，是布林带作为主要的技术分析工具。在系统的多头方，我们在寻找那些交易在布林带之下，但只在一段时期内交易价格在此低位徘徊的股票（由利空消息引起价格跳空到通道下轨之下的股票除外），交易价格才明显低于它们的"均值"（20SMA）。我们的基本面过滤工具将会用于这些备选股票，我们会青睐那些显示出业绩增长较强、低资产负债率、有机构和内幕交易的股票。

对系统的空头方来看，我们寻找那些在布林带以上交易，但只在一段时期内交易价格都在此高位徘徊的股票（由利好消息引起价格跳空到通道上轨之上的股票除外），交易价格才明显高于它们的"均值"。我们基本面过滤工具将会用于这些备选股票，选出那些基本面较差、有收益减速和有机构和内幕交易等缺点的股票。

多年来我一直痴迷于均值回归（MR）系统。MR系统的本质是反向投资，这与我的交易模式完美匹配。当我需要的时候，我也会很频繁地"买高，卖更高"；但是目前，我认为真正的乐趣发生是"恐惧买，贪婪卖"。当然，如果你不小心，这会让你陷入窘境，你可能因为试图去购买断崖下跌的股票或做空失控的"黑马"而破产。当然，也有很多的安全和可以获利的方式去交易，这个系统就是其中一种的方式。

我已经使用均值回归系统超过12年了。布林带系统是我在本书前面提到的一个基本的、仅用于做空的系统，在我的摆动交易研讨会上叫做"外面/里面"，它筛选出标准普尔500指数的股票在低于布林下轨（"外"的部分）交易并且成交量放大，然后股价在下一个交易日回归到布林下轨以内（"内"的部分）。资金的管理涉及使用百分比的跟踪止损和一个1.5%到1%的目标止盈。该系统已经被证明是可以获利的了，但系统在熊市期间会遭遇一些回撤。

在过去的几年里，我一直致力于系统的研究。我学习了约翰·布林格的著作《布林格的布林带》，同时还有他的网络研讨会报告。从布林格那里我学到了一些很酷的东西，其中一个是他发明的可以和布林带一起使用的一种价格模式，即"%B"度量：可以测量价格距离布林带上下轨道有多远。我同时从一个叫拉里·康纳尔的技术分析师那里购买了一些不同的布林带系统，他是康纳尔RSI指标的开发人员。康纳尔的统计测试了大量不同的买入点、头寸管理和卖出策略。使用通道对我完成现在的系统产生了巨大的帮助。

本章中详细介绍均值回归系统，我建议你无论在什么样的市场中，都使用本书一直推荐的市场中性对进行交易，这意味着，当你持有多头头寸时，你需要去找到一个空头来与之配对，而且你的每一块钱都要与之对应，你都要将每一块钱放到相应的空头。多空配对组合应该当做一个头寸：它们同时进并且同时出。如果做得不正确，这可以导致可怕的错误。因为我们在第一步就开始出错，你能发现自己买多了一只进入破产阶段的股票，同时，做空了一只将要获取巨大收益的股票。因此，采取措施尽可能减少这些风险是非常重要的。

这是为你规避风险的激励：如果做得好，这个系统可以使你经常稳健地获得的两位数字的月收益以及三位数字年收益回报。我使用这个交易系统十多年，现在我很清楚什么情况适用，什么情况不适用。即使有些情况下适用，但并不是所有情况永远都适用；也就是说，在这里所陈述的系统，是我们通过人为能力到达均值回归系统圣地最捷径的方式。在它运作良好的情况下，您的交易记录应该看起来像图13-4那样。那个电子表格是我使用1万美元，运用均值回归系统进行为期8周的实盘测试账户的交易记录。我每个星期交易2到4对，通常是在周一开盘时开仓、周五收盘时平仓。8周中仅有两周没有盈利。包括平仓的那周，每星期的平均收益，是3.3%。这个结果与该系统在这段时间之前和之后的测试结果基本保持一致。总投资回报率（ROI）超过28%，或者大约170%以上年复合收益率。

第 13 章　均值回归系统

Wk	$/side	$Account	Profit	ROI	Avg	LONG	Entry	Shares	Exit	Basis	P/L	ROI	SHORT	Entry	Shares	Exit	Basis	P/L	ROI
1	$2,500	$10,000	$329	13.2%	8.4%	HOLX	17.19	145	17.57	$2,500	$54	1.1%	CALX	9.00	278	8.00	$2,500	$275	5.5%
	$2,500	$10,000	$510	20.4%		AXU	4.62	541	4.98	$2,500	$189	3.8%	KIOR	10.68	234	9.30	$2,500	$321	6.4%
	$2,500	$10,000	($66)	-2.6%		KIRK	10.35	242	10.33	$2,500	($7)	-0.1%	DGIT	8.54	293	8.73	$2,500	($59)	-1.2%
	$2,500	$10,000	$63	2.5%		STAA	8.90	281	8.31	$2,500	($169)	-3.4%	IDIX	9.73	257	8.82	$2,500	$231	4.6%
2	$2,709	$10,836	$284	10.5%	4.4%	MXWL	6.75	401	6.81	$2,709	$20	0.4%	LCC	12.92	210	11.65	$2,709	$264	4.9%
	$2,709	$10,836	$121	4.5%		VIP	7.19	377	7.69	$2,709	$185	3.4%	VHC	33.31	81	34.08	$2,709	($63)	-1.2%
	$2,709	$10,836	$64	2.4%		MWE	46.29	59	48.14	$2,709	$108	2.0%	AUY	15.58	174	15.82	$2,709	($43)	-0.8%
	$2,709	$10,836	$6	0.2%		LNG	11.81	229	12.18	$2,709	$83	1.7%	SMBL	7.09	382	7.28	$2,709	($76)	-1.5%
3	$3,771	$11,312	$48	1.3%	-1.2%	SWFT	9.24	408	9.77	$3,771	$212	3.9%	RGLD	76.44	49	79.75	$3,771	($164)	-3.0%
	$3,771	$11,312	$154	4.1%		ONE	11.21	336	10.90	$3,771	($105)	-1.9%	AUMN	5.63	670	5.23	$3,771	$261	4.6%
	$3,771	$11,312	($341)	-9.0%		MW	29.20	129	28.48	$3,771	($94)	-1.7%	WAC	21.28	177	22.66	$3,771	($246)	-4.4%
4	$3,724	$11,173	($261)	-7.0%	3.3%	DY	18.05	206	18.71	$3,724	$134	2.4%	WPRT	29.14	128	32.22	$3,724	($395)	-7.0%
	$3,724	$11,173	$181	4.9%		TWI	20.86	179	23.07	$3,724	$393	6.9%	OSUR	10.03	371	10.59	$3,724	($212)	-3.7%
	$3,724	$11,173	$454	12.2%		QLTY	10.46	356	12.04	$3,724	$559	9.9%	END	8.12	459	8.34	$3,724	($105)	-1.9%
5	$5,773	$11,547	$563	9.7%	6.6%	LSCC	3.68	1,569	3.68	$5,773	($18)	-0.3%	DANG	6.79	850	6.1	$5,773	$578	10.3%
	$5,774	$11,547	$195	3.4%		CROX	16.30	354	15.62	$5,774	($174)	-3.1%	BAC	8.15	708	7.62	$5,774	$363	6.6%
6	$4,101	$12,304	($224)	-5.5%	-5.7%	CROX	15.82	259	16.15	$4,101	$63	1.5%	BAC	7.62	538	8.18	$4,101	($307)	-5.5%
	$4,101	$12,304	($706)	-17.2%		AMBT	6.15	667	5.40	$4,101	($507)	-9.1%	FSS	5.55	739	5.81	$4,101	($200)	-3.6%
	$4,101	$12,304	$231	5.6%		LZB	11.41	359	12.38	$4,101	$345	6.0%	AVAV	25.62	160	26.32	$4,101	($114)	-2.0%
7	$3,868	$11,605	$1,207	31.2%	10.7%	AMBT	5.40	716	7.00	$3,868	$1,139	19.7%	CX	6.78	571	6.65	$3,868	$68	1.2%
	$3,868	$11,605	($230)	-5.9%		BCS	10.77	359	10.40	$3,868	($138)	-2.2%	LNG	14.5	267	14.84	$3,868	($93)	-1.5%
	$3,868	$11,605	$261	6.8%		LQDT	39.79	97	40.70	$3,868	$87	1.4%	STNG	6.68	579	6.37	$3,868	$174	2.8%
8	$3,211	$12,844	($219)	-6.8%	0.0%	GRPN	8.93	360	8.33	$3,211	($219)	-3.6%	ETM	6.29	510	6.28	$3,211	($0)	0.0%
	$3,211	$12,844	$23	0.7%		DEST	17.15	187	18.10	$3,211	$176	3.0%	NFLX	81.03	40	84.88	$3,211	($153)	-2.6%
	$3,211	$12,844	$183	5.7%		QLIK	18.28	176	18.35	$3,211	$11	0.2%	RBCN	11.16	288	10.55	$3,211	$173	3.0%
	$3,211	$12,844	$15	0.5%		SWFT	8.31	386	8.45	$3,211	$50	0.9%	KEYW	10.84	296	10.95	$3,211	($36)	-0.6%
			$2,846	85.5%	3.3%														

图13-4　卡尔的交易记录——8周，运用均值回归系统

对系统的进一步研究

我强烈建议对这个系统的背景进行一定的了解,即使以前的六个系统你没有这样做。均值回归系统将是你在本章甚至本书中学习到的最有潜力赚钱的系统。这也是最不稳定的——有的时候可能会,而且很可能会犯很可怕的错误。因此,对系统工作理论的掌握,将有利于你在不可避免的回撤的时候,依然能够长期给自己灌输信心。

深入学习这套系统的各个组成部分的第一站,是此前提到的约翰·布林格的《布林格的布林带》。整本书都值得阅读,但是仅仅为了我们本书讨论的目的而言,其第 20 章包含了重要的论述。该本书以相同的名字单独发售了 DVD 版。这是我几年前的课程。我推荐它作为该书的补充。布林格的两个网站也值得一看,分别是 www.bollingerbands.com 和 www.bollingeronbollingerbands.com,它们包含了一些免费文章、访谈和有用的图表。

前述拉里·康纳尔有一个网站,www.TradingMarkets.com,包含一些有关布林带的文章和视频。我购买的课程在那里也有卖的,在亚马逊的网站上也有售,题为"布林带交易:量化指导",还是物有所值的,他深入研究了各种的使用"布林带"进场和出场策略。康纳尔将会告诉你回报率之间的不同,例如,你额外再持有一天,均衡的头寸,运用特别的 %B 数字,等等。这些系统本身都是相似的,而且互相可以很好地补充,这就是我们本章所讲述的。

在我的网站 www.Drstoxxc.com 上,我提供了一个交易手册,像本书描述的一样,我给出了运用均值回归系统进行交易的详细指导。你会看到我是如何除去最佳的备选股,我如何将多头和空头头寸在市场中性的情况下完美配对,以及我对不同程度风险等级的多种头寸管理方法。

要想了解本书的基本原理,最好的方法是去阅读刘易斯·纳维里尔的书,《一本让你变得更富有的小书:一个被证明的可以战胜市场增加投资收益的公式》。纳维里尔的这本简短的入门书介绍了如何购买上涨的股票，他对需要考虑的各种要素提供了一个全面的、简单易懂的讲解，这些要素深入讨论了他拥有专利的"投资组合分级"（Portfolio Grader）系统，我们在第4章曾经提到过。我们将应用这套"投资组合分级"到我们的系统当中。理解分级估值的背后的理论，能够赋予你在今后很长的一段时间内的自信——使用这套系统进行交易。

运用均值回归系统进行交易

让我们开始工作吧。这是运用本系统进行交易时所需要的工具：

- （可选工具1）：如果你不想编辑自己的筛选器，那么使用MetaStock的斯托克趋势交易工具箱（TTTK）。你会发现在这个系统中，不管是多头还是空头版本，都被预编译到了TTTK的"多+空均值回归筛选器"的加载项上了。单击一下鼠标，你可以用当前均值回归系统的设置对市场进行实时的筛选。我还将其他两个服务编进了以下两个系统——StockCharts和NinjaTrader，这两个系统都没像MetaStock工具那样提供备选股。
- （可选工具2）：使用StockCharts或者其他技术分析筛选工具，去搜索那些符合均值回归系统多空设置的股票。你需要自己将参数写入筛选软件，其设置相当简单。Stockcharts.com是界面非常友好的网站。
- 你还需要收藏以下网站，我们将对所有那些通过我们技术分析筛选的股票，使用这些免费服务来进行基本的但非常有效的基本面分析：
  - Navellier 的 Profolio Grader navelliergrowth.invertorplace.com/portfolio-grader/

运行多头版本

第一步（或选 **MetaStock**）：打开"MetaStock"，找到"超级控制台"。点击"浏览器"。选择 TTTK："多+空均值回归筛选器"选项。从"待选列表"，找到供选择的美国股票或者任何其他你想要筛选的列表。单击"下一步"，然后单击"开始搜索"。给所有通过分析的股票建立一个"监控列表"。

你每天应该有 6 到 10 个合格的备选股。由于这种筛选的目标是价格极值，正常的情况下，在下降趋势市场中看多的备选股，要多于看空的备选股，上升趋势市场中将获得更多看空的备选股，在稳定的市场中看多和看过的备选股都将很少（例如，VIX<15）（VIX 为衡量标普 500 指数震荡程度的指标——译者注）。如果市场指数本身高于或者低于布林带的上轨或下轨，你会发现几十个备选股被筛选出来。在这种情况下，最好是修改移动平均过滤器。当你打开 TTTK 的"编辑"功能："多+空均值回归筛选器"，你会看到下面的代码行：

$$C<Mov\ (C,\ 20,\ S)\ \times 0.9$$

只需简单地将乘数 0.9 改为 0.87，再次运行筛选器。如果需要的话，继续降低乘数，直到你获得 10 到 15 个合格的备选股名单。

第一步（或选 **StockCharts**）：在 StockChart 的高级筛选功能或另一个在线技术分析筛选工具上创建"均值回归多头筛选"。筛选的参数如下：

- 股价>5 美元，并且每天交易量>100 000
- 昨日收盘价<布林带下轨
- 昨日收盘价>0.9 倍的 20SMA
- 每一个前三天比前一日收盘都是%B<0.25
- 今日收盘>布林带下轨

运行这个筛选器，并为所有合格备选股的图表建立一个观察清单。

在某些市场条件下，你可能会得到比你能处理的更多的股票。在这种情况下，你可以提高要求，从低于20SMA10%到高于12%或者更高，直到筛选出10到15个备选股，你也可以根据需要改变%B的数值（越高备选股越多，越低则越少）。

第二步：把你的合格备选股列表，一个接一个输入到纳维里尔的"投资组合分级"系统中。当你这样做时，你会看到11个分类，每一个都有一个从A（最好）到F（最差）的等级。一般有三大类：基本面、量化和总体。我们只对基本面的等级感兴趣。量化等级是纳维里尔专利公式，而且由于他侧重于相对价格强度指标，所以这里的低于布林带下轨的多头备选股并不适用该方法。总量等级的因子同时考虑了基本面和定量等级，所以我们可以忽略这两个等级。在这里我们仅对公司的基本面实力感兴趣。

你看多的最佳的备选股，在均值归回系统中应该显示A或者B的基本面等级。如果备选股较少或者基于其他交易的目的，我们可能有时会选择一个C等级的股票。为了这个系统的最佳结果，剔除任何基本面评级是D或者F的股票。如果你有一定数量的A和B等级的备选股，选那些在前四个增长类别里最高评级的：销售量增长、经营毛利率增长、盈利增长和盈利动量。在那些类别中有两个或更多的A，我们就能在这个系统中得到一个有力的备选股。

第三步：对从第一步和第二步中通过筛选的备选股，做更深入的分析。至少，应该到www.Finviz.com上键入公司的代码，检查任何有关该公司的可能是"血色交易"的故事。股票通常因为利好而触碰价格的极值，但这些回调提供了可盈利的交易机会，它们会回到均值。我们在这个重要的步骤中需要避免进入任何正在经历系统性问题的公司，这些可以包括诸如会计丑闻，意外地被食品和药品管理局驳回，现金流枯竭，等等。我们想要避免这些事情。我们可以从证券市场震动中购买那些因为某些事件而被抛售的股票，这些事件包括令人失望的收益，低于预期的销售额，或者被三大评级公司下调评级（好企业也经常经历这些问题）。但是我们想要避免更严重的情况：即便是持有好的公司，我们也不希望看到其股价在某个事件后沉寂一个月的时间。

该系统在市场中性的时候通过多空配对组合使用，能够达到最好的效果。一旦你已经完成第三步，你将要进行该系统的空头版本交易。

第四步（**头寸管理**）：在均值回归系统中，有许多方法来管理成对的头寸。我建议阅读此前提到的康纳尔的资料，它能够给你一些在实际应用中非常棒的主意。我自己的实盘交易经验建议是有两套策略的效果最好：一套是获得更高胜率同时每笔交易的收益也高，它需要具备在交易时间内交易的能力；另一套策略效果略差一些，但是可以在非交易时间简单完成运行。这两个的选择如下：

- 对于那些可以在白天交易的人：
  - 进场后的 3 个交易日后，使用"收盘市价"指令，出场每一个均值回归系统中的多空组合。当且只有当
    - 不管是多头还是空头头寸到达或者超过 20SMA（多头超过 20SMA；空头低于这个值），或者
    - 进场后已经 10 个交易日

    不管哪一个先到。
  - 重复第一步到第三步，用新的多空配对组合，在下一次开市的时候，替换已经被平仓的配对组合。
- 对于那些不能在白天交易的：
  - 退出任何一个长短期 MR 系统，下一个交易日之后使用"开盘市价"指令。
    - 配对组合已经入场至少 5 个交易日，而且是盈利状态，或者
    - 入场后已经 10 个交易日

    不管是哪个先来的。
  - 重复第一步到第三步，用新的多空配对组合，在下一次开

市的时候,替换已经被平仓的配对组合。

图形案例

Strum,Ruger and Co.(RGR)是一家军火制造商,该公司处于一个长期且日益激烈的文化争论的正中心,撇开政治不谈,公司的股票确实不稳定,这使得它在均值回归系统中成了一只完美的股票;此外,它的基本面就像马格南手枪的后坐力一样稳当:在纳维里尔的"投资组合分级"系统中,过去12个月的11个月中不是B就是A。在下面的图(图13-5)中,你将会看到均值回归系统的三个看多信号,其中每一个都是在2周内实现获利。

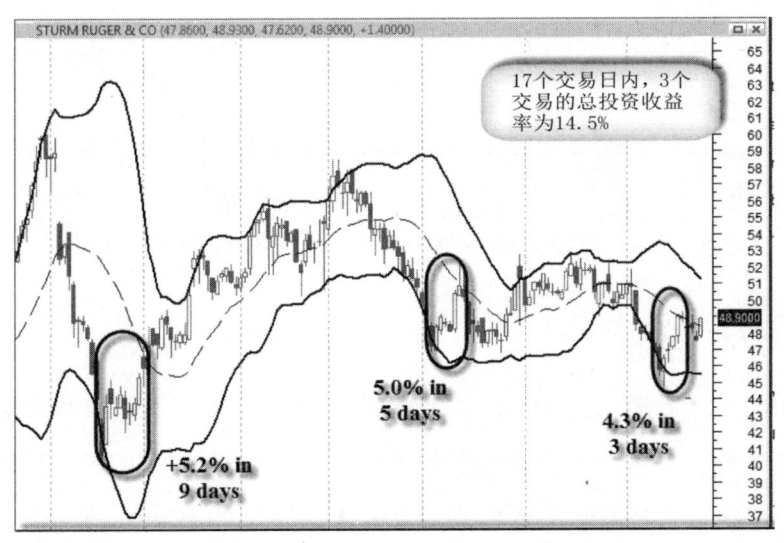

资料来源:MetaStock

图 13-5　RGR 股票——均值回归系统多头

作为一个地区的航空公司,夏威夷航空公司(HA)创始于1929年,起初,它用两架小型飞机为岛屿上的居民服务,如今,它一年要飞遍整个太平洋地区为800万乘客服务。虽然在2013年遭受一个沉重的打击,通过收购新的飞机、港口和航站楼，HA 依旧被视为是一只强劲增长的股票。这也是均值回归系统的一个主要案例：它已经标记了 10 个从 2009 年 1 月以来均值回归系统的多头信号，其中 8 个都是可以获利的。在下面的图（图 13-6）中，你会看到在两个下降趋势中均出现了一个多头入场信号。

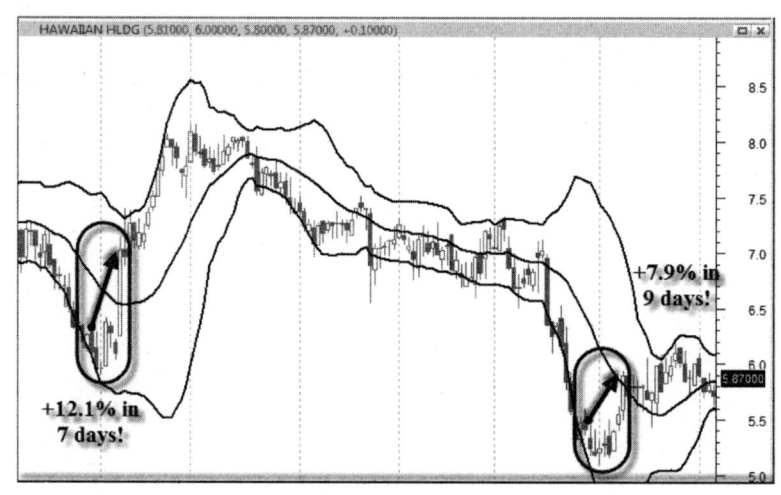

资料来源：MetaStock

图 13-6　夏威夷航空公司股票——均值回归系统多头

运行空头版本

第一步（或选 **MetaStock**）：如果你运行了 TTTK 筛选器寻找多头，那么你已经有了一份空头备选股名单了，因为一次筛选可以得到系统的两边。如果你有太多的空头备选股需要处理，打开 TTTK 的"编辑"功能："多+空均值回归筛选器"。你会看到下面的代码行：

$$C > MOV\ (C,\ 20,\ S)\ \times 1.1$$

只需简单地将乘数 1.1 改为 1.13 或者更高，再次运行筛选器。如果有必要，继续提高乘数，直到你获得 10 到 15 个合格的备选股名单。

第一步（或选 **Stockcharts**）：在 StockChart 的高级筛选功能或另一个在线技术筛选工具上，创建"均值回归空头筛选"。筛选的参数如下：

- 股价>5 美元，并且每天交易量>100 000
- 昨日收盘价<布林带上轨
- 昨天收盘价>1.1 倍 20SMA
- 每一个前三天比前一日的收盘都是%B>0.75
- 今天收盘<布林带上轨

运行这个筛选器，并为所有合格备选股的图表建立一个观察清单。你每天应该得到 3 到 10 个备选股。像此前提到的那样，在某些市场条件下，你可能会得到比你能处理的更多的股票。在这种情况下，你可以提高要求，从高于 20SMA10%到高于 12%或者更高，直到筛选出 10 到 15 个备选股。你也可以根据需要改变%B 的数值（越低备选股越多，越高则越少）。

第二步：把你的合格备选股列表，一个接一个输入到纳维里尔的"投资组合分级"系统中（参见第二步在之前的步骤）。均值回归系统空头端最佳的备选股，最好是基本面等级为 D 或者 F。如果备选股较少或者基于其他交易的目标，我们可能会选择一个 C 等级的股票。剔除所有基本面等级是 A 或者是 B 的股票。如果你有一定数量的 D 和 F 等级的备选股，选那些在前四个增长类别的最低等级的：销售额增长，经营毛利率增长，盈利增长和盈利动量。在那些类别中有两个或更多的 F，在这个均值回归系统中我们就将有一个有力的空头备选股。

第三步：对从第一步和第二步的结果中，做更深入的分析。像多头一样，这应该涉及检查任何关于公司可能的"血色交易"故事。在这个重要的一步，我们要避免进入任何正在经历结构性转变、从根本上转变盈利动量的公司，这些因素可以包括一些像一个意外的食品药品管理局批准，热卖新的产品，意想不到的挖掘或钻探发现，等等。我们要避免这些事情。我们应该愿意淡化如下新闻：好于预期的收益，火热的销售额，或一个财务状况不太好的公司被主要评级公司上调评级，我们知道这些股票很难下跌。我们要避免的是，让陷入麻烦的、被打败的公司雪上加霜。

我想强调这最后一点。对什么样的故事能推动股价更高或者更低的感觉,是我们在第 5 章里讲到的审慎交易的一个重要的方面。这个特殊的技巧——对新闻的解读能力——对于任何交易系统都起到至关重要的作用,对于一个像均值回归这样的固有收益和风险都很高的系统,尤其重要。

第四步(**头寸管理**):在均值回归系统中空头一端的管理方式与多头一端的管理方式一样。一旦配对组合中任意一端碰触了出场条件(见第四步在之前的步骤),另一端也应当平仓。多空配对组合应该在同一天进场并且在同一天出场。

图形案例

BIOLASE 公司(BIOL)是一家医疗设备制造商,同时还有牙科激光器、疼痛治疗设备以及 3D 成像机。这家公司的股票在日内动量交易人群中受到了青睐,因此,其波动较大。它的图形看起来像大提顿山脉的轮廓——一旦这些山峰达到均衡点,这些地方供给和需求平衡的相配,就出现了做空的机会。均值回归系统就是用来捕捉到这些逆转势头的。在下面的图 13-7 中,你会看到三个这样的空头机会。

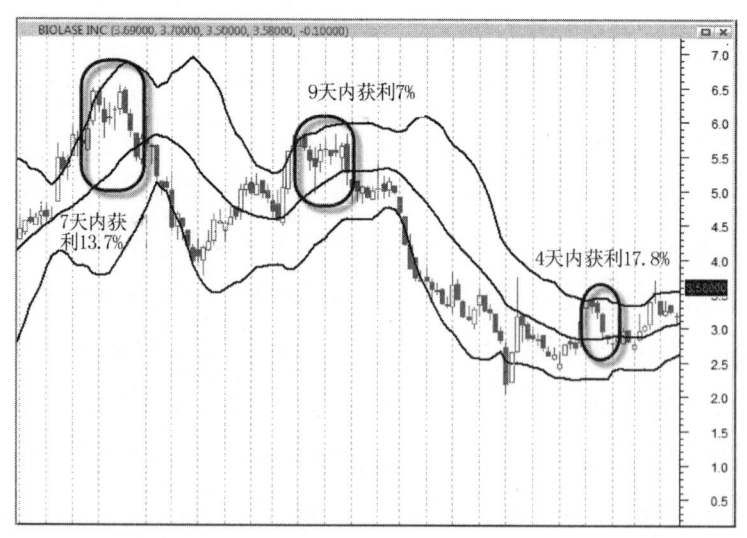

资料来源:MetaStock

图 13-7 BIOL 股票——均值回归系统空头

第 13 章 均值回归系统

治疗先锋公司（THRX）是一家生物制药公司，拥有一系列国内研发备选药物清单的产品，且与制药公司有战略合作。像所有的药物开发商一样，治疗先锋公司基本面充满了令人生畏可疑之处，目前其投资组合分级是 D，且其他四个成长分类中的三个是 F。2013 年 4 月 18 日，治疗先锋公司获得美国 FDA 一个治疗慢性阻塞性肺疾病（COPD）药品审批。当然，这个消息导致股价急剧上升，引发了连续两个均值回归系统空头信号。然而，美国食品药品管理局的批准，从根本上改变了公司的盈利能力，所以我们决定停止这一交易（在 10 天之后它将是一个很小的损失）。2013 年 5 月 13 日，该公司推出了更多的好消息：一家大型生物技术公司 Elan 表示，一旦治疗先锋公司开发的四种药物获批，公司将支持该药物的进一步研发，以换取该药物 21% 的销售收入。这对治疗先锋公司当然是好消息——他们现在有资本加大研发计划，且不会影响盈利直至药物被批准并投放市场。这可能是几年后的事了。此外，再深入挖掘这个故事，我了解到，这些药物中至少有一种的安全性是值得怀疑的，因此，5 月出现的做空信号取得了成功，见图 13-8 的结果。

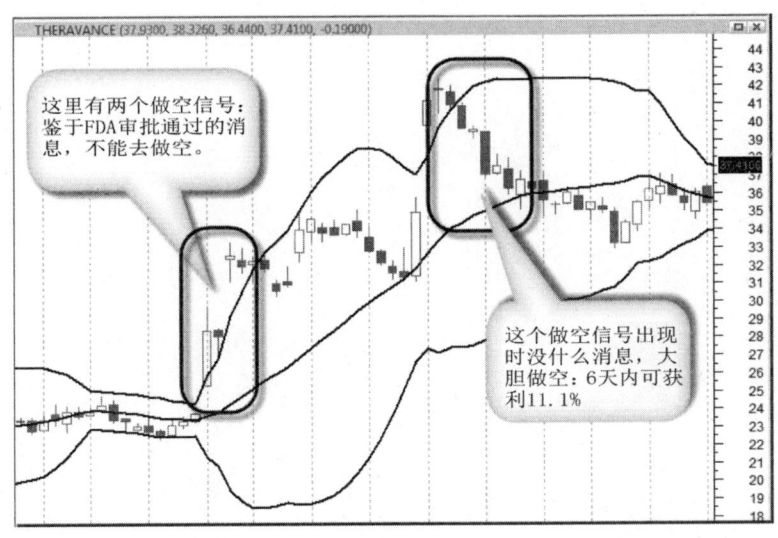

资料来源：MetaStock

图 13-8　治疗先锋公司股票——均值回归系统空头

结束语　永不，绝不放弃

> 成功不是终点，失败也并非末日——最可贵的是继续前行的勇气。
>
> ——温斯顿·丘吉尔

我曾经构想过一个新的模式，可以使生活中的每次付出都获得成功，包括交易：成功的定义不是赢，而是失败也不放弃。成功不是完美无瑕地完成一件事，而是充满热情地去做一件事情，尽管你做得并不完美。如果你真的对交易充满热情，如果你能想象你可以给自己和其他人带来益处，并且你愿意坚韧不拔地为此付出数周、数月，甚至数年在别人的看来注定失败的时间，那么你就是我书中所说的成功的交易员！

对股票交易员而言，成功不是寻找一个盈利系统然后去遵从这个规则。成功的过程也很简单：尽你所能地学习，寻找一个好的导师，尝试不同的方法，坚持这样做，并且永不、绝不放弃！你会遭受挫折，你将会多次想要放弃——千万不要！失败没什么可羞愧的，除非你因此放弃了。千万不要让羞愧感战胜你。现在就下定决心坚持努力下去，不管什么情况。就像温斯顿·丘吉尔说的，"如果你感觉自己在经历地狱，走着别停"。

对待你的交易要有耐心。你可以用你的方式去交易，从而获得超乎你想象的财富，但是这不会每日都发生。在交易过程中，成功可以慢一些。

我花了 13 年的时间，去建立一个相当大的"为了生存而交易"的交易模型（别忘了我是从 2000 美元开始的）。然后我们抛开一切，再重新开始。交易，并不只是关于金钱——当你开始关心金钱，你离失去她也就不远了。

让你的交易落脚在如何交易上，然后成功将会随之到来。如果你能以这样的方式交易，你将会是一个很好的人，因为你更有耐心，更多原谅，更宽宏大量，更少忧虑，你必将拥有你的成功。让交易来使你谦逊。让交易使你成为上帝可以托付财富的人，不管你是否有钱，你的生命将被庇佑。"这不是为了赢取奖励"，传教士保罗说，"这是关于你如何变得有价值。"

最后，成功的交易离不开信任。大卫王的一生充满了起伏跌宕，包括伟大的胜利和损失惨重的失败，在他临终前，他对他的儿子所罗门说了这些话："强大一些，我的儿子，并且相信上帝，走他为你设计的路，你将获得成功。"成功的交易不是通过信任一个系统，或是一本书（甚至是本书），或是一次训练就能建立的，而是相信有这样一个人，他通过系统、书本和训练，将你带到上帝想让你到达的地方来实现的！